幸福密码：生涯建构与发展体验式教程

主　编　徐俊祥　黄　欢　余　卉

天津出版传媒集团

天津人民出版社

图书在版编目(CIP)数据

　　幸福密码:生涯建构与发展体验式教程/徐俊祥,
黄欢,余卉主编.--天津:天津人民出版社,2021.5
　　ISBN 978-7-201-17144-9

　　Ⅰ.①幸…　Ⅱ.①徐…　②黄…　③余…　Ⅲ.①大学生
-职业选择-教材　Ⅳ.①G647.38

　　中国版本图书馆 CIP 数据核字(2021)第 097674 号

幸福密码:生涯建构与发展体验式教程

XINGFU MIMA:SHENGYA JIANGOU YU FAZHAN TIYANSHI JIAOCHENG

出　　版	天津人民出版社
出 版 人	刘　庆
地　　址	天津市和平区西康路 35 号康岳大厦
邮政编码	300051
邮购电话	(022)23332469
电子邮箱	reader@tjrmcbs.com

责任编辑	陈　烨
装帧设计	王玉峰

制版印刷	廊坊市海翔印刷有限公司
经　　销	新华书店
开　　本	787 毫米×1092 毫米　1/16
印　　张	14.25
字　　数	292 千字
版次印次	2021 年 5 月第 1 版　2021 年 5 月第 1 次印刷
定　　价	42.00 元

幸福密码：生涯建构与发展体验式教程

编委会

主　编　徐俊祥　黄　欢　余　卉

副主编　申　琳　汪　强　张　叶

　　　　董　雪　杨金蕾

洪莉 女 2005.05.25. 辛2099年 辛2094

游遍世界各地
20岁↑
30岁时 经济独立
40岁! 慈善.

前 言

大学生职业生涯教育经过 10 多年的实践探索，已经形成了以"形成生涯决策"为目标、以"生涯觉知唤醒——自我认知探索——工作世界探索——生涯目标决策"为模式的固定范式。但伴随生涯主体环境和客体环境的变化，原有范式的教育效果和问题逐渐凸显，当下的生涯教育理念、内容和体系亟待改变和创新。基于此，中创教育联合国内生涯教育一线专家，对《大学生职业生涯规划》课程进行了大幅修订，重构了生涯教育新的目标定位，确立了生涯教育新的理念思维，设计了生涯教育新的内容体系。

本教材是在《幸福密码：大学生学业与职涯发展导航》多年课程实践应用的基础上，依据后现代生涯教育最新理论，结合"00 后"新时代大学生与国内"双循环"发展新格局的主客体特点，融入"课程思政"要求，兼顾高校体验式、混合式教学安排的实际，大幅删改了相关内容。本教材的设计与创新之处，主要体现在以下几点：

1. 全新的生涯教育思维与目标

时过境迁，未来已大不相同。对于复杂又无法预知的未来而言，不确定状态是可以理解的。我们通常喜欢认为，成功的生涯转换就要先知道我们想做什么，然后利用这一知识指导接下来的行动……而事实上，转变通常都不是这么发生的。应该先开始行动，然后才会有所领悟。因此，生涯教育的目标与任务不应停留在：帮助人们摆脱举棋不定的状态，作出决策；而应该是：并非一定要作出一个生涯决策，帮助生涯主体学会采取积极行动，从而创造出更令人满意的职业生涯和个人生活。

现在，我们既有的生涯教育理念与思维需要改变和重构（具体见图 1 所示）。

图 1 生涯教育理念思维的转变

大学生职业生涯规划课程的总体目标也应转变为：通过建构生涯思维、提升生涯能力和促进生涯行动，提升学生适应不确定未来能力，实现物质富足、人际和谐、内心宁静和工作满意的美好人生！生涯教育的终极目的，是让新时代的大学生能有更多幸运，更加从容应对未来，创造更为幸福的人生！广大青年要坚定不移听党话、跟党走，怀抱梦想又脚踏实地，敢想敢为又善作善成，立志做有理想、敢担当、能吃苦、肯奋斗的新时代好青年，让青春在全面建设社会主义现代化国家的火热实践中绽放绚丽之花。在此基础上，我们构建了全新的生涯教育体系模型（见图2所示）。

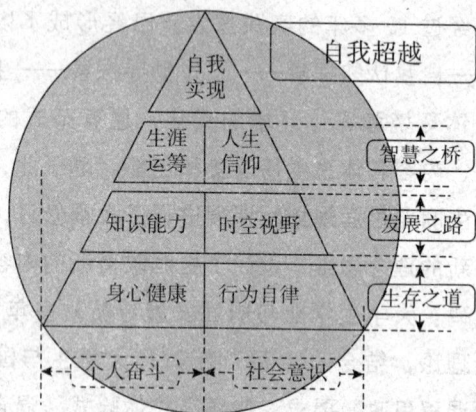

图2　全新的生涯教育体系模型

2. 全新的生涯教育理论与内容

在全新的生涯教育理念和目标统领下，本教材摒弃了"人职匹配"的特质因素理论，删减了职业自我认知的兴趣、能力和价值观探索等理论，加入了后现代主义架构下的生涯建构理论、无边界职业生涯理论、非理性决策理论和偶发事件理论等观点，结合生涯发展和生涯适应理论，致力于个体生涯意义与发展主题的探索和建构，着重开发学生的生涯适应与发展能力。

另外，为体现课程思政理念，本教材在每章中均设有【生涯榜样】和【生涯智慧】的内容，实现在生涯教育课程中有机渗透思想政治教育的元素和内容。本教材内容中生涯榜样的选择，既有身边的大学生榜样和人物，也有钟南山这样的国家榜样，既有医生、教师等常见职业生涯人物，也有体育类、艺术类等职业榜样人物，多元化的人物案例有利于激发学生的兴趣，形成人生价值的认同，做到主流价值的引领与培养。

3. 全新的编写体例与呈现形式

大学生职业生涯规划课程具有鲜明的实践性和经验性特征。大学生生涯发展意识和生涯发展能力的培养，需要通过主动参与的体验式学习才能实现。因此，本教材每个章节均设置了【阅读思考】、【课堂体验】和【课外实践】的系统化内容，一方面是为了方便体验式课堂教学的组织与实施，另一方面要达到"以过程参与构建感悟体验，以实践实训反思形成认知能力"的课程效果。另外，本教材的最后附有中创教育开发的"掌上课程"和职业测评系统，为学校开展翻转课堂、混合式教学和满足学生个性化学习与发展要求，提供了线上平台和资源支持。

在内容的呈现形式上，本教材根据内容需要，尽可能地插入了【拓展阅读】内容和相关图表，以打造更好的阅读与学习体验。在每章内容的最后，均设置了【本章要点导图】，以思维导图的形式将知识点和技能点进行了直观的总结和展示，学生形成自己的知识网络。

本教材共八章，内容如下：

第一章 生涯密码——构建人生的意义

第二章 大学密码——绘就青春的精彩

第三章 职涯密码——设计未来的幸福

第四章 自我密码——发现自我的优势

第五章 职业密码——探索职业的真相

第六章 决策密码——平衡未来的期望

第七章 潜能密码——蓄积成长的能量

第八章 行动密码——创造未来的努力

本书由中青创想教育科技（北京）有限责任公司创始人、董事长徐俊祥，黄欢，余卉负责编写与统稿。

在编写过程中，借鉴、参考了部分国内外职业发展指导方面的文献资料，以及一些专家学者的理论和观点，在此一并表示感谢！

由于时间和编者水平有限，书中难免有疏漏和不妥之处，真诚欢迎广大读者提出宝贵的建议和意见，以便更好地修订和完善。

编者

2021 年 1 月

目　录

第一章　生涯密码——构建人生的意义 …………………………… 1

【学习目标】 ……………………………………………………………… 1

【生涯榜样】用灵魂演奏生命音符 …………………………………… 1

第一节　生命与生涯 …………………………………………………… 2

【阅读思考】幸福的柴门 …………………………………………… 2

一、生命与生涯 ……………………………………………………… 2

二、生涯的特性 ……………………………………………………… 4

三、生涯的彩虹 ……………………………………………………… 5

【课堂体验】生涯幻游 ……………………………………………… 7

第二节　价值与理想 …………………………………………………… 9

【阅读思考】毛毛虫的故事 ………………………………………… 9

一、人生需求与层次 ……………………………………………… 10

二、人生价值与理想 ……………………………………………… 12

三、目标管理与行动 ……………………………………………… 13

【课堂体验】生涯彩虹与人生理想 ……………………………… 15

【生涯智慧】 ………………………………………………………… 16

一、人生的胡克定律 ……………………………………………… 16

二、人生努力的智慧 ……………………………………………… 17

【课外实践】寻找自己的成长顾问 ………………………………… 18

【本章要点导图】 …………………………………………………… 18

第二章　大学密码——绘就青春的精彩 ………………………… 20

【学习目标】 ………………………………………………………… 20

【生涯榜样】用奋斗与奉献点亮青春 ……………………………… 20

第一节　大学与专业 ………………………………………………… 21

【阅读思考】未来 ………………………………………………… 21

一、大学含义与意义 ……………………………………………… 23

二、专业学习与职业 ……………………………………………… 25

【课堂体验】致师弟师妹们的一封信 …………………………… 27

第二节　适应与规划 ………………………………………………… 28

【阅读思考】顾秉林校长给毕业生的忠告 ·············· 28

一、适应大学 ·············· 29

二、规划学业 ·············· 31

【课堂体验】学业规划评估与反馈 ·············· 37

【生涯智慧】 ·············· 38

一、如何度过你的大学 ·············· 38

二、过来人想对你说的 ·············· 39

【课外实践】澄清学业方向与目标 ·············· 41

【本章要点导图】 ·············· 42

第三章　职涯密码——设计未来的幸福 ·············· 44

【学习目标】 ·············· 44

【生涯榜样】饮水思源　扶贫扶智 ·············· 44

第一节　认识职涯 ·············· 45

【阅读思考】工作对你意味着什么 ·············· 45

一、职业与职涯 ·············· 46

二、生涯建构理论 ·············· 48

三、职涯发展理论 ·············· 50

【课堂体验】拟定自己的墓志铭 ·············· 52

第二节　规划职涯 ·············· 52

【阅读思考】选择，是一种有智慧的放弃 ·············· 52

一、职涯规划的作用意义 ·············· 53

二、职涯规划的简单步骤 ·············· 54

三、职涯规划的内容与方法 ·············· 56

【课堂体验】用创业画布做人生规划 ·············· 58

【生涯智慧】 ·············· 61

一、职业生涯规划的基本原则 ·············· 61

二、职涯规划最重要的五个理念 ·············· 62

【课外实践】绘制自己的鱼骨生命图 ·············· 63

【本章要点导图】 ·············· 64

第四章　自我密码——发现自我的优势 ·············· 66

【学习目标】 ·············· 66

【生涯榜样】兴趣是最大的战斗力 ·············· 66

第一节　认识自我 ·············· 67

【阅读思考】别人为什么愿意跟你相处 ·············· 67

一、生涯优势理论 68

二、自我认知方法 69

三、自我效能感 71

【课堂体验】成长经历与自我评价 73

第二节　明晰优势 74

【阅读思考】富翁与渔夫的故事 74

一、职业兴趣理论 75

二、职业能力理论 81

三、MBTI 人格理论 84

四、施恩职业锚理论 90

【课堂体验】成就故事 93

【生涯智慧】 94

一、正确对待测评结果 94

二、发掘自我职业兴趣 94

【课外实践】撰写自传 95

【本章要点导图】 97

第五章　职业密码——探索职业的真相 99

【学习目标】 99

【生涯榜样】健康所系　生命相托 99

第一节　认识职业世界 100

【阅读思考】泰戈尔《职业》 100

一、职业与行业的分类 101

二、转变中的职业世界 105

三、发展的无边界职业 110

【课堂体验】职业初体验 112

第二节　探索职业环境 113

【阅读思考】体验是最好的职业认知方式 113

一、探索职业世界的方法 113

二、社会环境的宏观分析 115

三、行业环境的中观分析 117

【课堂体验】职业博览会 121

【生涯智慧】 122

一、职业探索的十大任务 122

二、未来需要的四种人才 124

【课外实践】生涯人物访谈 125

【本章要点导图】 ⋯⋯⋯⋯⋯⋯⋯⋯⋯⋯⋯⋯⋯⋯⋯⋯⋯⋯⋯⋯⋯⋯⋯ 127

第六章　决策密码——平衡未来的期望 ⋯⋯⋯⋯⋯ 128

【学习目标】 ⋯⋯⋯⋯⋯⋯⋯⋯⋯⋯⋯⋯⋯⋯⋯⋯⋯⋯⋯⋯⋯⋯⋯⋯⋯ 128

【生涯榜样】活着总归要去做些什么 ⋯⋯⋯⋯⋯⋯⋯⋯⋯⋯⋯⋯⋯⋯ 128

第一节　了解生涯决策 ⋯⋯⋯⋯⋯⋯⋯⋯⋯⋯⋯⋯⋯⋯⋯⋯⋯⋯ 129

【阅读思考】布里丹毛驴 ⋯⋯⋯⋯⋯⋯⋯⋯⋯⋯⋯⋯⋯⋯⋯ 129

一、理性决策理论 ⋯⋯⋯⋯⋯⋯⋯⋯⋯⋯⋯⋯⋯⋯⋯⋯⋯ 130

二、非理性决策理论 ⋯⋯⋯⋯⋯⋯⋯⋯⋯⋯⋯⋯⋯⋯⋯ 134

三、生涯决策方法 ⋯⋯⋯⋯⋯⋯⋯⋯⋯⋯⋯⋯⋯⋯⋯⋯⋯ 137

【课堂体验】澄清生涯决策的影响因素 ⋯⋯⋯⋯⋯⋯ 142

第二节　制定行动方案 ⋯⋯⋯⋯⋯⋯⋯⋯⋯⋯⋯⋯⋯⋯⋯⋯⋯ 142

【阅读思考】最大的麦穗 ⋯⋯⋯⋯⋯⋯⋯⋯⋯⋯⋯⋯⋯⋯ 142

一、制定行动方案的原则 ⋯⋯⋯⋯⋯⋯⋯⋯⋯⋯⋯⋯⋯ 143

二、制定行动计划的方法 ⋯⋯⋯⋯⋯⋯⋯⋯⋯⋯⋯⋯⋯ 144

三、职涯规划方案的内容 ⋯⋯⋯⋯⋯⋯⋯⋯⋯⋯⋯⋯⋯ 146

【课堂体验】绘制自己的生命花朵 ⋯⋯⋯⋯⋯⋯⋯⋯⋯ 149

【生涯智慧】 ⋯⋯⋯⋯⋯⋯⋯⋯⋯⋯⋯⋯⋯⋯⋯⋯⋯⋯⋯⋯⋯⋯⋯ 150

一、职涯明智选择的方法 ⋯⋯⋯⋯⋯⋯⋯⋯⋯⋯⋯⋯⋯ 150

二、职业生涯成功的标准 ⋯⋯⋯⋯⋯⋯⋯⋯⋯⋯⋯⋯⋯ 153

【课外实践】反思你的职业生涯决策 ⋯⋯⋯⋯⋯⋯⋯⋯⋯⋯⋯ 155

【本章要点导图】 ⋯⋯⋯⋯⋯⋯⋯⋯⋯⋯⋯⋯⋯⋯⋯⋯⋯⋯⋯⋯⋯ 156

第七章　潜能密码——蓄积成长的能量 ⋯⋯⋯⋯⋯ 158

【学习目标】 ⋯⋯⋯⋯⋯⋯⋯⋯⋯⋯⋯⋯⋯⋯⋯⋯⋯⋯⋯⋯⋯⋯⋯⋯⋯ 158

【生涯榜样】成功需要200％的勤奋努力 ⋯⋯⋯⋯⋯⋯⋯⋯⋯⋯ 158

第一节　提高修养 ⋯⋯⋯⋯⋯⋯⋯⋯⋯⋯⋯⋯⋯⋯⋯⋯⋯⋯⋯⋯ 159

【阅读思考】哈佛大学的老鼠实验 ⋯⋯⋯⋯⋯⋯⋯⋯⋯ 159

一、积极心态 ⋯⋯⋯⋯⋯⋯⋯⋯⋯⋯⋯⋯⋯⋯⋯⋯⋯⋯⋯ 160

二、正向思维 ⋯⋯⋯⋯⋯⋯⋯⋯⋯⋯⋯⋯⋯⋯⋯⋯⋯⋯⋯ 163

三、完善人格 ⋯⋯⋯⋯⋯⋯⋯⋯⋯⋯⋯⋯⋯⋯⋯⋯⋯⋯⋯ 165

【课堂体验】打造个人品牌 ⋯⋯⋯⋯⋯⋯⋯⋯⋯⋯⋯⋯⋯ 166

第二节　提升能力 ⋯⋯⋯⋯⋯⋯⋯⋯⋯⋯⋯⋯⋯⋯⋯⋯⋯⋯⋯⋯ 166

【阅读思考】大国工匠李万君 ⋯⋯⋯⋯⋯⋯⋯⋯⋯⋯⋯ 166

一、高效沟通 ⋯⋯⋯⋯⋯⋯⋯⋯⋯⋯⋯⋯⋯⋯⋯⋯⋯⋯⋯ 168

二、创新能力 ⋯⋯⋯⋯⋯⋯⋯⋯⋯⋯⋯⋯⋯⋯⋯⋯⋯⋯⋯ 173

三、团队合作 ··· 181
　【课堂体验】解手链 ······································· 186
【生涯智慧】 ··· 187
　一、决定职涯成功的关键因素 ···················· 187
　二、人生意义与人生的境界 ······················· 188
【课外实践】制作你的个人修养名片 ················· 189
【本章要点导图】 ··· 189

第八章　行动密码——创造未来的努力 ············· 191

【学习目标】 ··· 191
【生涯榜样】自己创造幸运 ······························· 191
　第一节　生涯体验 ·· 192
　　【阅读思考】白龙马与小毛驴 ···················· 192
　　一、生涯体验的内涵 ································· 193
　　二、生涯体验的意义 ································· 195
　　三、生涯体验的形式 ································· 196
　　【课堂体验】工作"影子"扮演 ················· 201
　第二节　生涯管理 ·· 201
　　【阅读思考】洛克菲勒写给儿子的信 ········· 201
　　一、机缘规划 ··· 202
　　二、迭代学习 ··· 203
　　三、创造幸运 ··· 204
　　【课堂体验】兼职体验总结与分享 ············ 205
【生涯智慧】 ··· 206
　一、幸运绝非偶然 ·· 206
　二、有志有识有恒 ·· 207
【课外实践】校外生涯体验活动 ························ 208
【本章要点导图】 ··· 209
附　录 ·· 210
　一、网络端的课程 ·· 210
　二、免费职业测评 ·· 212
参考文献 ·· 213

第一章　生涯密码——构建人生的意义

> 每个人都有他隐藏的精华，和任何别人的精华不同，它使人具有自己的气味。
>
> ——法国作家　罗曼·罗兰

学习目标

1. 知识目标

了解生涯和职业生涯的概念和特性。

了解舒伯的人生发展阶段划分，并熟悉每个阶段的主要任务。

了解人生发展的五个层次。

2. 技能目标

学会绘制生涯彩虹图，并能利用生涯彩虹图分析自己的生涯阶段、生涯角色和生涯任务。

3. 态度目标

认识到职业生涯与发展规划的重要性。

树立科学的职业生涯规划的观念。

生涯榜样

用灵魂演奏生命音符

当一名职业足球运动员是刘伟的青葱梦想，但10岁那年的一次触电事故，不仅让他失去了双臂，更剥夺了他在绿茵场奔跑的权利。

由于伤痛耽搁了两年学业，妈妈想让刘伟留级，但他死活不干。在家教的帮助下，刘伟利用暑假将两年的课程追了回来，开学考试，他拿到班级前三名。重回人生轨道的刘伟，一直对体育念念不忘，足球不行，那就改学游泳。12岁那年，他进入北京残疾人游泳队，两年后在全国残疾人游泳锦标赛上夺得两金一银。

"我要在2008年的残奥会上拿一枚金牌。"刘伟跟母亲许诺。谁知厄运又来纠缠，过度的体能消耗导致免疫力下降，他患上了过敏性紫癜。医生警告说，必须停止训练，否则危及生命。无奈之下，刘伟只能与游泳说再见，走进了后来带给他成功的音乐世界。

练琴的艰辛超乎常人的想象。由于大脚趾比琴键宽，按下去会有连音，并且脚趾无法像手指那样张开弹琴，刘伟硬是琢磨出一套"双脚弹钢琴"的方法。他每天都要弹七八个小时，练得腰酸背疼，双脚抽筋，脚趾磨出血泡。三年后，刘伟的钢琴水平达到了专业七级。

"我的人生中只有两条路，要么赶紧死，要么精彩地活着。"在《中国达人秀》的舞台上，刘伟演奏了一首《梦中的婚礼》，全场静寂，只闻优美的旋律。曲终，全场掌声雷动，他是当之无愧的生命强者。

第一节　生命与生涯

阅读思考

幸福的柴门

假如通往幸福的门是一扇金碧辉煌的大门，我们没有理由停下脚步；但假如通往幸福的门是一扇朴素的、简陋的甚至是寒酸的柴门，该当如何？我们千里迢迢而来，带着对幸福的憧憬、热望和孜孜不倦的追求，带着汗水、伤痕和一路的风尘，沧桑还没有洗却，眼泪还没有揩干，沾满泥泞的双足拾级而上，凝望着绝非梦想中的幸福的柴门，滚烫的心会陡然间冷却吗？失望会笼罩全身吗？

我决不会收回叩门的手。岁月更迭，悲欢交织，命运的跌打，令我早已深深懂得什么是生命中最最值得珍惜的宝贝。只要幸福住在里面，简陋的柴门又如何，朴素的茅屋又如何！幸福的笑容从没因身份的尊卑贵贱失去它明媚的光芒。我跨越山川大漠，摸爬滚打寻求的是幸福本身，而不是幸福座前的金樽、手中的宝杖。幸福比金子还珍贵，这是生活教会我的真理。（文/栖云）

思考：

1. 我们从哪里来？要到哪里去？我们穷极一生在追寻的是什么？

2. 你是如何理解幸福的？你会如何追求人生的幸福？

一、生命与生涯

（一）认识生命

自从地球上有了最早的生命，世界就变得如此美好：生命因自然而存在，自然因生命而美丽。自然界的生命是丰富多彩的，又是各具特点、千姿百态的。就像世上没有两片相同的树叶，人类中也没有两个完全相同的个人，每个人都是独一无二的，有自己独特的风格和特点。每一个生命不仅是独特的，而且是有限的。生命属于我们只有一次，任何代价都换不回来，我们必须热爱生命，珍重生命。

人的生命具有多重属性，其中最主要的是自然属性和社会属性，社会属性是人最主要、最根本的属性，它是决定人之所以是人的最根本的东西。生命的自然活动主要包括：新陈代谢、生长、发育、遗传、变异、感应、运动等。生命的社会活动又主要包括：感知社会、角色扮演、人际交往、求学择业、社会竞争等。

人的生命可分为三种形态：生物性生命、精神性生命和价值性生命。生物性生命，是指人首先是作为自然生理性的肉体生命而存在的，这是和自然界的其他生物一样所具有的基本属性。精神性生命，是指人之所以为人根本区别在于人有超越生物性生命的精神世界。人不但追求生物性生命的健康，还追求获得更好的精神生活。价值性生命，是指人对生命意义与价值的一种追求，每个人在一生中都会追问自己内心"为何而活"等问题，也是人的生存根基和基本动力。

（二）了解生涯

"生涯"的概念，最早出自《庄子·养生主》："吾生也有涯，而知也无涯。以有涯随无涯，殆已！已而为知者，殆而已矣！为善无近名，为恶无近刑，缘督以为经，可以保身，可以全生，可以养亲，可以尽年。"这里，"生"是指人生或生命，"涯"是指边界或界限。庄子的这句话道出了"生涯"的特性之一：人的生命是有限度的，即人生的长度是有极限的。另外，中国古人对"生涯"内涵的界定，还有"生活""生计"和"生活方式"等含义。比如，"杜门成白首，湖上寄生涯""生涯在王事，客鬓各蹉跎""谁能更拘束，烂醉是生涯"等诗句，指的就是这层意思。现代汉语词典对"生涯"的解释是"指从事某种活动或职业的生活"，如军旅生涯、教师生涯。

美国著名的心理学家舒伯指出，生涯是指生活中各种事件的演进方向和历程，它统合了一个人一生中各种职业和生活角色，由此表现出个人独特的自我发展形态。换而言之，生涯是一个人一生中所从事的工作、所担任的职务和角色的总和，例如学生、雇员、家庭成员、公民与退休者。

人的生涯发展既是一个自然生命的成长过程，也是一个自我设计与创造的过程。在这个过程中，由于职业在所有"事件"和"角色"中具有非同寻常的作用，很大程度上影响和决定着人生的其他角色和经历，对人有至关重要的影响，因此，生涯是以职业为主轴和动力源的。

职业生涯是一个人一生的工作经历，特别是职业、工作待遇、职位的变动及工作理想实现的整个过程。职业生涯是人一生中最重要的历程，人们从20岁左右参加工作，到60岁左右退出职业，职业生涯约占人生的三分之二，也是人生中精力最旺盛、创造力最强的时期。

大学生涯是大学生追求自我实现的重要阶段，大学生涯的成就将为自己未来职业生涯的成功奠定基础。因此，大学生应利用大学的宝贵时间，科学有效地进行职业生涯规划。

二、生涯的特性

金树人教授通过研究提出，生涯具有六个方面的特性[①]。

1. 方向性（发展性）

首先，人的生涯发展是按时间轨道向前发展的，且具有不可逆性。其次，个人的生涯发展是有路径的，其发展方向往往是有迹可循、有规可循的。人的生涯行进方向，往往会受个体内因或特质（如价值观、需求欲望、兴趣能力、人格等）与外部因素（如社会环境、家庭等）的综合影响，而呈现出特定的生涯道路。生涯发展方向往往可找到相似的影子，某些方面具有明显的路径依赖特征。

2. 时间性（终身性）

人的生涯发展是一个连续不断、动态发展的过程。生涯概念在时间维度上包含个体的终身发展全程（从生到死），在此过程中还会展现出其人生的工作、职位、职业与角色等的发展变化历程。个人生涯在终身发展过程中，基于不同时间段的不同角色任务及其特点，可划分为不同的生涯发展阶段。

3. 空间性（全面性或综合性）

生涯概念综合了个体生活与职业的各种角色内容，包含人生发展的各个层面和各个阶段。生涯虽然以工作和职业为核心内容，除此之外，还包括不同生涯发展阶段中所扮演各种角色及其生活方式等内容。即生涯在空间维度方面，会呈现以职业角色发展变化为主线，以其他角色活动为"点"构成生涯的立体"面"，具有全面性特征。

4. 独特性（特殊性）

每个人的生涯都不一样，就如同世界上不存在两片完全相同的叶子一样，人与人的生涯面貌也绝不会完全相同。这是因为每个人的生涯发展历程都是独一无二的，绝不会出现与他人完全相同的情况。比如，有可能人的家庭环境和个体特质相似，但生涯发展道路会有不同，也可能人的发展道路相似，但其生活角色与不同生涯阶段的内容与表现不尽相同。个体的生涯发展历程，都会因个体生涯发展的内外部环境不同，因个人的人生理想与目标需求不同，而逐渐展现出独特的生命历程。因此，进行生涯规划，无论是谁，都有其独特性，都应有其"专属"的生涯规划。

5. 现象性（客观性）

生涯不完全等同于生命，生涯是人的主观意识认定基础上的客观存在，是个体对生涯客观"位置""角色"及其价值认知之上所呈现出的一种客观现象。个体的生涯意识会影响其生涯的主观判断和定义，为其赋予独特价值与意义，但生涯不会因个人的主观意志或努力而消逝。人在一生中无论价值感如何，所从事职业与行业如何，所扮演的角色如何，都不影响其客观的存在。

[①] 金树人. 生涯咨询与辅导［M］. 北京：高等教育出版社，2007.

6. 主动性（主观性）

尽管个体的生涯发展会受到各种客观因素的影响，人的生涯发展道路会受各种条件的限制，但并不是说生涯只能完全被动地听从命运的安排。人处于复杂多变的社会环境之中，面对挑战和限制，人们可发挥主观能动性做出自己的生涯抉择，利用或开发各种生涯发展的机会，具有一定的生涯选择空间及其可能性。在生涯发展过程中，个体在个人发展愿景与可能性之间、理想与现实之间主动思考，科学合理地规划自己的未来人生发展，甚至通过努力可以做到改变、创造有利环境与条件，做生涯的主动塑造者，绘就自己的生涯彩虹。生涯是可以规划的，生涯规划就是这种主动性的根本体现。

三、生涯的彩虹

美国著名的生涯研究专家舒伯（Super）提出了人一生的完整的生涯发展阶段模式，从人的终生发展角度出发，把整个人生分为成长阶段、探索阶段、建立阶段、维持阶段和衰退阶段五个阶段。如表 1-1 所示。

表 1-1　人的生涯发展阶段

阶　段	主要任务
成长阶段 0～14 岁	认同并建立起自我概念，对职业的好奇占主导地位，并逐步有意识地培养职业能力
探索阶段 15～24 岁	主要通过学校学习进行自我考察、角色鉴定和职业探索，完成择业和初步就业
建立阶段 25～44 岁	获取一个合适的工作领域，并谋求发展，是绝大多数人职业生涯周期中的核心部分
维持阶段 45～64 岁	开发新的技能，维护已经获得的成就和社会地位，维持家庭和工作两者间的和谐关系，寻找接替人选
衰退阶段 65 岁及以上	逐步退出职业和结束职业，开发社会角色，减少权利和责任，适应退休后的生活

每一阶段都有一些特定的发展任务需要完成，每一阶段需达到一定的发展水准或成就水准，并且前一阶段的发展任务达成与否，关系到后一阶段的发展。

根据舒伯的看法，一个人一生中会扮演许许多多角色，就像彩虹同时具有许多色带。为了综合阐述生涯发展阶段与角色彼此间的相互影响，舒伯提出"生涯彩虹图（life-career rainbow）理论"，引入生命广度（life-span）、生命空间（life-space）的概念，展示了不同发展阶段各种角色的相互作用，不同生涯发展阶段角色的继承与更替，如图 1-1 所示。

在生涯彩虹图中，纵向层面代表的是纵观上下的生活空间，是由一组职位和角色所组成，分成子女、学生、休闲者、公民、工作者、持家者六个不同的角色，他们相互影响交织出个人独特的生涯类型。

他认为在个人发展历程中，随着年龄的增长而扮演不同的角色，如图 1-1 所示，图的最外圈为主要发展阶段，内圈阴影部分的范围，长短不一，表示在该年龄阶段各种角色的分量；在同一年龄阶段可能同时扮演数种角色，因此彼此会有所重叠，但其所占比例分量则有所不同。

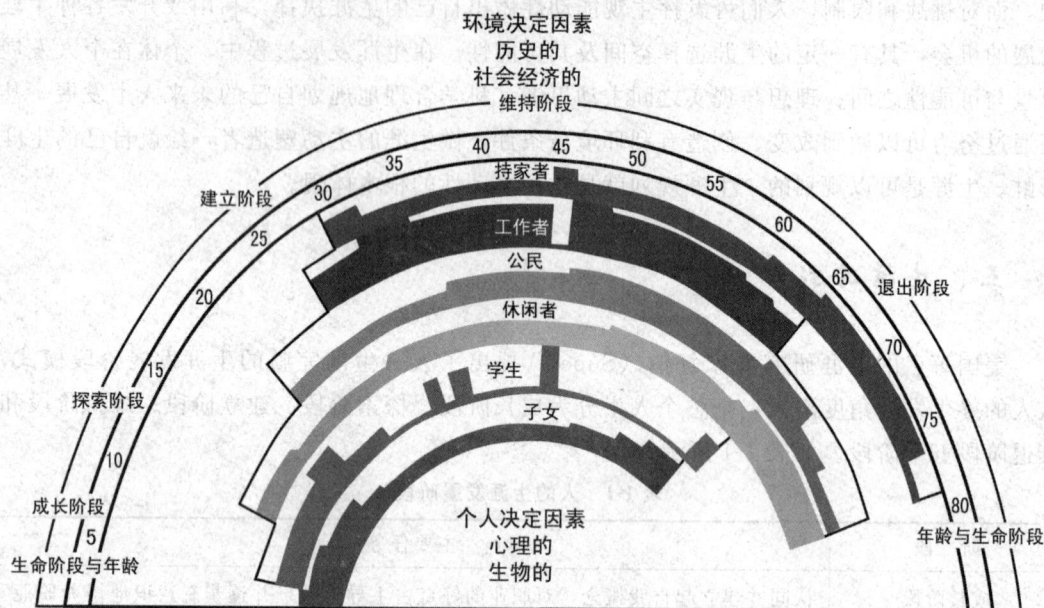

图 1-1　生涯彩虹图

1. 生涯彩虹图最里层——子女的角色是一直存在的，在 5 岁以前是涂满颜色的，之后逐渐减少，10 岁时大幅减少，到 50 岁时开始增加。表明早期作为子女享受父母的照顾，慢慢与父母平起平坐，当父母年迈之际，则要开始照顾、赡养父母，直至父母去世，子女的角色也随之消失。

2. 生涯彩虹图第二层是学生角色，学生角色从四五岁开始，10 岁以后进一步增强，20 岁之后大幅减少，25 岁以后便戛然而止，30～50 岁出现几次恢复，65 岁以后还有出现。这表明，学习是一生相随的，离开学校工作一段时间之后，如果感觉自己已不能满足工作需要，那么重新返回学校充电是必须的，可以开创生涯发展新局面。

3. 生涯彩虹图第三层是休闲者角色，这一角色从 5 岁之后一直是平稳发展的，直到 55 岁之后显著增加。表明休闲是贯穿人一生的，是平衡工作的重要砝码，工作讲究劳逸结合，生涯发展也不能少了休闲。

4. 生涯彩虹图第四层是公民角色，这一角色从 20 岁开始，35 岁后得到加强，65～70 岁达到顶峰，随后慢慢减退。公民是一种法律上的含义，是同学们承担社会责任、关心国家事务的一种政治表现。

5. 生涯彩虹图第五层是工作者角色，这一角色大概从 25 岁开始，30 岁之后得到加强，表明该阶段工作达到了顶峰。到 45 岁后，工作角色进入短暂的空白期。经过对比发现，此时学生角色和持家者角色得到增强，表明这张彩虹图的主人在该阶段进行了工作和生活中心的调整，进行了一段时间的脱产学习，以便未来更好地发展，并更多关注家庭及自身的转型。两三年之后，学生角色和持家者角色恢复平均水平，工作者角色则重新占据生活的重心，直到60岁之后开始减少，65岁时终止工作者角色。

6. 生涯彩虹图第六层是持家者角色，这一角色从30岁开始，开始投入相当多的精力，之后维持在一个适当的水平，65岁退休之后又加强了这一角色，75岁之后这一角色大幅减少，表明家庭责任大幅减轻，或许是因为伴侣的消失，或许是因为完全将家庭事务交予了小辈。

课堂体验

生涯幻游

1. 身体放松训练

选择一个自己认为舒服、放松的姿势坐好。用"四点放松术"进行放松训练。在幻想的过程中，不要给自己压力，顺其自然，跟着感觉走。

2. 开始幻游

在舒缓的背景音乐下，请大家以舒服的姿势坐好，放松。然后，由老师以缓慢轻柔的语言念出下面的指导语：

"让我们一起坐在时光隧道机，来到10年后的世界，也就是2031年时的世界，请算一算，此时你是多少岁？容貌有变化吗？请你尽量想象5年后的情形，越仔细越好。

"好，现在你正躺在家里的卧室的床铺上。这时候是清晨，和往常一样，你从睡梦中醒来，先看到的是卧室里的天花板。看到了吗？它是什么颜色？

"接着，你准备下床。尝试去感觉脚趾接触地面那一刹那的温度，凉凉的？还是暖暖的？经过一番梳洗之后，你来到衣柜前面，准备换衣服上班。今天你要穿什么样的衣服上班？穿好衣服，你看一看镜子。然后来到餐厅，早餐吃的是什么？一起用餐的有谁？你跟他们说了什么话？

"接下来，你关上家里的大门，准备前往工作的地点。你回头看一下你家，它是一栋什么样的房子？然后，你将搭乘什么样的交通工具上班？

"你快到达工作的地方，首先注意一下，这个地方看起来如何？好，你进入工作的地方。你跟同事打个招呼，他们怎么称呼你？你还注意到哪些人出现在这里？他们正在做什么？

"你在你的办公桌前坐下，安排一下今天的行程，然后开始上午的工作。早上的工作内容是什么？跟哪些人一起工作？工作时用到哪些东西？

"很快地，上午的工作结束了。午餐如何解决？吃的是什么？跟谁一起吃？中餐还愉快吗？

"接下来是下午的工作，跟上午的工作内容有什么不同吗？你在忙些什么？

"快到下班的时间了，或者你没有固定的下班时间，但你即将结束一天的工作。下班后你直接回家吗？或者要先办点什么样的事？或者要做一些什么其他活动？

"到家了。家里有哪些人呢？回家后你都做些什么样的事？晚餐的时间到了，你会在哪里用餐？跟谁一起用餐？吃的是什么？晚餐后，你做了些什么？跟谁在一起？

"睡觉前，你正在计划明天参加一个典礼的事。那是一个颁奖典礼，你将接受一项颁奖。想想看，那会是一个什么样的奖项？给你颁奖的是谁？如果你将发表得奖感言，你打算讲什么话？

"到上床的时候了，你躺在早上起床的那张床铺上。你回忆一下今天的工作和生活，今天过得愉快吗？是不是要许个愿？许什么样的愿望？

"渐渐地，你很满足地进入梦乡。睡吧！一分钟后，我会叫醒你……（一分钟后）

"我们渐渐地回到这里，还记得吗？你现在的位置不是在床上，而是在这里。然后，你慢慢地醒过来，静静地坐着。

"好，我们已经到教室了，请大家睁开眼睛。"

现在，请回答下列问题：

1. 在幻游过程中，给我印象最深刻的画面是_____。

2. 进行幻游后，与现在环境最大的不同点是_____。

3. 进行幻游后，我最深的感受是_____。

对 10 年后从事的工作的描述：

1. 工作是_____。

2. 工作内容是_____。

3. 工作场所在_____。

4. 工作场所周围的环境_____。

5. 工作场所周边的人群_____。

10 年后的生活形态：

1. 婚姻状况 ☐已婚 ☐未婚 ☐其他_____

2. 家中成员有子女_____人 ☐父母同住 否_____ ☐其他_____

3. 居住的场所在_____。

4. 居住的场所周围环境_____。

5. 居住的场所及附近的人群_____。

在进行幻游后，你觉得未来的人生发展会是怎样的？

1. 我认为未来我会从事_____职业。

2. 我认为我的未来会与幻游过程相关吗？

☐会 ☐不会 ☐其他_____

分享：

请谈谈你刚才幻想到了什么，有什么心得感悟。

第二节　价值与理想

阅读思考

毛毛虫的故事

第一只毛毛虫

话说第一只毛毛虫，有一天爬呀爬呀爬过山河，终于来到这棵苹果树下。

它并不知道这是一棵苹果树，也不知树上长满了红红的苹果。

当它看到同伴们往上爬时，便不知所以地就跟着往上爬。

没有目的，不知终点，更不知生为何求、死为何所。

它的最后结局呢？也许找到了一个大苹果，幸福地过了一生；也可能在树叶中迷了路，颠沛流离糊涂一生。

不过可以确定的是，大部分的毛毛虫都是这样活着的，也不去烦恼什么是生命意义，倒也轻松许多。

第二只毛毛虫

有一天，第二只毛毛虫也爬到了苹果树下。

它知道这是一棵苹果树，也确定他的"虫生目标"就是找到一棵大苹果。

问题是……它并不知道大苹果会长在什么地方。但它猜想：大苹果应该长在大枝叶上吧！

于是，它就慢慢地往上爬，遇到分支的时候，就选择较粗的树枝继续爬。

当然，在这个毛毛虫社会中，也存在考试制度，如果有许多毛毛虫同时选择同一个分支，可是要举行考试来决定谁才有资格通过大树枝。

幸运的是，这只毛毛虫一路过关斩将，每次都能选上最好的树枝，最后它从一枝名为"大学"的树枝上，找到了一个大苹果。

不过它发现这个大苹果并不是树上最大的，顶多只能称是局部最大。

因为在它的上面还有一个更大的苹果，号称"老板"，是由另一只毛毛虫爬过一枝名为"创业"的树枝才找到的。

令它泄气的是，这个创业分枝是他当年不屑于爬的一枝细小的树枝。

第三只毛毛虫

接着，第三只毛毛虫也来到树下。这只毛毛虫相当难得，小小年纪，却自己研制了一副望远镜。

在还未开始爬时，它就先利用望远镜搜寻一番，找到了一个超大的苹果。

同时，它发觉当从下往上找路时，会遇到很多分枝，有各种不同的爬法；但若从上往下找路，却只有一种爬法。

它很细心地从苹果的位置，由上往下反推至目前所处的位置，并记下这条确定的路径。

于是，它开始往上爬，当遇到分枝时，它一点也不慌张，因为它知道该往哪条路走，不必跟着一大堆虫去挤破头。

譬如说，如果它的目标是一个名叫"教授"的苹果，那应该爬"升学"这条路；如果目标是"老板"，那应该爬"创业"这分枝。

最后，这只毛毛虫应该会有一个很好的结局，因为它具备了先觉的条件。但也许会有一些意外的结局出现，因为毛毛虫的爬行相当缓慢，从预定苹果到抵达苹果，需要一段时间。

当它抵达时，也许苹果已被别的毛毛虫捷足先登，也许苹果已熟透而烂掉了……

第四只毛毛虫

第四只毛毛虫可不是一只普通的毛毛虫，同时具有先知先觉的能力。它不仅先觉知道自己要何种苹果，更先知——知道未来的苹果将如何成长。因此当它带着那"先觉"的望远镜时，它的目标并不是一个大苹果，而是一芽含苞待放的苹果花。

它计算着自己的时程，并估计当它抵达时，这朵花正好长成一个成熟的大苹果，而且它将是第一个钻入这个苹果大快朵颐的毛毛虫。

果不其然，它获得了所应得的，从此过着幸福快乐的日子。

第五只毛毛虫

毛毛虫的故事本应到此结束了。因为所有故事的结局都应该是正面且富有教育意义的。

但仍有不少人好奇：第五只毛毛虫到底怎么了？

其实它什么也没做，就在树下躺着纳凉，而一个个大苹果从天而降落在它的身边。

因为树上某一大片树枝早就被它的家族占领了。

它的爷爷、爸爸、哥哥们盘踞在某一树干上，禁止其他毛毛虫进入。

然后待苹果成熟时，就一个个地丢给底下的子孙们捡食。

奉劝诸位，如果你不是含着金汤匙出生的，请不要妄想捡到这些大苹果，因为反而会被砸死。（引自：http://blog.renren.com/share/221956603/690704230，有删改）

思考：

如果你是一只毛毛虫，希望自己成为哪只毛毛虫呢？为什么？

一、人生需求与层次

（一）人生需求层次

人生需求是有规律的，实现人生价值是人的高层次需求。美国著名人本心理学家马斯洛曾指出："人是永远不能满足的动物。"他第一个提出了著名的人生需求理论，指出人的需求由低级层次向高级层次推进，即从生理需求（饮食与性）——安全需求（生命安全与生活保障）——友爱和归属的需求（受到接纳、关怀与爱）——受尊敬的需求（受到认可和赞扬）——自我实现的需求（实现个人潜能和创造力），如图 1-2 所示。低级需求是有限的，其满足是指向自我的。而友爱、尊重、自我实现等高级需要则是无限的，而且必须通过满足他人、公众和社会的需求才能实现。

一个人要想充分发挥自己的能力，实现自己的梦想，并得到企业和社会的承认，就一定要努力创造自我价值，为企业、为社会做出贡献。个人的成功与自我实现，是在满足他人的需求后，社会环境对他的回报，这是客观规律。

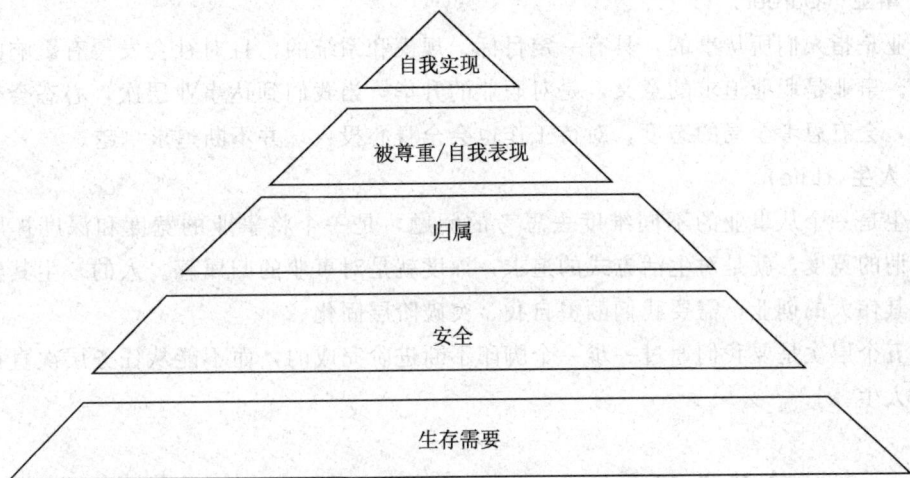

图 1-2　马斯洛需求层次

（二）人生层次

人生发展可分为五个境界层次（如图 1-3 所示）。

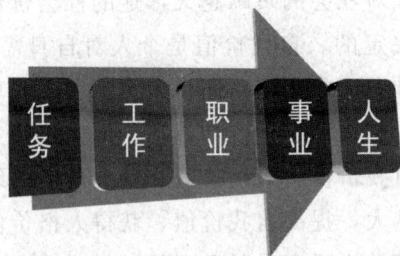

图 1-3　人生发展的五个层次

1. 任务（Task）

任务处在人生发展层次中的第一层，是被动地完成被指派的工作。它是碎片化，可以锻炼人的工作能力，是人生不可或缺的、具有阶段性的基础层次。这一层次大多存在于处在校园内还没步入社会前，同学们需要完成的各式各样的任务。每一种任务的处理方式各不相同，也就会带来不一样的效果。

2. 工作（Job）

工作是一种程序化的任务，通过工作，人们可以获得应得的报酬，维持生计，满足生活的基本需求。这是我们初入社会的过渡阶段。在工作的过程中，我们可以不断地积累社会经验，感受走出校园的氛围。

3. 职业（Profession）

职业是参与社会分工的结果，指利用专门的知识和技能，为社会创造物质财富和精神财富，同时又表现出对工作发自内心的热爱和尊重的态度。从工作过渡到职业是我们已经在职场上有了相应的打磨，并且在自己专业的知识储备上已经到达一定程度的体现。

4. 事业（Career）

事业是指人们所从事的，具有一定目标、规模和系统的，且对社会发展有影响的经常性活动。事业是职业追求的意义，是对职业的升华。当我们到达事业层次，心态会变得更加稳定，会有思考全局的态度，对待工作也会全身心投入，并不断追求卓越。

5. 人生（Life）

人生是一个从事业的不同维度去思考的问题，是一个将事业的宽度和深度扩展的过程。所谓的宽度，就是对生活方式的追求，深度就是对事业的归属感。人的一生其实就是一次极其伟大的创业，需要我们颠覆自我、突破阶层固化。

这五个层次是要我们通过一步一个脚印不断进阶完成的，而不能从任务层次直接到达巅峰的人生。

二、人生价值与理想

（一）人生价值

人的价值由三部分组成：人的社会价值、自我价值以及人格价值。人的社会价值是个人对社会需求的满足。一个人对社会的贡献越大，他的社会价值就越高，即社会价值大小是由人对社会的贡献多少所决定的。自我价值是个人对自身需求的满足。个人通过努力，满足自身的生理、物质和精神方面的需求，即自我贡献和自我尊重。人格价值是指社会对个人需求的满足，特指作为人的权利、地位和尊严。人格价值人人平等。

实现人生价值就是实现自我价值、人格价值和社会价值的统一。在市场经济的现实生活中，一个人对社会的贡献越大，提高自我价值、获得人格价值的机会就越多。一个人的物质生活需求是有限的，而精神生活享受是无限的。只有立足于高层次需求，将自我实现与社会需要结合起来，才能创造人生的最大价值。

生涯规划的目的是突破障碍、激发潜能、实现自我，它提供了一些有效的方法或工具，可以养成一种能力，即在不同发展阶段都能对自己的过去、现在和未来进行重新审视、评估，并不断调整自己、修正可执行的计划，为自己的每一个人生阶段创造最大的成就感和满足感。生涯规划的本质是在充分认识自我需求和透析个体特征的基础上，结合社会现实，帮助个体找到自己的最佳贡献区，制定合理的生涯发展目标。因此，经过规划的人生，可以最大限度地发挥自己的优势，获得人生成功的同时，提升个体的幸福指数，实现人生价值的最大化，进而提升生命的质量。

（二）人生理想

理想是人类精神生活的产物。作为一种社会意识，理想是人们对客观现实发展趋势的超前反映，即人们在认识客观规律的基础上，为自己构想的未来美好蓝图。因此，理想不是人们主观的臆造，不是空想或幻想，而是经过努力可能实现的符合科学的目标。

苏格拉底曾说：世界上最快乐的事，莫过于为理想而奋斗。因此，如果说社会是大海，人生是小舟，那么理想信念就是引航的灯塔和推进的风帆。理想信念能够指引人生的奋斗目标，提供人生的前进动力，提高人生的精神境界，所以，树立正确远大的理想信念对我们具有重要意义。

理想信念对人生历程起着导向的作用，指引人生的奋斗目标；理想信念提供人生的前进动力，激励人们向着既定目标奋斗前进；理想信念提高人生的精神境界，它一方面使人的精神生活的各个方面统一起来，另一方面又引导着人们不断地追求更高的人生目标。

大学生要自觉做共产主义远大理想和中国特色社会主义共同理想的坚定信仰者和忠诚实践者。

三、目标管理与行动

美国学者戴维·坎贝尔曾经指出："目标之所以有用，是因为它能帮助我们从现在走向未来。"立定志向可以成为成功的驱动力，同时也可以使自己更能够掌握方向，明确应该做的事情。

（一）目标设定的原则

目标设定是基于自我觉醒的基础上，对自己未来生涯的初步概想。在进行目标设定时，应遵循 SMART 原则（如图 1-4 所示）。

图 1-4　目标设定的 SMART 原则

1. S（Specific）

目标要清晰、明确。所谓明确，就是要用具体的语言清楚地说明要达成的行为标准。要做到这一点，需要回答以下 6 个 "W"。

①Who：谁参与？

②What：要完成什么？

③Where：确定一个地点。

④When：确定一个时间期限。

⑤Which：确立必要条件和限制。

⑥Why：明确原因，实现此目标的目的或好处。

例如，确定了一个 "好好学习" 的目标，这就不是一个具体目标，还需将此目标具体化，比如 "每天去图书馆，至少看书 2 小时"。

心理学家得出了这样的结论：当人们的行动有了明确的目标，并能把自己的行动与目标不断地加以对照，进而清楚地知道自己的行进速度和与目标之间的距离，人们行动的动机就会得到维持和加强，就会自觉地克服一切困难，努力达到目标。要达到目标，就要像上楼梯一样，一步一个台阶，把大目标分解为多个易于达到的小目标，脚踏实地地向前迈进。每前进一步，达到一个小目标，就会体验到成功的喜悦，这种感觉将推动自己充分调动自身潜能去达到下一个目标。

2. M（Measurable）

即目标要可量化，是明确而不是模糊的，要有一组数据，作为衡量是否达成目标的依据。为了确保目标可量化，可以问自己几个问题：我怎么知道自己是否达到了目标？目标是多少？有的东西不好量化，也要尽量找到一个量化的标准。

假如某同学想掌握熟练的网站制作技能，那么他可以将自己的目标定位为：可以独立完成一个电子商务类网站的策划和制作。

3. A（Attainable）

即设定的目标要高，要有挑战性，但又须是可达成的。目标要通过努力可以实现，不能过低和偏高，偏低了无意义，偏高了实现不了。一般来说，当设定的目标对一个人有很重大的意义时，这个人便会尽最大的努力去完成。假如某同学的目标是能够按时毕业，拿到学位，那么这种目标就是不具挑战性的，而如果把目标设定为在学术造诣上超越爱因斯坦，那么基本上没有实现的可能，这种目标在设定上就是失败的。

4. R（Relevant）

设定的目标要有现实性，要和自己的实际情况相关联。设定的目标最好是自己愿意做，并且能够干好的。在职业目标的设定上，一定要注意目标的设定要和岗位的职责有关。比如某位同学打算从事会计工作，那么努力考个会计师证是很有必要的，而花费很多时间去考心理咨询师证，就无太大必要了。

5. T（Time bound）

目标要有时限性，要在规定的时间内完成，时间一到，就要看结果。如果没有时间限制，就没有紧迫感。回到做好学生的目标，如果问自己，有没有在学习？回答往往是肯定的。但一年后，再问自己，学到了什么，很多人便回答不上来。针对这种情况，同学们完全可以设定类似这样的目标，如在 2021 年 12 月前，自学完成平面设计专业的全部课程。

（二）专注实现目标

仅仅设定目标是不够的。同样都是具有目标的人，有人成功了，有人却失败了，因此，在为实现目标奋斗的过程中，需要专注目标，找到行之有效的策略方法，持之以恒地付诸实践行动。在实践目标的过程中要善于思考，在思考中不断创新，逐步实现个人的学习及奋斗目标。

首先，根据目标制定出合理可行的短期及长期计划。在制定计划时，要从个人的具体情况出发，结合自己所处的环境及各种可能的外部情况。

其次，定期检查计划的实施情况，并对未完成的计划进行反思，调整计划和自己的状态，保证自己不断向目标迈进。

最后，要保持积极乐观的心态，实现目标的过程往往不是一帆风顺的，可能会遇到这样或那样的阻碍。在人生发展的过程中，要保持良好的心态，充满自信，勇敢地迎接挑战，战胜困难，战胜自己，最终实现个人理想与目标。

课堂体验

生涯彩虹与人生理想

活动目标： 通过本活动，引导学生认识生涯发展的规律，了解不同生涯发展阶段及其主要特征，激发生涯角色与规划意识，探索人生的理想与目标。

活动说明：

绘制自己的生涯彩虹图（如图 1-5 所示）：思考自己过去、现在以及未来可能承担的生活角色，在彩虹图上标注年龄阶段和扮演的角色名称，然后在某个年龄所扮演或希望扮演的角色区域，利用彩笔和文字区分出自己对这些角色的理解。

注意要点：

（1）角色扮演的成功视个人的生理、心理因素，及当时的社会环境等外在情境因素而定，该角色越成熟，代表的色带越饱满。

（2）生命中各阶段所扮演的角色延续的时期可用色带的长度来表示。

（3）可用不同的颜色来代表对该角色的喜好和期待。

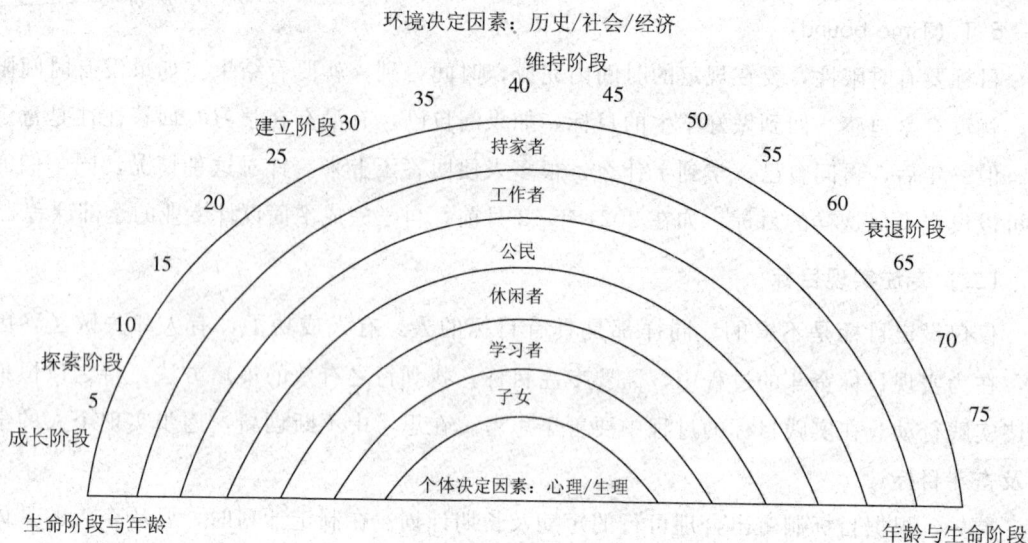

图 1-5　生涯彩虹图

活动反思：

1. 在上述彩虹图中，为每个角色找到一个幸福榜样，根据对榜样人物的分析，探索自己人生各角色的理想和目标。

2. 基于自己各角色的理想目标，分析其具有哪些共性特征。将其提炼概括出来，便就是自己的人生主题方向和意义。

3. 对照当下的自己，与理想目标的距离如何？是否对现在的自己满意？

4. 如果想要实现自己的理想与目标，现在需要做什么？

生涯智慧

一、人生的胡克定律

人生的胡克定律是：崩溃与压力、放弃与困境……在人生中或许难以避免，甚至有的时候生命的强度、韧性会因此被激发出来。例如，困境中奋斗让人生变得更加多姿多彩。在弹性范围内，压力会转变为动力、爆发力。破釜沉舟，百二秦关终属楚；卧薪尝胆，三千越甲可吞吴。何等霸气、豪迈！但压力超过承受范围，人就会被压垮，甚至觉得走到生命尽头。然而，你是否知道自己承受压力的极限在哪里？

固体的弹性会随着时间、使用频次而变得越来越弱，即所谓的弹性疲乏。与此相反，生命的弹性与韧性，是岁月的产物。

年少时想不开、参不透，爱重怨深，情绪浓烈得让人疯狂，红烛昏罗帐，芙蓉帐暖度春宵，仿佛不这样就无法表现自己处在爱恋中；做事情也是，"路见不平一声吼"，仿佛不这样就无法体现自己青春活力、做事决心。

然终有一天少年长成发现，要面对的可能不是长度问题，而是宽度问题；不是朝朝暮暮、如影随形就能维持感情不坠，不是三分钟热度就能办成大事。重要的是，心灵的容量是否能够负载生命的情节！

你是否记得自己出发的原动力？你是否清楚自己生命的意义是什么？这是每个人都必须面对、回答的问题，而这个问题的答案又是别人无法教给你的，只有自己去探索！所以，只有走过弯路，才更确信当初最想要的是什么，才能明白真正重要的不是生活中的岁月，而是岁月中的生活。时间真的很奇妙，让深的东西越来越深，让浅的东西越来越浅。

爱情弹性也好、事业弹性也罢，背后的支撑力道其实都是生命弹性。唯有不忘初心，才能有豁达与宽容，能够放进去的故事才会更多；拉长、拉远、拉深，不只是练体力，你的生命才不容易疲乏！

二、人生努力的智慧

"智慧"的"智"这个字，把它拆开是"日""知"，可以据此理解为每天知道多一点，就叫"智"；再看"慧"字，把它拆开，它是三个字的组合，上面两个"丰"，中间一个"雪"，下面一个"心"，也就是说：当心像雪一样洁白、平静的时候，就会有双倍的丰收，能双倍地接纳别人的人，就是充满"慧"的人。所以"智慧"就是每天知道多一点，让你的心平静下来，不断地吸收，双倍地吸收，你就可以成为充满智慧的人了。

大家记住，有知识不等于有智慧，知识与智慧的唯一区别在于：知识有一个节点，智慧没有。智慧是每一天逐步增加的。你可以说"这本书我现在看完了"，但是智慧没有结束，它是一个不断累积的过程。有智慧跟有知识的区别，就是你是不是能够每天多一点进步，你是不是能够平静地接受所有的东西。

成功与失败没有什么差别。成功与失败之间唯一的差别就是：成功比失败多那么一点努力的东西。成功真的不是太难的东西，真的是需要稍微探索多一点。你都这样做了，那你一定就是会成功的；你要成功，一定要比别人多付出一点。

要创造性地思考。如果你真的想探索多一点的东西，一定要创造性地思考。也就是说，你看山一定不是山，看水一定不是水，这个时候你才是创造性地思考。现代人的基本素质只有三个词——团队、速度、韧性。也就是说，如果你不会跟人家合作，你一定不是一个现代人。如果你的速度没别人快，也无法当一个现代人。还有更重要的一点，就是你要有韧性。因为今天的诱惑太多！这是现代人的三个基本要素。

（引自：http://www.360doc.com/content/15/0320/07/21626180_456597402.shtml，有删改）

课外实践

寻找自己的成长顾问

第一个顾问是学习成长顾问。这个顾问可以是老师或高年级同学，需要时可以和他们讨论在学习上遇到的问题。

第二个顾问是心理健康顾问。这个顾问可以由学校心理咨询中心或所在院系的辅导员、班导师等相关人员担任，在生活、学习、情感或任何一个方面遇到困惑时，可以及时找到他，寻求及时的有效帮助。

第三个顾问是生涯发展顾问。这个顾问可以请学校就业指导中心的老师或请所在院系的辅导员、班导师等相关人员担任，也可以请自己熟悉的企业人士来担任，他们能够在自己迷茫需要帮助时助自己一臂之力。

第四个顾问是个人形象顾问。这个顾问可以请学校的老师或用自己的方法找到校外合适的人来担任。不过在这里需要注意"形象"的含义，一方面是外在形象，如服饰、发型、言谈举止等；另一方面是自己的气质、素质、个人品牌等。

以上四个顾问的寻找可以用自己的方式做到，比如一个电话邀请或者是拜访面谈。有这四个顾问的贴身服务，同学们将成长得更快。

顾问情况的记录如表1-2所示。

表1-2　成长顾问

顾问分类	顾问姓名	联系方式	沟通建议频率	咨询提示	备注
学习成长顾问			每学期1次	学业有困难时	
心理健康顾问			每年1次	心中压抑时	
生涯发展顾问			每年1次	职业选择实习面试时	
个人形象顾问			根据个人需要	参加重要活动时	

本章要点导图

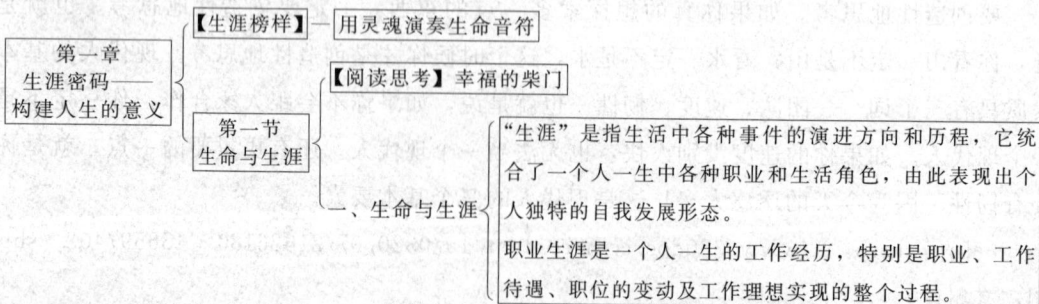

第一章
生涯密码——
构建人生的意义

【生涯榜样】—用灵魂演奏生命音符

【阅读思考】幸福的柴门

第一节
生命与生涯

一、生命与生涯

"生涯"是指生活中各种事件的演进方向和历程，它统合了一个人一生中各种职业和生活角色，由此表现出个人独特的自我发展形态。

职业生涯是一个人一生的工作经历，特别是职业、工作待遇、职位的变动及工作理想实现的整个过程。

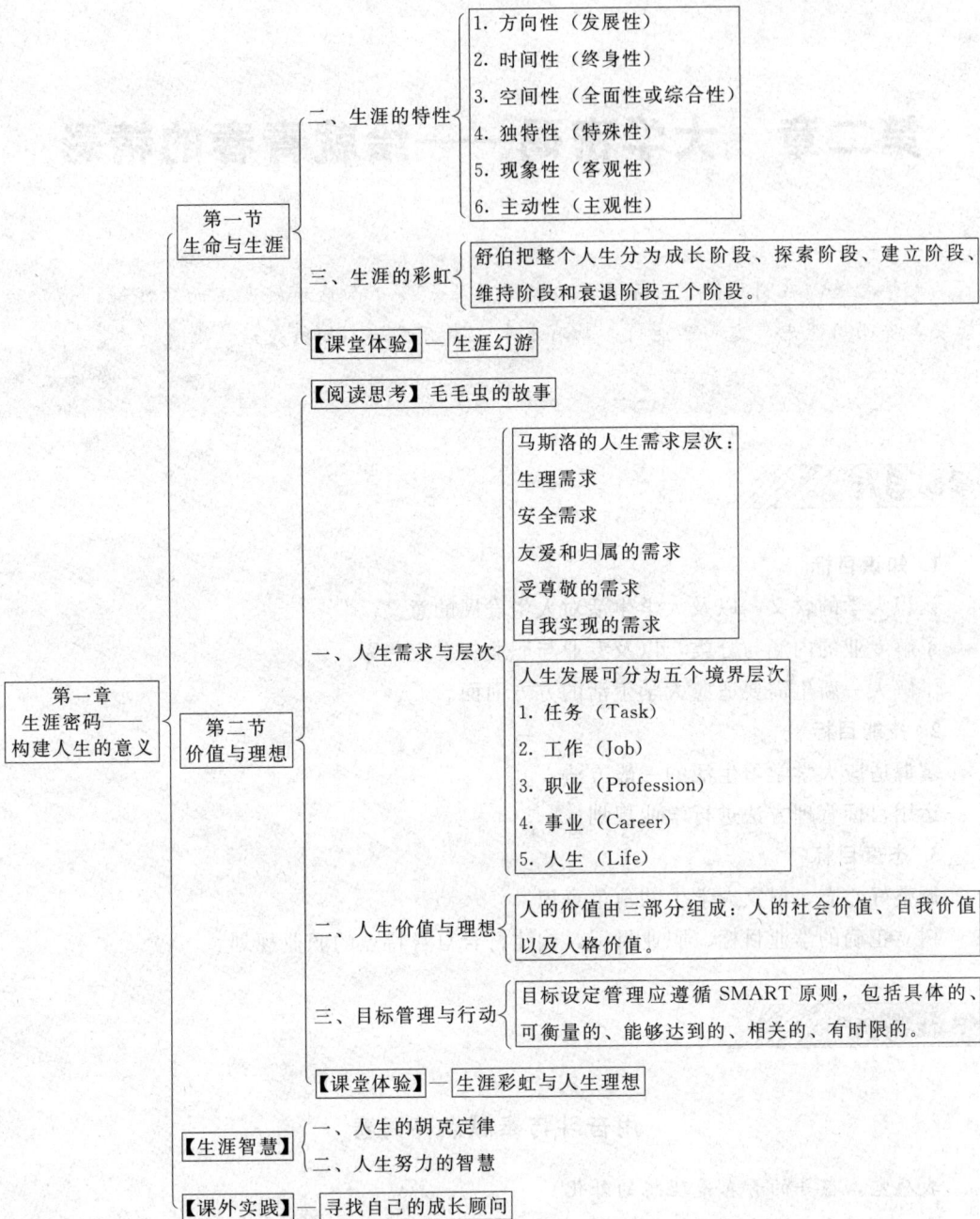

```
第一章
生涯密码——
构建人生的意义

├─ 第一节
│  生命与生涯
│   ├─ 二、生涯的特性
│   │   ├─ 1. 方向性（发展性）
│   │   ├─ 2. 时间性（终身性）
│   │   ├─ 3. 空间性（全面性或综合性）
│   │   ├─ 4. 独特性（特殊性）
│   │   ├─ 5. 现象性（客观性）
│   │   └─ 6. 主动性（主观性）
│   ├─ 三、生涯的彩虹：舒伯把整个人生分为成长阶段、探索阶段、建立阶段、维持阶段和衰退阶段五个阶段。
│   └─【课堂体验】—生涯幻游
│
│  【阅读思考】毛毛虫的故事
│
├─ 第二节
│  价值与理想
│   ├─ 一、人生需求与层次
│   │   ├─ 马斯洛的人生需求层次：生理需求 / 安全需求 / 友爱和归属的需求 / 受尊敬的需求 / 自我实现的需求
│   │   └─ 人生发展可分为五个境界层次
│   │       ├─ 1. 任务（Task）
│   │       ├─ 2. 工作（Job）
│   │       ├─ 3. 职业（Profession）
│   │       ├─ 4. 事业（Career）
│   │       └─ 5. 人生（Life）
│   ├─ 二、人生价值与理想：人的价值由三部分组成：人的社会价值、自我价值以及人格价值。
│   ├─ 三、目标管理与行动：目标设定管理应遵循SMART原则，包括具体的、可衡量的、能够达到的、相关的、有时限的。
│   └─【课堂体验】—生涯彩虹与人生理想
│
├─【生涯智慧】
│   ├─ 一、人生的胡克定律
│   └─ 二、人生努力的智慧
│
└─【课外实践】—寻找自己的成长顾问
```

第二章　大学密码——绘就青春的精彩

大学之道，在明明德，在亲民，在止于至善。知止而后有定，定而后能静，静而后能安，安而后能虑，虑而后能得。物有本末，事有终始，知所先后，则近道矣。

——《大学》

生涯榜样

用奋斗与奉献点亮青春

我感觉，奋斗的青春是理想的外化。

我学习、生活的大学是一所百年名校，秉承"勤读力耕，立己达人"的精神，拥有"不张扬，不浮躁，不盲从"的品格。一代代学生以"弘农学，扬国光"作为人生理想，成就了属于我校的骄傲。我在大学的几年时间里，用奋斗的青春为理想信念增色，让理想信念指引着自己在青春里奋斗前行。

我的专业是食品科学，当年三聚氰胺毒奶粉事件让我意识到自己所学的专业是和生活、和生命休戚相关的，所以，无论学生工作和志愿服务的事情再多再忙，我也能沉下心来去钻研专业，守护食品安全成为我的理想。通过"产—学—研"实践，我发现可以通过自己的专业技术为企业带去生产力，为社会带去效益，我感到，有意义、有价值的事情就在自己手中发生。虽然自己的技术领域只是食品行业的一个小分支，但是却可以解决一个产业亟待解决的问题，实现发展与突破。我渐渐懂得了家国情怀，树立了在奋斗中实现理想的目标！

我感觉，奉献的青春是追求的绽放。

徐本禹大哥是我们"本禹志愿服务队"的精神旗帜。他用奉献的青春照亮了山里孩子们的未来，也感召着我和我的伙伴们。从入校参加红杜鹃爱心社到毕业选择成为支教团志愿者，学业生涯期间一直坚守志愿服务，一种对青春价值的追求让我始终在志愿服务的道路上笃定如一。

毕业时，成绩专业第二的我毅然加入支教团，到贵州大山深处的大石希望小学支教一年。面对乌蒙山的崎岖，条件的简陋与孩子的单纯，我专注于面前淳朴自然的孩子们。曾经有一个学生在作文中写到"我笨，只有安老师耐心教我，我以后会做一个好人"。我教过的孩子现在也可以勇敢的用英语和外国人对话交朋友，还在这个暑假打电话告诉我，以后想要考上大学来看我，这就是志愿服务的意义。我们的追求不再单单是自己的人生目标，而是帮助更多的人种下关于梦想的种子，通过奉献，留下温暖、无悔的青春回忆。

2013年12月5日，习近平总书记给我们"本禹志愿服务队"回信，指出青年一代有理想、有担当，国家就有前途，民族就有希望，实现中华民族伟大复兴就有源源不断的强大力量。在习近平总书记的谆谆教诲与殷殷冀望下，我们一定能够按照"六有"大学生的要求，无愧于青春，无愧于时代，无愧于人民，为实现中华民族伟大复兴中国梦增添强大的正能量！

（引自：2016年"中国电信奖学金"暨"践行社会主义核心价值观先进个人标兵"的获奖代表感悟，有删改）

第一节　大学与专业

阅读思考

未　来

被学生习惯性地称为"根叔"的华中科技大学校长李培根院士，在2011届毕业晚会上朗诵了下面这首诗——《未来》。

凝望着，依稀几分——绿色大山，
遥看着，无垠深蓝——天空大海。

注视着，白色裹着的——精细与生命，

体验着，血色侵染的——激情欢快。

红白蓝绿——未来，原来是希望的色彩。

未来，

幻想着，天高海阔摘星揽月，

期盼着，老当何为儿孙在怀。

感叹着，壮心不已成功安在？

憧憬着，风华正茂天生我才！

青壮老少——未来，原来是生命的等待。

未来，

担心着，丛林里草木荣衰，

陶醉在，天空中鸟儿畅怀，

贪恋在，大海中鱼儿自在，

守望在，屋檐下苦苦等待。

人鱼鸟兽——未来，原来是自由的期待。

未来，

回家来，无论贫富狗儿迎候，

昂起头，即使弱势尊严仍在，

依偎着，直到逝去数码记载，

打开窗，假话空话随风吹开。

真诚信义——未来，原来是情感的私宅。

未来，

抖落着，纷纷雪花——寒梅早报，

欢笑着，丰收果实——生息静待。

忍耐着，烈烈酷暑——干实稷穗，

滋润着，绵绵细雨——火热情怀。

春夏秋冬——未来，原来是时间的至爱。

思考：

1. 大学是什么？读大学有何意义？

2. 大学承载了青春和未来，大学不是终点而是人生的加油站，你的大学生活将如何度过？

一、大学含义与意义

（一）大学的含义

大学被称为"一个以理智为基础的国家的神殿""人类社会的动力站"，大学就是一个民族文明教化的中心，更是一个对全球有影响力、说服力的文化平台。就大学的外显性而言，人们普遍认为大学之"大"在于：一是有"大家"，即思想解放、高瞻远瞩、勇于进取的大学领导；二是有"大师"，即德高望重、造诣精深、诲人不倦的教授专家；三是有"大业"，即环境优雅、校舍充足、设施先进、图书资料丰富的办学资源；四是有"大度"，即囊括大典、网罗众家、学术自由的大学涵养；五是有"大雅"，即博学厚德、求真务实、崇尚文明、美化人生的大学氛围；六是有"大学生"，即风华正茂、与时俱进、全面发展、祖国栋梁的大学主体。

大学担负着人类文明和民族文化的积淀与传承的任务，而大学生是文化传承的主要载体。大学是一个民族性极强的教育和学术型机构，大学的特殊性还在于她有学生，她承担着培养人才的任务。大学应该是社会思想的中流砥柱，尤其在民族危难和社会失范的时候，大学对精神的坚守显得尤为重要。大学是倡导社会文明的先锋。大学要坚持以立德树人为根本，以理想信念教育为核心，培育和践行社会主义核心价值观，弘扬中华优秀传统文化和先进文化，培养学生的社会责任感、创新精神和实践能力。

（二）大学的意义

大学学习、生活的主要意义，在于以下几个方面：

1. 完善自己的人格

如果一个人学富五车，却缺少道德，那么他的人生注定是失败的。比如人多时要排队，见到老幼病残要让座，见到不正之风要制止，对弱者要有同情心，对人要平等对待，等等。一个人可能在专业上不如人，但是要在人格上追求自我完善。在受过大学教育后要知道，人追求的不应该仅仅是个人或者是个体家庭的幸福，还应该具有团结统一、爱好和平、勤劳勇敢、自强不息的精神；应当增强法治观念，遵守宪法、法律、法规，遵守公民道德规范，遵守学校管理制度，具有良好的道德品质和行为习惯；应当刻苦学习，勇于探索，积极实践，努力掌握现代科学文化知识和专业技能；应当积极锻炼身体，增进身心健康，提高个人修养，培养审美情趣。

2. 规划好自己人生

大学生不能被那句"努力吧，考上大学就轻松了"洗脑，不能在可以重塑自己的年纪选择苟且，不能在自我的安逸区沉沦。美国临床心理学家 Meg Jay 博士（《决定性的十年》一书的作者）说过："20～30 岁个性的改变要比生命中其他十年的改变大得多，处在二十几岁的好处同时也是坏处就在于：你所做的每个决定都将改变你的余生。"别在最美好的大学生活中"英年早逝"。大学是人生新的起点，选择开启大学生活的正确方式至关重要。

3. 学会学习

第一，应该学会自学。大学学习不同于高中的填鸭式学习，大学学习要懂得追根溯源，大学不可能教会所有的东西，大学期间学到的东西只是大海中的一滴水。学习能力的提升，才是大学学习的最大收获。第二，将终生学习理念转化为内在需求。大学几年的结束不是学习的结束，而是学习的开始。子曰："五十以学《易》，可以无大过矣。"第三，必须有一种持之以恒的精神。子曰："譬如为山，未成一篑，止，吾止也。譬如平地，虽覆一篑，进，吾往也。"同学们在未来会面临重重考验，持之以恒的精神是应对未来工作和生活的利器。

4. 学会思维

大学学习，最主要的是理性思维得到提升。其实，真正的人才不是看理性思维，而是看直觉思维、悟性和洞察力，即创造性思维。在快速变化的 21 世纪，创造性思维是最重要的核心职业胜任力和职业竞争力。创造性思维需要右脑发挥作用，大学是开发创造性思维的最佳时机。社团活动、优秀传统文化、现代先进文化、创新创业训练、实习实验训练都是开发右脑的平台和方式。多读有思想深度的书，做一个有思想的人，凡事都要问个"为什么"，不笃信权威，敢于挑战传统思想。

5. 多读书才是硬道理

北大教授王选在给一届刚入学的北大新生做开学典礼报告时这样说道：如果别人认为我有点什么成就的话，这些成就都来源于我大学所读的书。孔子说"君子不器"。这里的"器"是指一种杯子。意思是，君子不应该像杯子一样只有一种用途。推而广之，如果一个人连一种用途都没有，那么你就是连"器"都不是，也就是不成器。如果你有很多用途，那么你就成了大器。成大器，首先要多读书，读好书，采撷大家之长，站在巨人的肩上。书可以让人成为精神贵族。世界上富翁很多，但真正的贵族却极少。读书多的人，处事优雅，有涵养，遇事冷静，有定力，当时运不济时，知道自己的现状是暂时的；当某天实现了自己愿望时，也知道自己的地位和财富的最终意义不在于自己的享受。不读书的人即使哪天富有了，也只能是"暴发户"而已。

6. 独立思考

学生不能将自己的希望完全寄托在教师身上，教师只是一个导游。教师所能做的只是"导"，"游"还是要靠自己。在同一个学校同一个班级，教师是一样的，而学生的表现则千差万别。教师对学生成绩的贡献率不超过 30%，余下的还得靠学生自己。因此，大学生必须学会独立思考。

《哈利·波特》的作者罗琳参加 2008 年哈佛大学毕业典礼时的一段话值得我们思考："如果给我一个时间机器，我会告诉年轻时的自己：生活不是拥有的物品与成就的清单。你们的资格证书、简历都不能等价于你们的生活。内心的修炼才是大学生活对你们最为重要的东西。"

二、专业学习与职业

（一）专业内涵与分类

1. 专业的内涵

专业是教育部门根据社会分工需要和学科体系的内在逻辑而划分的学科门类。高校按照专业设置组织教学，进行专业训练，培养专门人才。专业是学科和职业之间的桥梁，它按照学科进行划分，对应着一定的职业群。专业也是职业发展的基础，它为若干相近的职业群提供必要的基础知识和基本技能。

2. 专业的分类

目前，教育部按本科和专科两个层次进行专业的分类。

根据《普通高等学校本科专业目录》（2017 年 4 月颁布），本科专业共分为 12 个大学科门类，包括：哲学、经济学、法学、教育学、文学、历史学、理学、工学、农学、医学、管理学、艺术学。未设军事学学科门类，其代码 11 预留。新目录分为基本专业（352种）和特设专业（154 种），并确定了 62 种专业为国家控制布点专业。特设专业和国家控制布点专业分别在专业代码后加"T"和"K"表示，以示区分。

《普通高等学校高等职业教育（专科）专业目录》（截至 2019 年）中，专业共分为 19个大类：农林牧渔大类、资源环境与安全大类、能源动力与材料大类、土木建筑大类、水利大类、装备制造大类、生物与化工大类、轻工纺织大类、食品药品与粮食大类、交通运输大类、电子信息大类、医药卫生大类、财经商贸大类、旅游大类、文化艺术大类、新闻传播大类、教育与体育大类、公安与司法大类和公共管理与服务大类。其中，大类中又分为若干小类，各专业可查询教育部官网（http://www.moe.gov.cn/s78/A07/zcs＿ztzl/2017＿zt06/17zt06＿bznr/bznr＿ptgxgdzjml/）做进一步了解其详情。

（二）专业学习的价值

1. 专业锻造独特思维

专业学习的过程，是培养学习能力、思维能力的过程。通过专业学习，可以培养各方面的综合素质，这比掌握专业知识本身更重要。专业给我们提供了一种思维方式，也养成了每个人各自独特的思想特点，当专业与人生的经历相结合时，才对人产生影响。比如，管理学的人都喜欢谈论组织结构，新闻学的人重视宣传的力量、口号的力量，社会学的人有强烈的集体观念和社会人概念。也许我们并不会把自己的专业挂在嘴边，但是却会在脑海中深刻地打下相关烙印。水均益的沉稳干练，与其哲学系专业素养不无关系；杨澜的睿智的语言天赋有比较文学的熏陶为其助力。

2. 专业提升综合素养

大学教育不同于中学阶段以基础知识传授为主的教育，它更是一个人全面发展和全面塑造的开始。一般来说，一个具有完善人格的个体是由知识体系、能力体系和价值观体系共同构筑而成的，三者应为均衡发展。首先，任何一门学科领域都是由基本概念、基本理论和基本方法构成的，因此学习任何一门专业，都可以达到掌握一套学习方法的目的。在这个以终身学习、终身教育为背景的社会里，学会"如何学习"能让我们终身受益。

其次，大学阶段的专业教育并不说明大学教育已经进入专才教育阶段，在大多数情况下还应属于通识教育。学生有必要接触各个学科领域，包括自然科学、社会科学、人文科学等，成为一个有着全方位知识体系的人，从职业生涯规划的角度来说，就是在当今社会上最受青睐的复合型人才。

3. 专业打造美好未来

专业可以使我们的人生更美丽，专业性的人生，也许就在不同专业的排列组合间进行。专业不能给我们提供任何进入某个行业或者从事某个职业的保证，但是却可以为我们打开一扇通往某个职业目标的大门。相关专业知识为进入某个行业打下基础，许多行业的入门专业并不都是同学们脑海中的模糊印象，专业知识的应用范围其实很广泛。如果进行合理规划，可以让专业背景更加吸引人。比如，学经济管理的同学从事新闻传播，专门报道财经类消息，做财经评论，进入"第一财经"或者专业类经济媒体；学中文的同学进入广告公司，从事文案创作和产品包装，每天绞尽脑汁地想配合画面的漂亮广告词；学社会学的同学从事市场调查；学教育学的同学从事人力资源……经济学家林毅夫本科读的是农业工程，后来考取的是企业管理硕士，其工科背景和管理学思想对后来从事经济学研究带来极大的益处。其实专业打开的门并不仅仅是一扇，选择哪个方向，还得靠自己去慢慢摸索。

（三）专业与职业的关系

1. 一对一的关系

这种情况最为简单。一个专业方向对应一个职业目标，此类职业的技术含量相对比较高，也比较单一。这类专业和职业一般都适合于专业技术人员。

2. 一对多的关系

这类专业一般都存在于普通高校中，人们常说的宽口径、厚基础就是指这类专业。一个专业可以对应一个职业群，职业群一般由基本操作技能相通，工作内容、社会作用以及从业者所应该具备的素质接近的若干个职位所构成。职业群横向划分，是相同的职业存在于不同的产业或行业之中，如人力资源专业所对应的职业群广泛分布于国民经济的各个产业和行业之中。纵向划分，是同一职业存在于同一行业若干个不同的岗位，及其可能晋升的职务上。

3. 多对一的关系

就是多种专业都可以发展到某一种职业的形式。这类职业一般属于管理型人格的职业。比如，高校教师、科研人员、新闻记者、编辑人员、营销主管、企业管理人员等。对于某一职业，比如新闻记者，它可以接收经济学、新闻、中文、哲学、历史等许多专业的学生。

课堂体验

致师弟师妹们的一封信

亲爱的师弟师妹们：

你们好！

转眼间，我把学生时代最美好的时光留在了大学。每次回学校看到熟悉的校园，看到昔日上课的老师，看到或熟悉或陌生的师弟师妹，我就有很多的感慨。在这里分享一下我大学生活的一些个人经历与体会，希望对各位有所启发。

当年来学校时，我抱着对大学的无限向往与期待。希望自己在学校里能学有所成，拥有一技之长，成为一个人才。因此，我做什么事情都很积极，总是抱着一股热情去把它做好。

大学是自由的，是丰富多彩的。我的课余时间除了参加团体组织的活动以外，更多的是用来做勤工俭学，虽然没赚什么钱，但让我增长了见识，特别是跑销售，锻炼了我与人沟通的能力。我更多的课余时间都花在了与专业相关的实践上，并贯穿整个大学。从大一到大二，我都在水产基地和老师一起养殖观赏鱼、大麦虫和其他食用鱼。平时尽可能地找机会多去相关的单位、公司、养殖场等转转，了解社会。我们的教学实习，要下到养殖场，去动手实践，将学到的理论知识与生产实际相结合。我建议要多与专业老师联系，他们都是活生生的智慧之库。

有人总结出大学里有几种傻学生，我现在把它列出来，希望各位师弟师妹不要犯这种傻：

①课程不喜欢就不上。学校开的课程不喜欢学或觉得老师讲得不好就逃课。作为第一次学习这门专业和课程的学生，你有什么资格说不喜欢呢？其实，如果用心去听一门课，再去多看点相关的书籍，就会发现学校的课程开设是有其价值考量的。

②没有目标地混大学。没有目标的人，很容易随波逐流和放弃努力，也更容易被外在诱惑而改变目前的一切。上大学应该搞清楚几个问题：为什么要上大学？是不是非上大学不可呢？如果不上大学，你的人生会怎样呢？在大学里你要得到什么？没有目标的大学是可怕的，是无聊的，更是荒废的。即使树立一个自己都不相信可以实现的目标，但只要努力为之准备，谁又能保证当你坚持了五年、十年、二十年，当初树立的目标不会实现呢？

③有时间时就潇洒，不为未来着想和努力。大学是人生最后的一段集中学习和改变自己的时期。过了这几年，你的人生都将在工作和忙碌中度过，那时候即使你有心也没时间精力了，所以请珍惜和最大化利用这段宝贵的时间。有些大学生随波逐流、随欲而为，彻夜地游戏、打牌、追剧，过度的睡觉，肆意的游玩等成了大学生活的主旋律。这种有今天不管明天的思想和行为在严重透支我们的未来。所有问题都会在毕业时集中爆发，那时发

现自己没有为未来做一点准备，已经晚了。

大学生就业形势严峻是整个社会经济发展的宏观问题，我们没有办法改变它，只能改变自己，我们要在有限的时间里积累立业之本。希望师弟师妹们珍惜大学生活，好好学习，向着自己的理想目标奋斗，成就更加辉煌的明天。

反思讨论：

你对自己现在的状态满意吗？你现在了解自己的专业吗？你思考过专业与未来职业发展的关系吗？你知道如何合理安排专业学习与实习实践工作吗？

第二节　适应与规划

阅读思考

顾秉林校长给毕业生的忠告

一、方向比努力重要

未来的世界，充满了不确定性和风险性，谁能够在有限的时间里尽早地做出正确的方向选择，那么谁就将成为这个领域的领头羊、专家或者权威；现在是讲究成绩的时代，公司、企业、政府，需要的是有能力且能与其共同方向发展的人，而不是一味努力但却南辕北辙的人。自己适合哪些行业，哪些职业，有很多东西是先天决定的，只有充分发挥自己的潜能，而不是总以自己的弱点对抗，一个人才能出人头地。方向不对，再努力，再辛苦，也很难成为你想成为的那种人。

二、能力比知识重要

知识在一个人的构架里只是表现的东西，就相当于有些人可以在答卷上回答如何管理企业，如何解决棘手的问题，如何当好市长，等等，但是在现实面前，他们却显得毫无头绪，不知所措。他们的知识只是知识，而不能演化为能力，更不能通过能力来发掘他们的潜力。现在很多企业都在研究能力的模型，从能力的角度观察应聘者能否胜任岗位。当然，高能力不能和高绩效直接挂钩，能力的发挥也是在一定的机制环境、工作内容与职责之内的，没有这些平台和环境，再高的能力也只能被尘封。

三、健康比成绩重要

成绩只能代表过去，进入一个工作单位，就预示着新的竞争赛、新的起跑线，没有健康的身心如何应对变幻莫测的市场环境和人生变革，如何应付工作压力和个人成就欲的矛盾？而且在现代社会，拥有强健的身体已经不是最重要的了，健康的身心越来越被提上日程，处理复杂的人际关系，承受痛苦与折磨，缓解压力与抑郁，这些都将成为工薪族乃至学生们常常面对的问题。为了防止英年早逝，过劳死，多注意一下身体和心理的健康投资吧！

四、生活比文凭重要

当这个社会看重文凭的时候，假文凭就成为一种产业，即使是有能力的人，也不得不弄个文凭，给自己脸上贴点金。比起生活，文凭还重要吗？很多人找女友或者男友，把学历当作指标之一，既希望对方能够给自己伴侣的温暖与浪漫，又希望他知识丰富，学历相当或更高，在事业上蒸蒸日上。我想说，你找的是伴侣，不是合作伙伴，更不是同事，生活就是生活。这个人适合你，即使你是博士，他斗大的字不识一个，那也无所谓，适合就是和谐融洽，人比文凭更重要。很多成功人士在回头的时候，都说自己太关注工作和事业了，最遗憾的是没有好好陪陪父母、爱人、孩子，往往还伤心落泪，何必呢？早意识到这些，多给生活一些空间和时间就可以了。

五、情商比智商重要

在新的世纪，情商将成为成功领导中最重要的因素之一。"9·11事件"中，在许多员工和自己的亲人因恐怖袭击丧生的时刻，某公司CEO让自己镇定下来，把遭受痛苦的员工们召集到一起，说道"我们今天不用上班，就在这里一起缅怀我们的亲人"，并一一慰问他们和亲属。在那个充满阴云的星期，他用自己的实际行动帮助了自己和员工，让员工们承受了悲痛，并把悲痛转化为努力工作的热情，在许多企业经营亏损的情况下，他们公司的营业额却成倍上涨，这就是情商的力量，是融合了自我情绪控制、高度忍耐、高度人际责任感的艺术。

要成为卓越的成功者，不一定是智商高才可以获得成功的机会。如果你的情商高，懂得如何去发掘自己身边的资源，甚至利用有限的资源扩展新的天地，滚雪球似的积累自己的资源，那你也将走向卓越。

思考：

1. 如何适应大学的学习与生活？
2. 你大学的学业规划是怎样的？

一、适应大学

（一）新的要求

1. 新的学习要求

大学阶段的学习，知识的广度和深度大大增加，专业方向基本确定，需要大力发挥学习的主动性、创造性。大学主要实行的是学分制，除了公共科目、学科基础课和专业课属于必修课之外，各专业还开设选修课，同学们可以根据自己的兴趣爱好和能力选修相关课程，自由支配的学习时间增多，学习的自主性大大增强。大学图书资料和各种信息丰富，获取知识的渠道更加多样化，熟练利用图书馆和互联网收集资料和掌握信息，成了同学们必备的学习技能。广泛涉猎相关知识，掌握科学的学习方法，培养自主学习和独立思考问题、分析问题、解决问题的能力，是大学阶段学习的重要特点。而中学生活相对单调，更多的是通过课本来获取知识，学习方法少，自由支配的学习时间相对较少。总之，一句话，大学强调的就是自主学习。

2. 新的生活环境

大学生活是一个全新的天地，大学的生活环境较之于中学在空间、内容、方式上都发生了很大变化，自理能力强的同学会很快适应，应对自如；自理能力弱的同学，则可能计划失当，顾此失彼。大学生要尽快适应新的环境，既要学会过集体生活，又要学会独立处理学习和生活中遇到的问题。进入大学之后，同学们离开父母独立生活，许多同学还远离家乡，个人自由支配度增大，衣、食、住、行、经济开支等都要靠自己安排处理；大学生来自五湖四海，兴趣爱好、生活习惯可能存在差异，互相理解和关心成为一种需要。

3. 新的社会活动

进入大学以后，党组织、团组织、班委会、学生会等组织活动增多；特别是由兴趣、爱好相同的同学自愿组织起来的各种学生社团的活动丰富多彩，同学们参加各种社会活动的机会大大增加。因此，同学们可以根据自己的特点和爱好、时间和精力积极参加各种活动，合理安排课余活动，锻炼组织和交往能力。这与中学时以学习任务为主、社会活动较少的情况有所区别。中学一般都没什么活动，同学们主要的任务是在教室里学习，很少出去接触社会，所以一定要扭转这种认知。换句话说，大学就是一个小型社会，在大学里一定要积极参加各种活动，让自己过得更充实，过得更有意义。

因此，大学生应该进一步树立自己的角色意识，适应角色的转换，实现中学到大学的无缝对接。可以通过积极的社会活动，产生角色的认知，找到社会角色与个性意志方面的最佳结合点；还可以积极向教师和高年级的学长请教，弥补自己在角色定位过程中的不足，学习过来人成长的经验，避免走弯路。树立正面的角色定位，顺利完成角色转换。

（二）适应方法

大学生可以通过以下几方面的努力，尽早适应、尽快融入大学生活。

1. 升华理想，确定新的奋斗目标

适应环境最根本的因素是要有明确的奋斗目标。进入大学后，专业方向已定，可以把美好的理想与所学专业结合起来，从社会理想的高度来认识上大学的意义，增强社会责任感和历史责任感，把社会需要与自身条件相结合，确立新的奋斗目标。

2. 摸索适应大学学习的方法

对大学学习的不适应，最易产生情绪波动与自我评价偏差。刚入学，同学们要正确认识大学学习的特点，逐步摸索与自己水平、基础相适应的学习方法，注重自学能力的培养，学会管理和支配时间，学会应用工具书和利用图书馆等条件培养自学能力。

3. 尽快提高生活自理能力，养成科学的生活习惯

上大学后，同学们应该摆脱过去的依赖心理，在辅导员、班主任的指导下自觉主动参与集体生活，学会照顾自己。按时作息，养成科学的生活习惯，不要因为卧谈或者上网玩游戏而熬夜，影响第二天学习。计算机是一种学习的工具，控制好自己使用计算机的时间，而不要让它来控制你。在大学里，一些同学由于网瘾荒废学习被退学、开除，追悔莫及！

学习之余参加一些文体活动，不但有利于缓解学习压力，调节生活，还可以放松心情，有助于提高学习效率。

4. 学习人际沟通技巧

与来自祖国各地，性格、家庭背景、风俗习惯各异的同学交往，难免会有矛盾发生，需要同学们把握交往机会，学习沟通技巧，采取积极主动的方式与他人交往，并能够做到用宽容的心态去接纳别人，用赞赏的眼光去学习别人的长处。

二、规划学业

（一）以升学为目标的学业规划

1. 澄清选择

许多大学生为了提高自身的就业竞争力，把升学作为毕业后的首要选择。选择升学，大多数是为了提高学历层次，获得更强的就业竞争力和更大的发展潜力、空间和机会，为了获得更大的人生发展主动权。

为了什么而升学？这是首先需要明确的问题。在升学热潮一浪高过一浪的时候，选择升学，需要坚定明确的理由。大学生必须树立正确的升学观，理性升学，合理规划人生。升学只是实现人生目标的一种手段，不是唯一途径。不能为了升学而升学，不能无意识升学，不能盲目升学，更不能用高成本来换取更高学历。选择升学，要避免集体无意识的盲目跟风，要规避逃避就业的潜在风险，要想清楚靠升学改换专业的机会与代价，更不要轻易因学历情结为学而学。

是否要升学？必须有一套分析和决策办法，做出理性判断，进行抉择，然后无怨无悔地去践行。决策是否升学有很多方法，下面介绍一种简单的方法：自我追问法。

①要目标如一。就是不断地、反复地问问自己：是否有目标？目标是什么？目标是否清晰？清晰的目标是否始终如一？拿出一张纸，非常确切地写下自己的人生目标，可以是长期的，也可以是短期的；可以有生活的，也可以有工作的。但是，目标一定要切实可行，而不是异想天开。对着目标凝视三分钟，在脑海中呈现与目标关联的画面，就像是蒙太奇的电影，跳跃性地展示目标达成之后自己的所处情景，所作所为，所思所想，让自豪感和成就感充满全身上下。

②要一分为二。就是一分为二地进行考虑：升学有什么好处？又有什么坏处？拿出一张纸，请写下升学的好处，譬如学习深造，夯实基础之类比较务虚的就不用写了，尝试深度挖掘一下升学对于自己的独特好处，这也是区别于无意识的跟风升学的唯一理由。同时，也写下就业的好处，也要深度剖析选择就业对于当下的自己存在哪些益处，这也是区别于被就业的根本因素。

③三思而行。结合自己的目标，对着各自的优缺点，三思而行。同样，拿出一张纸，比较一下，升学的好处相比较于其劣势，是否足以弥补？假定，现在做出一个初步抉择：如果选择了升学，是否会因丧失更多的就业机会而懊恼？如果选择了就业，是否因为没有

参加升学而悔恨？有没有第三条路，就是把升学和就业结合在一起的路？

④制定方案。就是制定行动的方案。把前面的三张纸平铺在自己眼前，从目标考试，再到最优方案；又从最优方案倒追，返回到目标，如果能很好地说服自己，如果自己认为这就是自己想要的，那么就不是问题了。再拿出一张纸，记录自己的行动方案，把方案分解成可执行的步骤，针对每一个步骤能够有检查的因子，结合校正因子有改良后的行动。

2. 升学规划

既然已经做出了升学的决定，那么接下来就是具体的规划了。很多大学生都是毕业才做打算，临时抱佛脚，其结果可想而知。科学的升学规划，应该是从大二开始明确。

大一阶段，刚进入大学，还在熟悉期，主要以适应大学生活，打好专业基础为主。这个时期，应学好各类专业课和通识课程，深入了解专业，提升职业素养，为大二时期做出各种决策打下良好的学业基础。

大二阶段，经过大一时期的历练，大学生可以按照上述方式，确定自己是否选择升学道路。一旦选择了升学的道路，那么，就要进行针对性的准备了。一旦决定了升学，那么大二可以结合专业学习，有针对性地为升学进行专业方面的准备，打下坚实的专业知识基础，毕竟专业是决定升学成败的关键。除了课堂上专心听讲，记录笔记，多向教师请教之外，还可以积极地与师兄师姐进行交流，获取相关的经验，少走弯路。

大三阶段，升学准备进入白热化阶段。这个时期，应该强化英语、政治科目的学习。这也是升学获得优秀成绩的重要因素。英语和政治的学习有一定的规律可循，应该掌握科学的学习方法，如制定严格的学习计划、正确选择参考资料、合理利用时间、适时进行总结、广开学习渠道等。一定要选择一套适合自己的学习方法。

毕业阶段，这是巩固和强化阶段。经过大二专业知识的学习和大三英语、政治的准备，毕业就是根据自己的具体情况，进行针对性的强化。同时，升学报名也拉开帷幕，选择合适的院校、专业、导师都需要认真的思考和权衡。这个时候，一定要切合实际，不宜盲目草率，不宜想当然。在报考过程中，多了解导师的情况，多向前辈打听相关的消息都是成功的必由之路。

（二）以就业为目标的学业规划

1. 学业准备

就业，即大学生毕业后直接选择求职工作，走入社会。毕业生通过学校推荐和自主择业，参加各种供需见面会，双向选择，签订就业协议后就业，这是目前大多数毕业生的选择。

就业成功的关键在于竞争力。竞争力是大学生职业生涯中参与职业活动所必需的、最基本的能力。竞争力必须具有普遍的适用性和广泛的可迁移性，其影响辐射到行业通用技能领域和专业特定技能领域，对大学生的终身发展和终身成就影响深远。对于以就业为目标的学业规划，提高自身的综合素质是关键。这就要求大学生必须正确认识自己，并根据社会需要来调整自己的知识结构和综合素质，在校期间不但要学好科学文化知识，同时还应努力提高自身的竞争力，为顺利就业创造条件。

①认知上，学习知识的同时学会如何学习。学会把握学习的方向，充分利用学校教育来开发自己的潜能，增强解决问题的能力。

②学习上，学会安排自己的时间。大学中，很多时间都是学生自主安排的，要学会统筹规划，把学习、做作业、锻炼身体、娱乐及休息时间安排好。

③生活上，学会共同生活。大学生活既是集体生活，也是独立的生活，必须树立正确的生活观念，有序生活，有益娱乐，有度交往，怀着宽容和理解的心去处理生活中的各种小摩擦、小矛盾。

④思想上，要注意全面发展，即身心、智力、责任感、精神、价值观念等方面的协调发展；学会掌握自己命运所需的基本能力，即思考、判断、想象、表达、情绪控制和社会交往等方面的能力，不断提升自身综合素质，获得未来职业发展的通行证。

2. 就业规划

大学时期的学业规划，仿佛是一个不断攀爬"金字塔"的过程，不同年级都有阶段性的目标与任务。大学生应在学习的不同阶段，针对学业能力及职业生涯发展阶段的特征，进行针对性的规划，打好基础。

①大一阶段，适应大学生活，树立规划意识。完成从中学生到大学生的角色转变。虚心请教师兄师姐，积极参加集体活动，建立新的人际关系圈。熟读学生手册，关注辅修专业和第二学位的申请条件，保证较好的学习成绩。

②大二阶段，确定主攻方向，培养综合素质。虚心请教师长和校友，根据自己发展意愿选定主攻方向。建立合理知识结构，注重专业能力的培养，参加英语、计算机等工具性证书的考试。可以根据自己的兴趣爱好加入学生会或社团工作，培养自己的组织协调能力和团队合作精神，提升自己的综合素质。

③大三阶段，提升求职技能，做好就业准备。加强专业知识学习的同时，取得与职业目标相关的职业资格证书。增强兼职、实习的职业针对性，积累对应聘有利的实践经验。扩大校内外交际圈，加强与校友、职场人士的交往，提前参加校园招聘会，与用人单位招聘人员进行沟通。学习求职技巧，学会制作简历、求职信，了解面试技巧和职场礼仪。

④毕业阶段，充分掌握资讯，实现毕业目标。留意学校就业中心通知和其他重要的招聘渠道，不要遗漏关键的招聘信息。通过登录招聘单位网站或咨询、访谈等方式，了解招聘单位的相关信息，为面试做好准备。选择实用性高的毕业设计（论文）题目，借机证明自己的应用研究能力。

（三）以创业为目标的学业规划

1. 创业决策

当前，我国正处于创业经济的活跃期。越来越多的大学毕业生加入自主创业的大军中，成为创业洪流中的亮点。创业不是一个被动的"等、靠、要"的过程，而是主动地自我雇用的过程，它已成为有愿望、有条件、有能力的青年人主动就业的积极选择。

大学生有人生追求的激情和梦想，然而理想和现实却总是存在着相当的差距，真正的创业之路必然是充满艰辛和曲折的。自主创业，不同于一般意义上的就业，创业是有风险的。但是，创业是主动的，就业则是被动的。年轻人开创的事业能否真正生存下去，并得到稳定经营和有效发展，是人们所关注的焦点。良好的心理素质、必备的专业知识技能和相应的经营管理知识，以及坚忍不拔和勇于奋斗的精神，是创业的首要条件。

在创业开始之前，大学生需要评估自己的优势和劣势，看看自己是否具备创业的素质和能力。大学生可通过认真思考和回答以下问题，来初步判断自己是否有创业的基本素质和能力：

（1）你适合创业吗？

作为创业者或者小企业的领导者，在如何拓展业务、如何定位市场、如何管理财务和员工等各个细节方面，经常需要做出决定，而这些决定是要求你在压力环境下迅速独立完成的。创业需要热情、需要理念，更重要的是需要能力。你的策划和组织能力如何？你的团队组建和管理能力如何？你的决策和综合管理能力如何？你的资源整合能力如何？你的技术、营销等能力如何？

（2）你能长时间保持创业激情吗？

运营一个企业有时能把你的意志耗尽。尽管有些创业者感觉自己被肩上的责任重担压垮了，但是强烈的创业激情和坚强的意志，却能够使其企业成功，并且在遇到经济衰退等困难的时候帮助他顽强地生存下来。因此，检查你选择自主创业道路的原因，确认这些原因都将激励你在今后创业的道路上勇敢坚持下去。至少你的创业冲动能够强到使你长时间保持创业的激情。认真检查你个人拥有的技能、经验和意志。因为有可能在相当长的一段时间内，企业的业务没有进展，有可能会出现与员工发生思想激烈碰撞的现象，不理解你、不支持你的现象也可能会经常发生，这将会使你感到郁闷、孤独，你准备如何承受？你承受得了吗？

（3）你的身体和精神状态适合创业吗？

创业过程充满挑战，意味着长期而艰苦工作的开始。同时，创业也意味着创业者需要更加努力、自觉地工作，将失去很多休息时间。身体健康是承受创业高强度体力和精神压力的前提，你的身体健康状况是否允许你从事这样的工作？因为在创业过程中，有时会令人非常兴奋和愉快，有时会给人带来烦恼和颓丧，你有没有这样的心理准备？

（4）你的家庭支持你创业吗？

和谐稳定的家庭是事业成功的基础，创业之初对你的家庭生活影响很大，能否获得你的家庭支持也很重要，你确信你的家庭会支持你吗？

（5）你准备承受创业初期的风险了吗？

创业始终伴随着风险。在确定了创业目标后，创业者接下来要问自己的问题是：创业的风险有哪些？创业最坏的结果是什么？能否接受？能否从坏结果（困境）中走出来？

对于大学生来说，选择就业还是创业，关系到自己一生的职业起点问题。希望获得最理想的职业发展状态，就需要认真地对自己进行完全剖析，知道自己真正希望得到什么，达到何种状态。

做出创业的科学决策应遵循几个原则：（1）择世所需，选择真正有市场需求、真正有社会价值的创业项目；（2）择己所爱，要结合自己的性格、兴趣、价值观来进行选择，创业应该是自己真正感兴趣和乐于选择的，而不应是被逼的无奈之举，创业的决策应与自己职业生涯的愿景相一致；（3）择己所能，决策时要考虑自己的能力素质是否能胜任，以及创业的现实可操作性；（4）择己所利，创业决策应能给自己带来较为丰厚的物质或精神回报。

创业有风险，大学生在进行创业的决策时，一定要经过科学、客观的分析和思考。在创业之前问自己的问题越多，做出的决策越理性；有明确答案而且思路清晰的方法越多，创业的成功概率就越高。

2. 创业规划

（1）学习创业知识。

知识可以促进能力的发展。任何能力的形成和提高都是在掌握和运用知识的过程中完成的，创业能力也不例外。在学习创业知识的过程中，认真思考，吸取前人的经验，同时也锻炼自己综合分析问题的能力。"知识就是力量"，要使知识变成力量，一定要有能力。不能死读书，读死书，成为书呆子。要学会将学习、思考、实践综合起来，经过自己的消化，吸收转化为运用知识的手段和本领，进而为创业能力的形成和提高打下坚实的基础。

首先，课堂、图书馆和社团是获得创业知识的一个重要途径。通过课堂学习能拥有一门过硬的专业知识，在创业过程中将受益无穷。图书馆通常能找到创业方面的报刊和图书，广泛阅读能增加对创业市场的认识。大学社团活动能锻炼各种综合能力，这是积累经验必不可少的实践过程。其次，纸媒体和网络媒体也是一个很好的途径。通过阅读和浏览能了解更加丰富的创业知识。最后，注意培养良好的社会意识，主要包括与人协调合作、集体工作的意识和强烈的社会责任感，以及竞争意识、环境意识、质量意识、品牌意识、安全意识等，这是提高创业素质的极其重要的社会基础。

（2）加强社会实践。

创业能力的形成和提高必须在创业实践中才能实现。创业者，应根据自身条件和专业特点，在培养自己强烈的创业意识、创业精神、认真学习创业知识的基础上，积极参与创业实践活动，提升创业能力。

利用空闲时间进行尝试性、见习性的实践活动。比如，可以和家人、朋友或同学合伙，也可独立投入一点小资本进行经营活动，参与家庭或他人的创业活动，到公司实习，等等。

模拟实践。可以参加创业实践情景模拟，进行有关创业活动的情境体验。如招应聘雇员的面试、产品推销等。

利用实习期间进行创业实践训练。进入创业启动阶段后，可以单独或与同学轮流租赁或承包一个小店铺，或加工、修理、销售、服务等，在真刀真枪的创业实践中提高自己的创业能力。

（3）积累创业资源。

首先，要善于积累创业相关的人脉资源。商业活动是无处不在的，在生活的周围，找有创业经验的亲戚、朋友、同学、老师交流。在他们那里，将得到最直接的创业技巧与经验。大学生创业者甚至还可以通过 E-mail 和电话等方式拜访崇拜的专家或行家，或咨询与创业项目有密切联系的商业团体，如果采取认真谦逊的态度，会得到他们的帮助。

其次，要注重积累创业相关的要素资源。创业前期和企业发展的早期，都需要很多资源才能支撑创业活动的正常开展。在准备创业的过程中，必须有相关要素资源的有效积累，比如项目、资金、技术、团队等资源。

（四）以出国为目标的学业规划

1. 理性决策

出国留学深造对个人虽然有意义，但如果盲目出国，不考虑留学的国家和专业，也没有想过留学对今后的职业生涯会产生什么样的影响，甚至抱着"只要能出去，哪里都可以，专业也不是十分在乎"的态度，这是十分不可取的。

留学需要审慎规划。出国留学只能算作人生中的一段重要教育经历，留学结束后还有更长的路要走，你必须事先思考下列问题：出国留学是为了什么？留学是否能更好地实现个人的理想与目标？留学后的就业与职业生涯如何规划？如果不深入思考这些问题，将来很可能会后悔今天的决定。

出国留学选择专业很重要。不要盲目选择专业，要注意考虑自己今后所要从事的职业。不要一味地追求热门专业，这样会使学习困难重重。要选择自己喜欢的，以及与自己今后从事的工作相对口的专业，这样就能使自己少走弯路。毕竟，毕业生的就业机会与他们在毕业之前的工作经验，以及在学校所选择的专业关联度很高。

2. 留学规划

留学前，一定要多收集资料，充分了解留学目的地的国情、教育和生活等实际情况，充分了解专业的设置、学习要求和特点，充分估计选择留学后的各种投入和未来就业前景。不能只看表象或者盲目跟风，轻率做出留学决定是很冒险的。

一旦确定将来要留学深造的目标，合理的规划就是留学制胜的前提。一般而言，需要进行以下几个方面的准备：

（1）选择合适的课程，通过语言关。确定留学国家之后，一定要选择适合的课程，提高语言能力。学好语言，并非考试成绩高就行，而是要具备听、说、读、写等各项能力，不宜是哑巴外语，否则寸步难行。

（2）收集相关信息，准备申请材料。可以借助国外大学的网站去获取自己最需要的信息，逐步确定要申请的大学和专业。可以适时关注一些国外大学的在华招生公告，及时向招生负责人进行咨询，并在招生老师的帮助下开始准备所要求的材料。

（3）参加语言测试。申请英美等国家，需要提供托福、雅思成绩；申请法国，则需要参加 TEF/TCF 考试。参加哪项考试，由招生国家确定。一般要想顺利申请大学，测试的成绩都应在满分的一半以上。

（4）申请学校。一般来说，大部分大学都会要求如下材料：个人简历，申请信，出生证明，导师推荐信和个人研究计划（如果申请硕士课程），学位文凭复印件及其公证资料，最近三年学习成绩单，实习或职业经历证明，语言水平证明。很多大学都可以在网上注册，但以上材料大部分是要靠邮寄的方式交给大学，所以一定要考虑邮寄所花费的时间。

（5）申请留学签证。经预约到签证处递交签证申请，一般需要携带以下申请材料：评估面试的证明，贴有照片的签证申请表以及护照规格照片，护照原件及复印件，身份证原件及其复印件和翻译件，资金证明（原件、翻译件及复印件一份），银行存款证明，父母的收入证明，父母签字的负担子女在留学期间费用的证明，出生证明（原件及复印件各一份），注册私立学校的学生需要提供学费缴付的证明（原件及复印件各一份）。

课堂体验

学业规划评估与反馈

规划评估与反馈表

| | 专业知识和技能发展规划 | | | | 个人特长及素质发展规划 | | | | | | 兴趣爱好发展规划 | | 综合素质拓展规划 | |
	课程成绩计划	获奖学金计划	专业素质拓展计划	其他方面发展计划	文娱特长发展计划	体育特长发展计划	计算机特长发展计划	思想政治素质发展计划	心理健康发展计划	其他方面发展计划	读书计划	其他计划	技能认证考试计划	组织能力发展计划	社会活动计划
第一学期	必修课、限选课、任选课等的成绩；英语、计算机等的等级考试	综合测评奖学金，以及其他各类奖学金	与专业相关的知识、素质、技能发展	如发表专业论文、参加专业竞赛等	音乐、舞蹈曲艺、美术设计等方面	体育运动、比赛等方面	计算机软硬件的学习、利用、活动等	积极争取参加各级党校培训等	健康积极的心理素质等	如演讲、辩论等	阅读课外书籍，提高知识面和个人修养	其他	考取与所学专业相关或跨专业的技能认证证书	担任学生干部参与班级管理、组织大型活动等	青年志愿者服务、社会实践、爱心奉献、专业实习等
规划内容															
完成情况															
总结分析															
后续规划修正															

生涯智慧

一、如何度过你的大学

大学几年究竟应该怎样度过？也许钱理群先生的这篇演讲会带给我们一些思考和启示。

（一）大学时代：人生的盛夏

人生最宝贵的时光，是18—26岁，是最独立和最自由的大学生活。16岁以前，懵懵懂懂，依赖于父母和老师，16岁以后就开始独立了，26岁以后就开始考虑婚姻家庭等事情了，真正属于自己独立的时间就不多了。

大学之所以不同于中学，最根本的转变在于：中学时你是未成年人，对你的要求很简单，你只要听老师的、听父母的，按照他们的安排去生活就行了；到了大学你就是公民了，可以享受公民的权利，但又不到尽公民义务的时候。中学生和大学生最大的区别是：大学生是一个独立自主的个体，中学生是被动地受教育，而大学生是主动地受教育。

我是过来人，现在在我们大学同学聚会，喜欢回忆当年那种纯洁的、天真无邪的友谊。如果我可以减去十年或二十年，如果现在是当时的话，我会和同学们一起全身心地投入，理直气壮地、大张旗鼓地去追求知识、友谊和爱情。因为这是我们年轻人的权利！

（二）立人之本：打好两个底子

在大学期间要把自己培养成什么样的人？在大学里学习专业知识技能，使自己成为合格的专业人才，一方面是适应国家建设和人才市场的需要，另一方面对个人和家庭来说也是谋生的手段。鲁迅说过，"一要生存，二要温饱，三要发展"。我们求学至少要达到：求得知识，成为专家，以后可以谋生。

但是，大学生还要有更大、更高的目标——精神层次的目标。上大学的目标，不能局限在做一个专业技术人才、一个学者、一个专家，更要做一个健全发展的人，有人文关怀的人。

在大学时要考虑这样两个问题：（1）人生的目的是什么？（2）怎样处理人与人、人与社会、人与自然的关系？怎样在这几者之间建立起合理的、健全的关系？思考这样一些根本性的问题就是人文关怀。这是安身立命的最基本的问题。同时，要不断地开拓自己的精神自由空间，陶冶自己的性情，锻炼自己的性格，发展自己的爱好，提高自己的精神境界，开掘和发展自己的想象力、审美力、思维能力和创造能力，使自己成为一个健全发展的人。

大学期间要打好两个底子。第一个是专业基础的底子、终生学习的底子。现代社会发展非常快，将来工作需要应用的知识技能不是大学都能给你的。大学是给你打基础的，培养终生学习的能力。第二个底子是精神的底子，就是刚刚提到的安身立命的人文关怀。这两个底子打好了，就什么都不怕，走到哪里都能够找到自己最合理的生存方式。

我觉得大学期间的学习，应该从三个方面去做。第一方面，所有的学生，作为一个现代知识分子，都必须学好几门最基础的课程，比如语言、哲学和数学。这是关系到终生学习与终生发展的基础。第二方面，必须打好专业基础知识的底子。专业学习要读专业方面的经典著作，要掌握专业学习的方法。第三方面，要博览群书。要学陶渊明的经验——"好读书不求甚解"，用鲁迅的话来说就是"随便翻翻"，开卷有益，不求甚解。

（三）读书之乐：以婴儿的眼睛去发现

学习的动力就是一种对未知世界的好奇。世界是无限丰富的，而掌握的知识是有限的，还有无数的未知世界在等着我们去了解。这种好奇心是一切创造性的学习研究的原动力。从本质上说，学习和研究是游戏，一种特殊游戏。它所带来的快乐是无穷无尽的。

读书是常读常新的。我读鲁迅的书有无数次了，但是每一次阅读，每一次研究，都有新的发现。这是一个永无止境的过程。你得永远保持新鲜感和好奇心，才能保持永远的快乐——这是会读书与不会读书，真读书与假读书的一个考验。

我觉得必须给自己设置两个目标：一个是现实目标，没有现实目标，只是空想，你不可能坚持下来。一个人的选择是重要的，更可贵的是有坚持下来的恒心，有定力。不管有多少诱惑，多少压力，怎样，认定了就要这么做。还有一个是一个人的生命、生活必须有目标感。只有大目标、大理想是不行的，要善于把自己的大理想、大目标、大抱负转化为具体的、小的、可以操作的、可以实现的目标。

以这样的生命状态作为底，在将来就可能为自己创造一个大生命。这样的人多了，就有可能为我们的国家，我们的民族，以至为整个世界，开创出一个大的生命境界：这就是"大学之为大"。

（引自：http：//learning.sohu.com/20160502/n447322173.shtml，有删改）

二、过来人想对你说的

大学，这个无数高中生仰望的，无数大学老生们再也回不去的曾经，朝气蓬勃，犹如一张白纸，充满了无限的可塑性与创造性。你用了长久的光阴来到这里，领略象牙塔的无尽美好，也踏上新的征途。

亲爱的你，请把握好，那些可以让自己变得更好的时光。

1. 深入了解自己的专业

你选择了一个专业的同时，也选择了专门的一脉人类文明、一种独特的思考方式。专业学习，至少达到能用最切中要点的话向其他专业的人描述你专业的性质、模式方法和思维特点等。多与老师和学长学姐交流，当有无数裨益。

2. 早点开始做职业规划

大学教育与高中不同，没有既定的框架，也没有全班同学一致的步伐。因此，如果你还像以前一样随波逐流，只是被动地上课下课、作业考试，最后往往会茫然若失，收获甚微。早点问自己"我将来想做什么""怎样实现我的目标"，开始为你理想的职业锻炼技能、积累知识和经验吧，要知道，有太多人在毕业时面对茫茫职海，才后悔自己当初无所作为。

3. 练就一项立足社会的技能

面向社会，练就一项技能，并不是教你功利，而是让你更好地适应这个纷繁复杂的快节奏社会。大学之后，最终将走向社会。这时企业、单位和社会向你要的绝不仅仅是学分，而更多是你身上能够发挥作用的社交、专业、技术本领等。

4. 主动加入一些社团参与活动

学生会、学生社团组织是认识社会的平台。你要用自己的双眼，去真切地阅读，思考如何能携社团之力完成一个项目、一个晚会、一次比赛。在社团活动中，你能最快地认清自己的特点、位置，或许会提前意识到自己的致命缺点，从而更好地成长起来；同时，你会收获那些共同拼搏、努力的人的友谊。

5. 多到图书馆内，静心读书

你应该至少有一次沉浸在书里。图书馆是人类文明精华的储存池，她就在那里等你，那些神奇的书就等你翻开。只要你走进去，只要你翻开那些书籍，一个浓缩着智慧和思想的世界将向你敞开大门。打开一本书，从晨露微曦，到灯火阑珊，合上书本时，你的人生可能已经不同。

6. 多和父母交流

如今，对于故乡，我们像匆匆来往的过客。往日里和家人天天见面已经变成一种奢望，我们甚至也会忘记一周打一次电话。我们几乎忘了，相比你想父母而言，他们更想你。当他们老了，走不动了，谁来疼他们，爱他们？

7. 坚持运动，锻炼身体

进入大学以后，瞬间感觉自己自由了。没有早自习逼你早起，没有父母在身边唠叨，可以一觉睡到中午，也可以宅在寝室几天不出门。于是，经年累月，你从当年那个身手矫健的少年/少女，宅成了一个带着游泳圈的胖子……但要知道，身体健康是不应该由别人督促的，在天气好的早晨或傍晚，加入操场锻炼大军吧。

8. 与室友推心置腹地谈谈

大学期间与你相处时间最长的人恐怕要数室友了。如果你愿意敞开心扉，室友可能胜似兄弟姐妹。如果你愿意，室友很可能是一辈子的朋友。未来的世界各地，天各一方，却肝胆相照；遥遥相隔，却紧紧相依。珍惜大学期间的室友，甚至每一个出现在你生命中的人，不要给自己的青春留下遗憾。

大学，是场没有彩排的舞台剧，散场时，每个演员都有遗憾。有人说，大学几年，若能一技傍身、兴趣广泛、知音两三、体格强健，则毕业无憾。

愿你们春华秋实，终有所获；平湖烟雨，象牙无悔。

（引自：http://m.sohu.com/a/425183363_9948776/，有删减）

课外实践

澄清学业方向与目标

请拿出笔，准备写下你未来学业的整体设计，或者你的学业理想与目标。

注意，不必考虑这些理想目标该用什么方式去实现，先尽量写，不要做任何限制，可能关于你未来的工作、家庭、交友、情绪、健康、生活等，涵盖越广越好。

下面是大学目标规划九宫图，供参考。

学习	专业	人际交往
情感	身心健康	休闲
自我成长	社会工作	兼职工作

_____

_____

_____

现在，审视你写下的上述目标或心愿，思考预期达成的时限。6 个月？1 年？2 年？5 年？10 年？如果你的目标有达成的时限，那对你将会大有帮助，可能有些目标你希望一蹴而就，而有些却遥遥无期。如果你的目标多为近程的，那你就把眼光放得长远些，找出一些潜在有可能的目标；如果你的目标多为远程的，那你也得建立一些阶段性的目标。

选出在这一年里对你最重要的四个目标，并从你所列的目标中选出你最愿意投入、最能令你满足的四件事，把它们记录下来。

_____

_____

_____

然后明确、扼要、肯定地写下你实现它们的真正理由，告诉自己能实现这些目标的把握和它们对你的重要性。人生中，我们常想要一些东西，但实际上只是对它们有兴趣而已，却从没有下定决心要得到，结果我们依然两手空空，这就是有兴趣与有决心的区别。如果你做事知道如何找出充分的理由，那就无所不能了，因为追求目标的动机远比目标更能激励我们。

_____

_____

_____

核对你所列的四个目标，你对这些目标是否有肯定的期望？对预期结果有什么感觉？如果你达成这些目标，带来的结果是否对你及社会有利？

_____

_____

现在请写下，如果你要实现这些目标，应该具备什么样的条件或资源，包括人脉、财物、专业背景、知识能力等。指出你已经具备或拥有哪些资源条件。

_____

_____

针对你的四个重要目标，问问自己，第一步应该如何做？要实现该目标，需要哪些必要的步骤？目前有什么因素妨碍你前进？你该如何改变自己，包括每一天你应该做什么？

_____

_____

_____

祝你能尽早确定人生的方向和目标，规划好自己的大学生活与学业！

本章要点导图

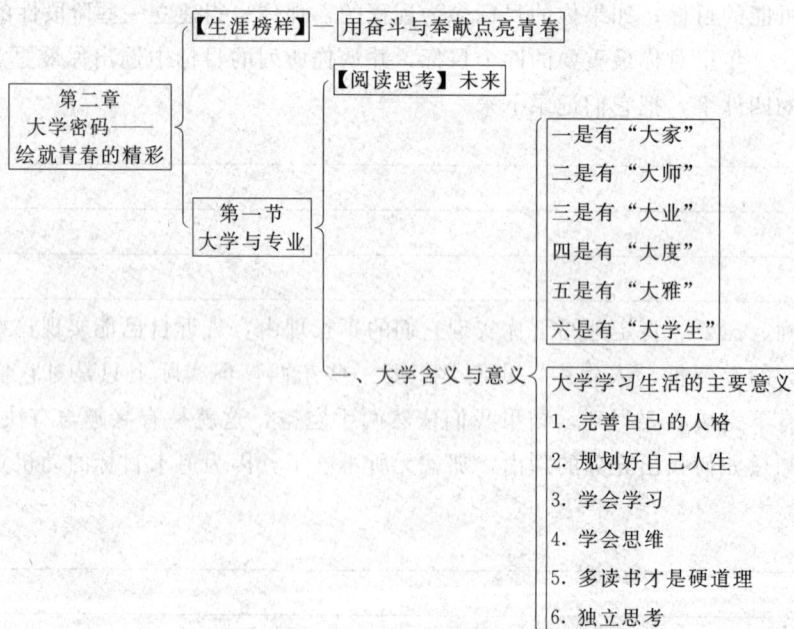

第二章
大学密码——
绘就青春的精彩

【生涯榜样】——用奋斗与奉献点亮青春

【阅读思考】未来

第一节
大学与专业

一是有"大家"
二是有"大师"
三是有"大业"
四是有"大度"
五是有"大雅"
六是有"大学生"

一、大学含义与意义

大学学习生活的主要意义

1. 完善自己的人格
2. 规划好自己人生
3. 学会学习
4. 学会思维
5. 多读书才是硬道理
6. 独立思考

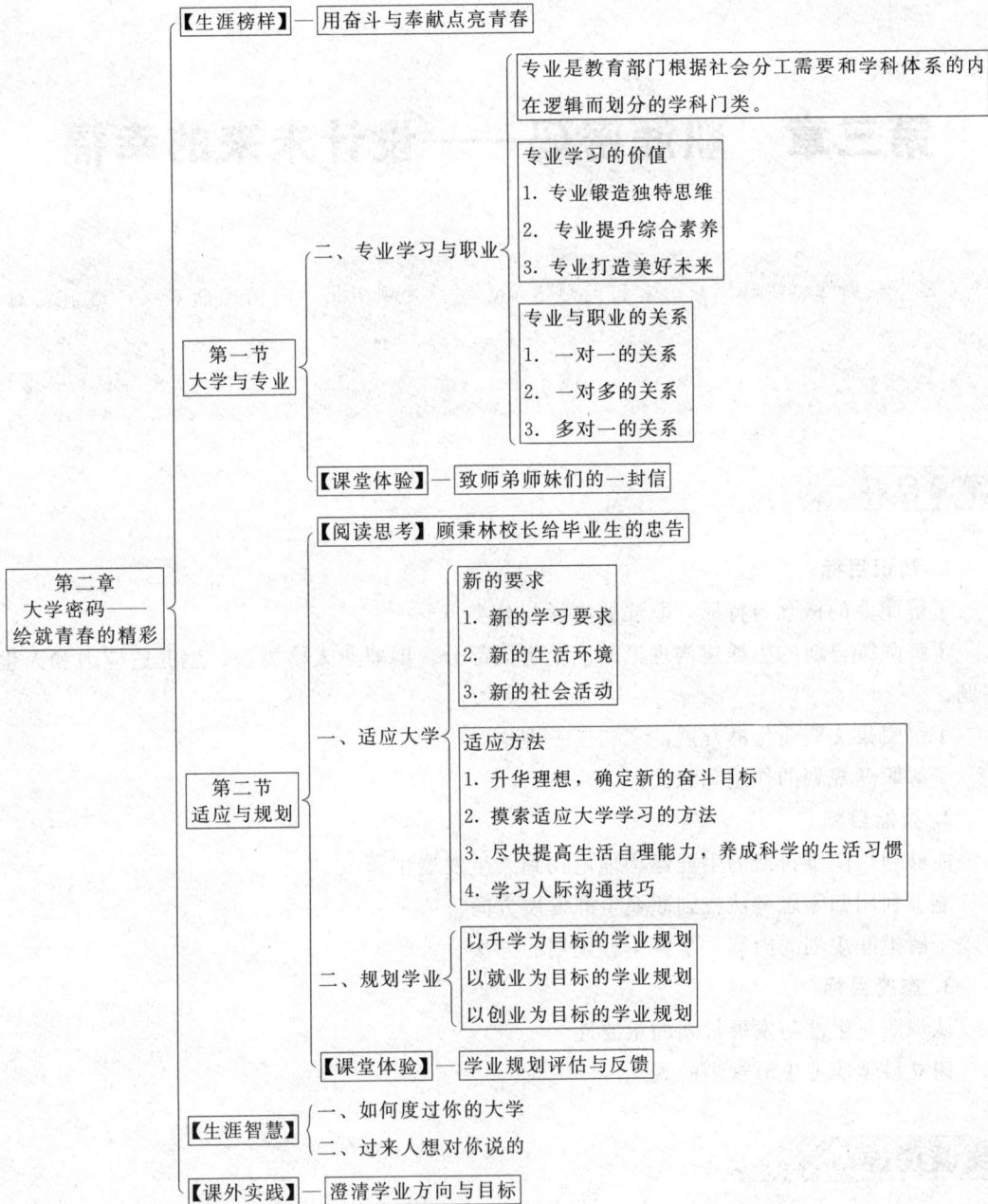

【生涯榜样】—用奋斗与奉献点亮青春

专业是教育部门根据社会分工需要和学科体系的内在逻辑而划分的学科门类。

专业学习的价值
1. 专业锻造独特思维
2. 专业提升综合素养
3. 专业打造美好未来

二、专业学习与职业

专业与职业的关系
1. 一对一的关系
2. 一对多的关系
3. 多对一的关系

第一节
大学与专业

【课堂体验】—致师弟师妹们的一封信

【阅读思考】顾秉林校长给毕业生的忠告

新的要求
1. 新的学习要求
2. 新的生活环境
3. 新的社会活动

一、适应大学

适应方法
1. 升华理想，确定新的奋斗目标
2. 摸索适应大学学习的方法
3. 尽快提高生活自理能力，养成科学的生活习惯
4. 学习人际沟通技巧

第二节
适应与规划

二、规划学业
以升学为目标的学业规划
以就业为目标的学业规划
以创业为目标的学业规划

【课堂体验】—学业规划评估与反馈

第二章
大学密码——
绘就青春的精彩

【生涯智慧】
一、如何度过你的大学
二、过来人想对你说的

【课外实践】—澄清学业方向与目标

第三章　职涯密码——设计未来的幸福

> 凡事预则立，不预则废。言前定则不跲，事前定则不困，行前定则不疚，道前定则不穷。
>
> ——《礼记·中庸》

1. 知识目标

了解职业的概念与特征，职涯的内涵与分类。

了解萨维科斯的生涯建构理论的三个组成部分，即职业人格类型、生涯适应力和人生主题。

了解廖泉文职业生涯发展的"三三三理论"。

了解职涯规划的作用和意义。

2. 技能目标

能够利用萨维科斯的生涯建构理论找到人生发展主题。

能够利用归零思考法找到职业生涯发展方向。

了解生涯规划的内容，掌握生涯规划的方法。

3. 态度目标

认识职业生涯与发展规划的重要性。

树立科学职业生涯规划的观念。

饮水思源　扶贫扶智

"我今天要讲的是关于教育观念的，你们大部分人都是我的长辈，但我仍然要把或许你们听起来有些幼稚的想法说出来。"尽管没有话筒，白玛央金真诚坦率的开场白还是令台下上百名村民安静下来。这是 2016 年 2 月发生在西藏自治区山南市桑日县绒乡扎巴村的一幕。

这个从村里走出来的大学生用接地气的扎巴方言，针对本村"上学还不如打工"的现象和风气，以自己的学科专业、亲身经历向全村父老乡亲展开讲述。

白玛央金的家乡扎巴村是一个位于西藏南部的半农半牧山村，在国家"免学费、免住宿费、免伙食费"的少数民族教育扶贫政策的支持下，她以优异的成绩考上了辽宁省辽阳市第一中学初中班，高考时考入西安交通大学。

走过藏区和内地的"求学之路"，白玛央金深刻感受到基础教育的重要性，每年寒暑假她都会辅导村里的孩子学习，给他们讲讲外面的世界，被村里人戏称为"孤儿院院长"。

每次她要出发去异乡求学，孩子们都会问她，"什么时候回来，回来后可以继续教我们吗？"而每次，白玛央金的回答都是肯定的。

在扎巴村，"读书无用""因学致贫"的落后教育观念一度盛行。深知"知识改变命运"的白玛央金带着本村10名大学生挨家挨户宣传教育的重要性，并组织成立了"交大雪域女团"社会实践团队进行支教助学，为全村中小学生授课，拓宽学生的视野，激发他们对学习的热情。孩子们的成长也让家长体会到教育的重要性，渐渐改变了陈旧的观念。

"走出去是为了更好地回来。"12岁开始就背井离乡在外求学的白玛央金心中一直牢记着这句话。她希望通过自己的努力，让更多的孩子走出大山，用科学文化知识回报家乡。

（来源：中国青年报2018年05月28日05版）

第一节 认识职涯

阅读思考

工作对你意味着什么

耶鲁大学的教授艾米·瑞斯尼斯基曾领导她的团队，针对两个机构（某州立大学的学生健康服务中心的工作人员和某小型艺术学院的行政人员）的196名教职员工展开过一项研究调查。研究对象的年龄、职能和收入水平没有任何受限，分布较广。研究旨在发现这些员工是如何看待他们的工作的，选项分为三类：视工作为谋生手段、事业或是有意义的工作。

结果显示：研究对象大致采用三种泾渭分明的方式，来描述他们的工作内容和工作目的，每种方式的人数基本相当，各占三分之一。

将工作视为谋生手段的人，他们认为工作目的主要就是应付生活中的各种开销。努力工作的动力就是为了满足办公室之外的生活需要。对于工作，他们基本上没有多少热情和兴趣。

将工作视为事业的人，他们普遍认为自己从属于某个非常明确的从业领域，比如医生、会计等。在他们眼里，工作是通往更多责任、更多地位、更多收入的必然过程。

将工作视为有意义工作的人，他们大多自认为有幸能够从事目前的工作，因为工作承载了他们的理想和渴望，或是为他们搭建了一个能充分展示个人才华、体现独特价值的平台。

作家马尔科姆·格拉德威尔曾说过："如果工作没有意义，那就形同终身监禁。如果工作具有意义，那就像你搂着爱人的腰肢，翩翩起舞一样默契甜蜜。"

（引自：https：//sanwen8.cn/p/34ax4uO.html，有删减）

有意义的工作

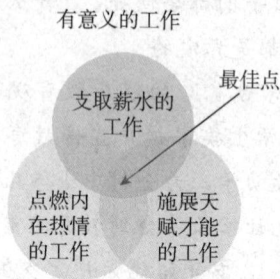

思考：
审视自己，工作对你而言意味着什么？

一、职业与职涯

（一）职业

人类要生存、社会要发展，首先要解决衣食住行的问题，需要人们从事各种社会劳动。从词义的角度看，"职业"一词由"职"和"业"构成，"职"是指职位、职责，"业"是指行业、事业。因此，"职业"一词包括三层含义：一是有工作，即有事可做；二是有收入，即获得工资或其他形式的经济报酬；三是有时间上的连续性。职业对人生具有重要意义，它影响着人们的生活质量、收益、发展前途及社会地位，并影响家庭生活。随着现代科学技术的运用，职业分化越来越细，越来越多，有关知识、信息、科学技术含量高的现代职业发展迅速，现代职业对从业者的任职要求也越来越高。

职业具有以下几个典型特征：

1. 时代性

职业随着社会分工的产生而出现，随着社会分工的发展而变迁。在社会需求的推动下，新的职业不断产生；而社会不再需求时，过时的职业就会消亡。随着社会的发展和进步，职业变化非常迅速。除了弃旧更新外，同一种职业的活动内容和方式也会发生变化。因此，职业具有明显的时代性，不同时代有不同的热门职业。

2. 经济性和连续性

职业活动具有明显的经济性和一定的连续性。所谓职业活动的经济性，是说人们从事职业活动会获得经济收入或报酬。连续性是指一个人只有在较长时间内持续进行某种活动，并通过这项活动较稳定地获得一定的经济收入或报酬，该活动才被视为职业活动。

3. 知识性和技术性

职业活动又具有知识性和技术性。要从事某些职业，必须经过较长时间专门知识的学习或技术培训，从事这些职业活动的劳动者，需要具备特殊的知识和技术。

4. 规范性

职业活动还具有规范性。从事职业活动必须遵从职业规范，职业活动总要受一定职业规范的约束。

(二) 职涯

1. 职涯的内涵

职业生涯一般是指一个人终生经历的所有职位的整个历程。一个人一生中连续从事的职业，它不仅包括过去、现在和未来那些可以实际观察到的职业发展过程，还包括个人对职业生涯发展的见解和期望。具体地说，是以个体心理开发、生理开发、智力开发、技能开发、伦理开发等人的潜能开发为基础，以工作内容的确定性和变化、工作业绩的评价、工资待遇、职称职务的变动为标志，以满足需求为目标的工作经历和内心体验的经历。

对于职业生涯这种较为复杂的客观存在，我们需要从几个方面来理解和分析其内涵①：

(1) 职业生涯是个体的概念，是指个人的行为经历，而不是群体或组织的行为经历。

(2) 职业生涯是职业的概念，是指一个人在一生中的职业历程。

(3) 职业生涯是时间的概念，意指职业生涯周期，起始于初次工作之前的学习阶段、培训阶段，终止于完全结束或退出职业活动。在实际生活中，职业生涯的时间期限在不同的个体之间有很大差别。

(4) 职业生涯是发展和动态的概念，指个人的具体职业内容和职位是在不断发展和变化的，而不是固定、单一的。职业生涯更重要的内涵，是职业的变革与发展的经历和过程，包括职业的转换、职位的晋升等具体内容。

2. 职涯的分类

职业生涯可分为内职业生涯与外职业生涯两类。

(1) 内职业生涯。

内职业生涯是指从事一种职业时的知识、观念、经验、能力、心理素质、内心感受等因素的组合及其变化过程。内职业生涯是通过从事职业时的表现、工作结果、言谈举止表现出来的。

内职业生涯各项因素的取得，可以通过别人的帮助而实现，但主要的还是靠自己努力追求来实现。内职业生涯的各构成因素内容一旦取得，别人便不能收回或剥夺。

(2) 外职业生涯。

外职业生涯是指从事一种职业时的工作时间、工作地点、工作单位、工作内容、工作职务（含行政职务和专业技术职务）、工资待遇等因素的组合及其变化过程。外职业生涯

---

① 张在生．职业生涯开发与管理［M］．天津：天津大学出版社，2003

通常可以通过名片、工资单体现出来。名片上表明工作的地点、企业的类型、担任的职务、职称等内容；工资单里写明的基本工资、岗位津贴、福利待遇、奖金，等等，这些因素就构成了外职业生涯。

外职业生涯的构成因素通常是由别人认可和给予的，也容易被别人否认和收回。外职业生涯因素可能与自己的付出不符，尤其是在职业生涯初期。有的人一生疲于追求外职业生涯的成功，但内心极为痛苦，因为他们往往不了解，外职业生涯发展是以内职业生涯发展为前提条件的。

3. 无边界职业生涯

DeFillippi 和 Arthur 在 1994 年研究职业生涯与环境变化的关系后，首次提出了无边界职业生涯的概念。他们认为，无边界职业生涯是指一种不限于单一雇佣范围（不仅包括当前受雇组织，还包含不同的岗位、专业、职能与角色，甚至国别地域与文化等）的一系列就业机会的职业路径[①]。Arthur 和 Rousseau 认为，无边界职业生涯的特定内涵包括：(1) 个体会为追求自我利益最大化而跨越不同雇主的边界，表现为有能力并可能跨越受雇组织的边界；(2) 个体能够从所就职组织之外获得职业资格认证和市场竞争力的判定；(3) 个体职业生涯与就业机会依赖外部人际关系网络或信息的支持，并可有效利用其为个人的职业生涯发展服务；(4) 传统组织的职业生涯边界（主要以层级报告和晋升原则为特征）被打破；(5) 个体在职业生涯发展过程中，不仅会考虑工作机会和职业生涯发展，而且会考虑个人生活品质或家庭因素（比如会因个人或家庭原因而放弃已经拥有的工作机会），注重职业生涯与生活的平衡；(6) 个体对职业生涯的选择主要依赖于主观的理解与把握，可能不顾环境的限制而设想无边界的未来[②]。总之，上述观点主要表达了无边界职业生涯打破了任职组织、职业资格认定和职业选择标准的边界，弱化了组织与个人的关系。

二、生涯建构理论

美国学者萨维科斯（Mark L. Savickas）通过多年职业心理学和职业辅导实践研究，从个体建构主义、社会建构主义和后现代主义的哲学视角出发，于 2002 年提出了生涯建构理论。他认为，职业生涯个体是通过一系列有意义的职业行为与工作经历来构建自身职业生涯发展过程的，个体应综合考虑自己的过往经验、当前感受和未来的理想抱负做出职业选择，而职业生涯发展就是为这一人生主题所展开的、内涵丰富的主观建构过程[③]。

① Defillippi, R J, and Arthur, M B. The boundaryless career：A competency-based perspective [J]. Journal of Organizational Behavior, 1994, 15 (4)：307—324.

② Arthur, M B, and Rousseau, D M. The boundaryless career as a new employment principle [A]. in Arthur, M B, and Rousseau, D M（Eds.）. The boundaryless career：A new employment principle for a new organizational era [C]. New York：Oxford University Press, 1996.

③ 关翩翩，李敏. 生涯建构理论：内涵、框架与应用 [J]. 心理学进展：2015, 02177.

　　萨维科斯基于生涯建构理论曾提出过 16 个关于人生发展的探索性命题，后来结合迈克·亚当斯一般人格结构理论，融合并发展个体—环境匹配理论和职业人生主题理论，把 16 个人生主题进一步凝练概括为生涯建构理论的三个核心内容：①不同个体的特质存在差异；②个体在不同生涯阶段所面临的任务和应对的策略具有承前启后的发展性；③生涯发展是一个充满内动力的变化过程。由此，生涯建构理论分别用职业人格类型、生涯适应力和人生主题回答了个体职业行为中"是什么""怎么样"以及"为什么"三个核心问题[①]。

(一) 借助职业人格来形成对职业的自我概念

　　生涯建构理论认为，不管是个体—环境心理学讨论的个体职业特质差别，还是霍兰德所强调的职业兴趣类型倾向，都是生涯发展中不可忽视的重要因素。然而，个体的这些"表象"或"名声"所呈现的自我特质，还不足呈现个体的全部职业自我。生涯建构是个体主观的、内在的并以自我独特方式逐步推进的过程，个体的职业人格特质还应包含自我能力、内在需要、价值观和发展期望等，这些因素都是形成或描述职业自我概念所必须考虑的，也深深影响着个体生涯建构的过程和结果。

(二) 用适应来实现发展

　　伴随职业外部环境的剧变，职业流动性增加、职业生涯变动频繁和知识经济时代的组织形式变更，舒伯认为，可以采用生涯适应力来代替生涯成熟度，以联结并解释职业生涯各个发展阶段的特点与个体需完成的生涯任务。萨维科斯在舒伯理论的基础上，通过实践与研究，对生涯适应做了概念化、实操化以及理论模型构建等系列工作。萨维科斯提出，生涯适应所聚焦的是个体生涯发展中的应变过程，即个体与环境之间如何在各种转换中实现顺利过渡和相互匹配，包括从学校到职场、从一份工作到另一份工作、从一种职业到另一种职业等角色或任务的转换。

(三) 把职业生涯发展动态视为人生主题

　　生涯建构理论的一个重要贡献是把个体职业生涯的动态发展凝练为人生发展的主题。在人生主题视角下，生涯个体通过具体的职业实践来整合关联个体所处的主、客观世界，个体在具体工作中发挥个人能力、实现自我价值和人生发展。

　　人生主题是生涯构建中的一个重要组成部分，是个体生命过程中反复出现的一些模式和风格，这些模式和风格组织和解释着个体的生命历程。人生主题理论通过个体的职业实践赋予其职业行为的意义，它强调职业行为的过程，关注产生职业行为的原因，而且关注个体做什么行为，以及如何做出这种行为。在当今时代，每个个体的生命意义，都属于他自己，个体在主观上引导、调节和维持职业行为，即个体赋予生涯发展意义而非发现事实发展的过程，个体赋予人生主题一个完整的、健康的自我概念是走向职业生涯成功的重要

---

　　① Savickas，M. L.（1997）. Career adaptability：An integrative construct for life-span，life-space theory. The Career Development Quarterly，45，247－259.

标志①。

三、职涯发展理论

厦门大学廖泉文教授在中国人力资源教学与实践第五届年会暨研讨会上提出了职业生涯发展的"三三三理论"。该理论与美国的一些著名学者提出的职业发展阶段相比，改变了以往学者将个体生涯发展过程简单地根据年龄阶段划分为几个硬性的发展阶段的划分方法，提出了一种弹性的、开放的、动态的职业生涯发展阶段的划分方法。②

（一）职业生涯发展的第一个"三阶段"

廖泉文教授提出的职业生涯发展第一个"三阶段"是指输入阶段、输出阶段和淡出阶段，如表 3-1 所示。输入是指对知识、信息、经验的输入，输出是指输出服务、知识、智慧和其他产品。淡出是指淡出职业生涯。

表 3-1　人生发展的三段论

阶段名称	输入阶段	输出阶段	淡出阶段
阶段划分	从出生到从业前	从就业到退休前	退休前后
阶段特点与主要任务	主要以输入信息、知识、经验和技能为主，为就业与从业做好各方面准备，不断发展个人对职业环境和社会的认知，发展并形成各种所需的职业能力	输出自己的智慧才干，贡献个人能力与价值。当然，该阶段也包含知识能力的再输入、经验智慧的再积累和各种能力的再发展	此阶段生涯个体的精力渐衰，会逐步淡出职业生涯，进行生涯角色的转换。该阶段的个体凭借丰富的阅历与经验，仍会输出部分价值

（二）职业生涯发展的第二个"三阶段"

职业生涯发展的第二个"三阶段"，主要是指上述输出阶段中职业生涯发展所包含的三个子阶段，如表 3-2 所示。这一阶段与前述人生发展三大阶段一致，依然具有弹性、开放、动态的特征，该三个阶段也具有明显的个性化特征，会受到外部环境复杂因素的影响。

生涯个体的输出阶段是其一生中最重要的职业发展阶段，也是个体职业生涯发展能否取得顺利、成功的决定性阶段。在这一个阶段，生涯个体可能会遭遇职业生涯的成功或失败，会饱尝职业人生的酸甜苦辣，甚至体会到人生发展的沧海桑田。在该阶段，个体的职业发展既受其个性特质、智慧才干、身心状况、欲望能力和勤奋毅力等诸多个体要素的影响，也会受外部复杂环境与人文背景的影响，如发展机会、家庭背景与环境、社会人际关系、学习经历、配偶与朋友素质水平，以及人生贵人或导师等因素的影响。

---

① 王姗，2018. 生涯建构理论在职业生涯教育中的应用 [J]. 社会科学前沿，7（8）：1129-1134.

② 廖泉文. 职业生涯发展的三三三理论 [J]. 中国人力资源开发，2005，（4）.

表 3-2　输出阶段的三段论

		个人的工作状态	职业环境状态
输出阶段	适应阶段	订立工作的心理契约： 服从领导与安排，协同同事完成工作，努力表现贡献个人价值	适应工作的硬软环境，融入团队，尽快胜任职业角色
	创新阶段	尽力做到可独立承担工作任务，努力做出创造性贡献，向领导或团队提出合理化工作建议	受到领导和团队高度认可，进入职业辉煌阶段，形成职业声望
	再适应阶段	可能会因工作出色获得晋升，也可能遭遇发展瓶颈而原地踏步，抑或出现骄傲自满或工作差错而受到批评	调整心态，再适应变化了的环境；此时属职业状态分化期，领导和同事看法不一

（三）职业生涯发展的第三个"三阶段"

廖泉文教授所提出的职业生涯发展的第三个"三阶段"，是指输出阶段中的再适应阶段的细分阶段。再适应阶段，每个职业生涯个体都会遇到，并必然会经历的发展阶段。一方面，生涯个体一次就达到职业生涯发展辉煌阶段的人不多，历经曲折发展后实现人生辉煌往往是其必经的职业发展之路；另一方面，即使个体职业发展顺利而获得职位晋升，也同样会面临新的职业角色适应问题，可以说，人人都要经历再适应阶段。生涯个体在进入输出阶段后，当发展到具备独立工作能力，需要进一步升迁时，通常会遇到三种情况：顺利晋升、原地踏步和下降至职业低谷重新再来。这三个阶段或者说是三种职业发展状态，是职业生涯发展的关键阶段，需要个体的生涯智慧和勇气，需要学会面对和学习调整，甚至需要外部的支持与帮助，如表 3-3 所示。

表 3-3　再适应阶段的三段论

		职业状态
再适应阶段	顺利晋升	面临新工作环境与新角色的挑战，需要构建新工作模式与技能，可能面临原同事嫉妒，表面风光但暗藏职业风波
	原地踏步	可能出现倚老卖老、不求上进的状态，常说"此事我尽在掌握之中"或"我有把握"，对同事晋升心里不平衡，此时宜做职业平移或变更
	下降到低谷 重新再来	由于各种原因，遭受批评或降级处分，工作状态进入低谷，此时需重新振奋精神，争取进入第二次"三三三"发展状态

课堂体验

拟定自己的墓志铭

请按以下模板来编写自己的墓志铭：

姓名_____、性别_____、生年_____、卒年_____、享年_____

1. 一生最大目标

2. 在不同年纪时的成就

3. 对社会、家庭或其他人的贡献

4. 我是一个怎样的人

起点一句话定位：＿＿＿＿＿＿＿＿＿＿＿＿＿＿＿＿＿＿＿＿＿＿＿＿

三十岁一句话定位：＿＿＿＿＿＿＿＿＿＿＿＿＿＿＿＿＿＿＿＿＿＿＿

四十岁一句话定位：＿＿＿＿＿＿＿＿＿＿＿＿＿＿＿＿＿＿＿＿＿＿＿

五十岁一句话定位：＿＿＿＿＿＿＿＿＿＿＿＿＿＿＿＿＿＿＿＿＿＿＿

六十岁一句话定位：＿＿＿＿＿＿＿＿＿＿＿＿＿＿＿＿＿＿＿＿＿＿＿

七十岁一句话定位：＿＿＿＿＿＿＿＿＿＿＿＿＿＿＿＿＿＿＿＿＿＿＿

将上述拟好的墓志铭与小组其他同学讨论：

1. 你感到哪些人的人生目标吸引你，并值得尊重？

2. 哪些人的成就是"真正"的成就？为什么？

3. 你认为对社会或他人最有贡献的是谁？

4. 假如你要替自己重写墓志铭，你会怎样写呢？

第二节　规划职涯

阅读思考

选择，是一种有智慧的放弃

有位中年人觉得自己的日子过得非常沉重，生活压力太大，想要寻求解脱的方法，因此去向一位智者求教。

智者给了他一个篓子，要他背在肩上，指着前方一条坎坷的道路说："每当你向前走一步，就弯下腰来捡一颗石子放到篓子里，然后看看会有什么感受。"

中年人照着智者的指示去做了，等他背上的篓子装满石头后，智者问："你一路走来有什么感受?"

中年人回答说:"感到越走越沉重。"

智者于是说:"每一个人来到这个世上时,都背负着一个空篓子。我们每往前走一步,就会从这个世界上捡一样东西放进去,因此才会有越来越累的感慨。"

中年人又问:"那么,有什么方法可以减轻负重呢?"

智者反问他:"你是否愿意将名声、财富、虚荣、权力等拿出来舍弃呢?"中年人答不出来。

智者又说:"每个人的篓子里所装的,都是自己从这个世上寻来的东西,但是你拾得太多,如果不能放弃一些,你的生命将承受不起,现在知道应丢下什么和留下什么了吗?"

中年人反问智者:"这一路上,您又丢下了什么?留下了什么呢?"

智者大笑道:"丢下身外之物,留下心灵之物。"

思考:

1. 当想得到的东西太多,超过生命承载力的时候,你该怎么办呢?留下什么?舍弃什么?

2. 读完这个故事,对自己未来的人生决策,有哪些启发呢?

一、职涯规划的作用意义

(一)树立人生发展目标

职业生涯规划理念最初起源于 20 世纪初的美国,直到 20 世纪 90 年代中期,职业生涯的理论才传入中国,比发达国家晚了将近百年。但中国传统文化中孕育着丰富的生涯智慧。中国教育的开山始祖、至圣先师孔子也可以看作是职业生涯规划的典范。孔子的时代是春秋乱世,他的成长背景是平凡而穷困的。他不畏人生的艰难,突破社会种种不利因素的影响,激发了其生命的潜能,展现了作为一个"人"的完美形象。

《论语·为政》记载:"吾十五而有志于学,三十而立,四十而不惑,五十而知天命,六十而耳顺,七十而从心随欲,不逾矩。"这句话是孔子对自己不断成熟的一生所做的总结,同时也是中国本土化生涯发展理念的高度概括,对我们的职业生涯规划具有高屋建瓴的指导作用。"人无志不立","十五有志于学"是孔子最终成为圣人、到七十岁时能做到"从心随欲,不逾矩"的首要原因。十几岁正是人生读书学习的大好时节,知识的积淀能使我们站得更高、看得更远。在掌握基础知识培养基本生存技能的前提下,人生目标也在此阶段初步形成。通过职业生涯规划的学习、探索和思考,可帮助我们尽早明确人生发展的大方向或目标,并愿意为之付出长久的努力。这样,即使成不了圣人,也不至于成为"剩人"。正如古训所讲的"志当存高远",目标对人生具有巨大的导向作用,可以说,有什么样的目标就会有什么样的人生。

(二)做自己时间的主人

《认知盈余》的作者克莱·舍基说,美国人一年花在看电视上的时间大约是 2 000 亿个小时！如果我们将每个人的自由时间看成一个集合体，一种认知盈余，那么，这种盈余会有多大？我们已经忘记了我们的自由时间始终属于我们自己，我们可以凭自己的意愿来消费它们，创造它们和分享它们，可以通过积累将平庸变成卓越。在你没有仔细规划自己的时间以前，你的时间是"公共资源"，任何人、任何事都可以随意占用，而你却没有感觉你不是时间的主人，你的时间是为别人服务的或在毫无价值的流逝着。因此，在当前这个后物欲的互联网时代，在拥有更多自由的大学阶段，同学们也要反思自己时间的主人是谁。（家人？老师？手机？游戏？小视频？或者，你的意志？）

（三）突破障碍，开发潜能，自我实现

《大学》开篇说："大学之道，在明明德，在亲民，在止于至善。知止而后有定，定而后能静，静而后能安，安而后能虑，虑而后能得。物有本末，事有终始，知所先后，则近道矣。"这句话的核心就是知止而定，有了目标才能够思想坚定，思想坚定才能有所思考，有所收获。正如古语讲"人定胜天"，通常理解就是人一定会胜天，其实这种解释未必对。"人定"，它这个"定"就是"坚定、安定"的意思。人们有目标，有规划，才能内心坚定，内心坚定了才能宁静致远，才能处理好人与自然、人与人之间的关系。可以说，大学生正处于人生的探索期，大学里不仅要学知识，锻炼技能，更要注重学术的交流和精神上的交往，在主体性基础上思索未来，寻求人生的奋斗目标，并向着目标去努力提升自己，最终达到自我实现。

二、职涯规划的简单步骤

最简单的职业生涯规划方法，是归零思考的方法。该方法是依次问自己以下五个问题：

1. 我是谁？
2. 我想做什么？
3. 我能做什么？
4. 环境支持或允许我做什么？
5. 我的职业与生活规划是什么？

回答了这五个问题，找到它们的最高共同点，就有了自己的职业生涯规划。

现在，取出五张白纸、一支铅笔、一块橡皮，在每张纸的最上边分别写上以上五个问题。然后，静下心来，排除干扰，按照顺序，独立地仔细思考每一个问题。

对于第一个问题"我是谁"，回答的要点是：面对自己，真实地写出想到的每个答案，写完了再想想有没有遗漏，认为确实没有了，按重要性进行排序。

我是谁？

我的性格是＿＿＿＿＿＿＿＿＿＿＿＿＿＿＿＿＿＿＿＿＿＿；

我的能力是＿＿＿＿＿＿＿＿＿＿＿＿＿＿＿＿＿＿＿＿＿＿；

我的理想是＿＿＿＿＿＿＿＿＿＿＿＿＿＿＿＿＿＿＿＿＿＿；

我的未来是＿＿＿＿＿＿＿＿＿＿＿＿＿＿＿＿＿＿＿＿＿＿＿；

别人认为我是＿＿＿＿＿＿＿＿＿＿＿＿＿＿＿＿＿＿＿＿。

对于第二个问题"我想做什么"，你可将思绪回溯到孩童时代，从人生初次萌生第一个想做什么的念头开始，然后随年龄的增长，再认真的进行排序。

我想做什么？

我小时候想做的工作是＿＿＿＿＿＿＿＿＿＿＿＿＿＿＿＿＿＿＿；

我中学时想做的工作是＿＿＿＿＿＿＿＿＿＿＿＿＿＿＿＿＿＿＿；

我现在想做的工作是＿＿＿＿＿＿＿＿＿＿＿＿＿＿＿＿＿＿＿；

我的父母希望我做的工作是＿＿＿＿＿＿＿＿＿＿＿＿＿＿＿＿；

我一定要做的工作是＿＿＿＿＿＿＿＿＿＿＿＿＿＿＿＿＿＿。

第三个问题"我能做什么"，需要你对自己的能力与潜力进行全面总结。一个人职业的定位最根本的还要归结于能力，而职业发展空间的大小则取决于潜力。对于一个人潜力的了解应该从几个方面着手去认识，如对事的兴趣、做事的韧性、临事的判断力，以及知识结构是否全面、是否及时更新等。

我能做什么？

我小时候曾做成的事情是＿＿＿＿＿＿＿＿＿＿＿＿＿＿＿＿＿；

我中学时曾做成的事情是＿＿＿＿＿＿＿＿＿＿＿＿＿＿＿＿＿；

我大学时曾做成的事情是＿＿＿＿＿＿＿＿＿＿＿＿＿＿＿＿＿；

我认为我能做成的还有＿＿＿＿＿＿＿＿＿＿＿＿＿＿＿＿＿＿；

别人认为我能做成的事情是＿＿＿＿＿＿＿＿＿＿＿＿＿＿＿＿。

对第四个问题"环境支持或允许我做什么"的回答则要稍做分析：环境，有本学校、本城市、本省，自小向大，只要认为自己有可能借助的环境，都应在考虑范畴之内，在这些环境中，认真想想自己可能获得什么支持和允许，弄明白后一一写下来，再以重要性排列。

环境支持或允许我做什么？

我所在的寝室支持或允许我做的是＿＿＿＿＿＿＿＿＿＿＿＿＿＿＿；

我所在的班级支持或允许我做的是＿＿＿＿＿＿＿＿＿＿＿＿＿＿＿；

我所在的学院支持或允许我做的是＿＿＿＿＿＿＿＿＿＿＿＿＿＿＿；

我所在的学校支持或允许我做的是＿＿＿＿＿＿＿＿＿＿＿＿＿＿＿；

我所在的城市支持或允许我做的是＿＿＿＿＿＿＿＿＿＿＿＿＿＿。

把五张纸一字排开，然后认真比较第一张至第四张纸上的答案，将内容相同或相近的答案用一条横线连起来，你会得到几条连线？而不与其他连线相交的又处于最上面的线，可能就是你最应该去做的事情，你的职业生涯就试着以此为方向。在此方向上以三年为单位，提出近期、中期与远期的目标；再在近期的目标中提出今年的目标；将今年的目标分解为每季度目标、每月目标、每周目标、每天目标。

这样，每天睡前就可以对照自己的目标进行反省，总结当日成就与失误、经验与教训，修正明天的目标与方法，第二天醒过来后稍加温习就可以投入行动了！这样日积月累，我们的目标、梦想终会实现的。

三、职涯规划的内容与方法

职业生涯规划的内容与方法，具体见图 3-1 所示。

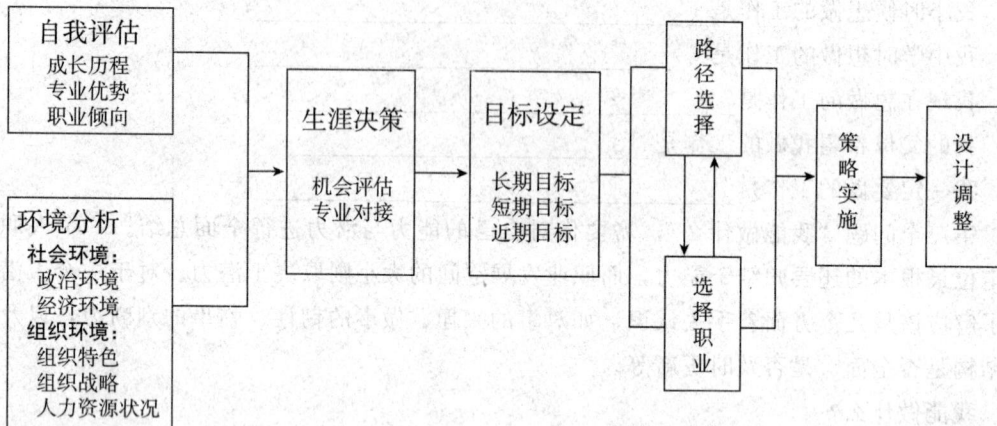

图 3-1 职业生涯规划的内容与方法

1. 自我评估

职业生涯规划是一个"从内而外"的过程，因此在职业生涯规划时，要先认识自己。做好自我评估，包括自己的爱好、特长、性格、学识、专业、技能、智商、情商、思维方式等。即要弄清自己想做什么、能做什么，在众多的职业面前选择最适合自己的。大学生职业生涯自我评估主要从成长历程、专业优势和职业倾向几个方面进行评估。其中，职业倾向主要包括以下四个问题：

①我的兴趣是什么？

②我的性格有哪些特点？

③我愿意在工作中使用哪些技能？

④我最渴望从工作中获得什么？

自我评估的结果可以通过自我剖析、职业测试，以及角色建议等方法获得。

2. 环境分析

职业生涯规划不能只从自我需要出发，还得结合现实的社会需要。职业生涯规划不能脱离现实，闭门造车、自说自话只会让自己制定的发展目标不切实际，无法实施。

职业生涯规划需要在系统的自我评估之后，进行深入的环境探索，包括了解工作世界和职业环境分析。探索工作世界，主要包括建立职业的概念，探究专业与职业的关系，了解工作世界的宏观发展趋势，了解职业的分类和人才市场的需求，把握具体职业，特别是自己适合的职业对人员的各种要求、条件和待遇等。职业环境分析，主要包括宏观层面的社会环境分析、中观的行业与地域环境分析、微观层面的组织环境分析。

3. 生涯决策

职业生涯规划在前面"知己""知彼"的基础上，就可以做出对职业生涯发展方向的初步选择与决定了。综合考虑自我职业倾向与现实的生涯发展机会的匹配状况，结合自己的专业优势，评估生涯发展方向和机会的成功成本与概率，理性地做出生涯决策。

一般而言，进行生涯决策，必须遵循以下原则：

（1）择己所爱：对生涯发展蓝图的决定和选择，必须符合自己的兴趣。

（2）择己所能：对生涯发展蓝图的决定和选择，必须依托自己的能力。

（3）择世所需：生涯决策必须遵循社会发展规律，符合社会的需求。

（4）择己所利：生涯决策必须遵循利益最大化原则，确保自身利益。

根据生涯决策的基本原则，同学们进行生涯决策时必须立足于系统思考，重点考虑自己想要什么，自己能够做什么，自己可以做什么等，在此基础上进行信息整合，选择可行的策略。

4. 目标设定

大学生做职业规划目标设定，主要是确立初次择业的职业方向和阶段目标。目标设定是制定职业生涯规划的关键，通常目标有短期目标、中期目标、长期目标和人生终极目标之分。职业生涯目标的设立要以自己的最佳才能、最优性格、最大兴趣、最有利的环境机会等条件为依据。设立初步的生涯目标后，需要对目标进行仔细分解，以有利目标的澄清和评估目标实现的可行性，并根据细分目标制定实现的具体计划方案。

5. 发展路径选择

条条大路通罗马，每个人都有适合其发展的路径，但每个人都彼此不同，谁也不能完全复制别人的成功之道。职业生涯发展路径是指一个人选定职业后，从什么方向上实现自己的职业目标，是向专业技术方向发展，还是向行政管理方向发展。发展方向不同，要求就不同。因此，在制定职业发展行动计划之前，必须结合职业决策做出发展路径选择，以便安排今后的学习和工作，使其沿着职业生涯的路径发展。

6. 策略实施

策略实施就是要制订实现职业生涯目标的行动方案，要有具体的行为措施来保证。没有行动，职业目标就是一种梦想。要制定周详的行动方案，更要注重去落实行动方案。按照规划的短期、中期、长远发展目标制定出阶段性的行动方案，再将阶段性的方案细化到日常可操作的层面。行动贵在坚持，养成习惯，很多不适应和麻烦会主动为你让路。良好的习惯是成功的保障，大胆去施行吧，只要认定了目标坚持行动，老天也会为你感动，不成功都难。

7. 设计调整

事物都是处在运动变化中的，由于自身及外部环境条件的变化，职业生涯规划也要随着时间的推移而变化。影响职业生涯的内外因素很多，有些变化是难以预测的。在制定职业生涯规划时，由于对自身及外界环境了解不够，最初确定的职业生涯目标往往都是比较模糊或抽象的，有时甚至是错误的。经过一段时间的实践体验以后，要有意识地回顾自己的行为得失，检验自己的职业定位与职业方向是否合适。在实施职业生涯规划的过程中自觉地总结经验和教训，评估职业生涯规划，修正对自我的认识，通过反馈与修正，纠正最终职业目标与分阶段职业目标的偏差，以保证职业生涯规划的行之有效。

课堂体验

用创业画布做人生规划

成功的人生与创业一样，是需要经营的。我们可以把人生当作新创企业一样来经营，而且借鉴和利用创业的思维理念，可以更好地经营自己的人生。无论我们的职业目标是医生、律师、教师，还是工程师、公务员，为适应新时代的职业发展要求，我们要把自己当成真正执掌新创事业的创业者一样，运用创业者的思维与行动方式，发挥创业潜能，不断推进事业发展，而这个"事业"就是你自己的职业生涯。我们还要把自己当成创业企业的"测试版产品"，面对发展机遇和挑战，需要承认并认识到自己的"缺陷"，迫使自己不断地学习和成长，以获得持续的进步、完善和优化。

因应人生发展的不确定性、环境变化和限制，仅靠创业思维还不够，还需要掌握经营人生的方法、工具和技巧，以有效积累并利用生涯贵人和发展机会，获得并保持人生发展的竞争优势。比如，创业规划中的商业模式画布，可用来设计人生的发展规划[①]，如图3-2所示。

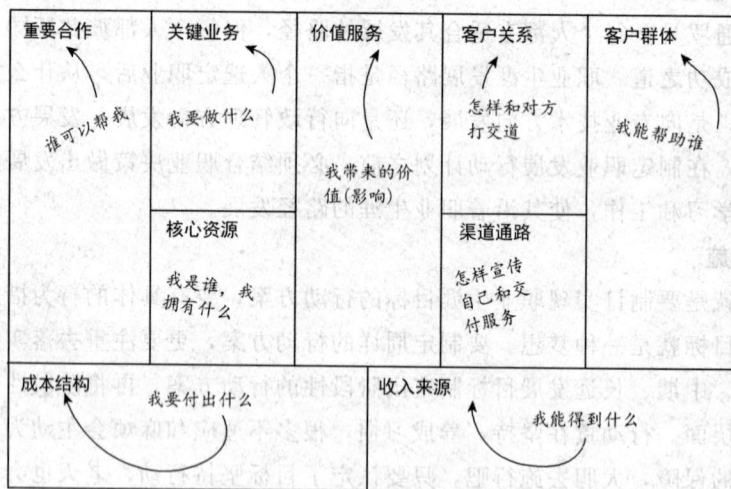

图 3-2　商业模式画布（个人版）

① （美国）蒂姆·克拉克，（瑞士）亚历山大·奥斯特瓦德，（比利时）伊夫·皮尼厄. 商业模式新生代（个人篇）[M].
北京：机械工业出版社，2012.

下面介绍运用商业模式画布设计人生规划时，如何换角度来绘制画布中的九大模块。

1. 核心资源（我是谁，我拥有什么）

个人核心资源主要有两方面，一是"我是谁"，具体来说包括你的兴趣、技能和个性；二是"我拥有什么"，具体来说包括你的知识、经验、人际关系，以及其他有形和无形的资源或资产。

你的兴趣是指那些能让你感到兴奋的事物，这一点是你最宝贵的资源，因为兴趣是产生职业满足感的动力。你可以在画布中"核心资源"列出最感兴趣的方面。

技能是你的第二大资源，它也包括两方面：能力与技术。能力是指你与生俱来的天赋，即做起来比别人感到轻松的事情，如空间感知能力、人际沟通能力和机械应用能力；与此相反，技术是指后天习得的能力，通过大量实践和学习熟能生巧的方面，如护理、财务分析、建筑施工、计算机编程等方面的能力。

个性是体现你内在个人特征的因素，也是属于你的一项资源。你可以试着描述一下自己是什么样的人，例如，情商高、勤奋刻苦、性格开朗、遇事冷静、镇定自若、深思熟虑、精力充沛、关注细节等。

当然，"我是谁"这个命题包括的不只是兴趣、技能和个性这三个方面，它还包括价值观、智力水平、教育程度、人生目标和人脉资源等诸多内容。

最后，你可以列出有利于职业发展的个人有形资产，例如车辆、工具、服装，以及可用于职业投资的存款或实物资产。

2. 关键业务（我要做什么）

在描述这个模块时，你可以想想日常学习、生活中经常做的事情。需要注意的是，关键业务是指为雇用你的单位贡献的体力或脑力活动，而不是实施这些活动所创造的更重要的价值服务。

尽管如此，在描绘个人商业模式画布时，列举特定的工作任务仍然是一种非常直接的方式，它能帮助你更深刻地思考个人价值的定位与目标追求。

列出你的工作任务，它可能只包括两三项关键业务，也可能涉及更多的内容。在你的画布上要列出真正重要的活动，即足以说明你的工作特点的活动，而不是具体细节。

3. 客户群体（我能帮助谁）

接下来要描述的是你的客户群体，即"我能帮助谁"这个模块。这里"客户群体"指的是那些付费享受某种利益的群体（也包括那些免费享受利益，但必须通过其他人付费补贴的群体）。

作为个体，你的客户或客户群包括企业内部依靠你的帮助来完成任务的人（如果你是自雇型就业，可以把工作地点视为企业环境）。因此，你的老板、上司，以及其他向你支付报酬的人都在此列。他们授权组织机构向你支付费用，属于客户群体当中的一类。

换个角度再思考一下：你在未来工作中扮演的是什么角色呢？是否在企业内部为他人服务？是否直接面向某个群体提供自己的价值？谁会从你的工作中获益？例如购买或使用你们的产品或服务的顾客或公司，你是否需要直接和他们打交道？你是否要和公司的重要合作伙伴打交道？即使没有直接联系，他们也是你的客户。这些人虽然并不给你发工资，但你的工作表现以及能否继续工作下去的原因，恰恰取决于你为他们服务的质量。

最后，想想你的工作会给哪些更大的群体带来好处。这些群体可能是几个社区或几座城市，也可能是通过共同的商业、职业或社会纽带联系在一起的人群。

4. 价值服务（我怎样帮助他人）

价值服务，即"我该怎样帮助他人完成任务"。理解关键业务"如何为客户带来价值服务"非常重要，是描述个人商业模式的基础。这个模块是思考个人职业生涯时最重要的概念。

在定义这个模块时，你可以问自己两个问题：客户请我完成什么工作？完成这些工作会给客户带来什么好处？

5. 渠道通路（怎样宣传自己和交付服务）

渠道通路一方面是指个人宣传营销自己，让别人（用人单位）了解并认同自己的价值；另一方面是指个人通过什么方式或载体把个人工作的价值传递给别人。

这个模块包括五个阶段，即商业术语中所说的"营销过程"，可以通过以下几个问题进行思考。

①潜在客户怎样才能知道你能帮助他们？

②潜在客户怎样才能决定是否购买你的产品或服务？

③潜在客户怎样实现购买？

④你怎样交付客户购买的产品或服务？

⑤你怎样保证满意的售后？

渠道通路关注的是你向客户交付产品和服务的方式，它的描述很简单，你可以提交书面报告、当面沟通、产品方案、演示推销或进行实物交付等。

按照上述五个阶段进行描述，渠道通路这个概念的内涵扩大了很多，它还包括"怎样让潜在客户发现你和你的价值服务"。例如，他们是通过口碑、博客、文章讲座、销售拜访、微信，还是其他方式了解你的。

6. 客户关系（怎样和对方打交道）

你和所服务的客户群体是怎样打交道的呢？你喜欢面对面的直接沟通，还是间接沟通？如何建立合作关系？如何维系并巩固这种关系？如何寻找新的客户？如何扩大你的客户群？如何发挥客户关系的价值？

在客户关系模块中写下上述问题的答案。

7. 重要合作伙伴（谁可以帮我）

重要合作伙伴是指那些支持你的工作与个人发展，帮助你实现职业生涯发展的人。他们能为你提供行为动机、良好建议和成长机会；能为你提供完成某些任务所需的其他资源。重要合作伙伴包括工作中的同事和导师、职业圈内的成员、家人朋友和专业顾问。你可以在重要合作模块中列出他们的名字，以后再慢慢调整与丰富他们。

8. 收入来源（我能得到什么）

写下你的收入来源，如工资、合同费或专业服务费、股票期权、版税，以及其他现金收入。此外，这个模块还可以添加收益内容，如健康保险、养老金、学费补助等。随着你对个人商业模式的认识逐渐深刻，以后还可以加入一些软收益，如满足感、成就感和社会贡献等。

9. 成本结构（我要付出什么）

成本指的是你在工作中的付出，包括时间、精力和金钱。

你可以在这个模块列出无法返还的硬成本，例如：培训费或学费；交通费或社交费；车辆、工具或服装费；在家或单位工作时，必须个人承担的互联网、电话、运输或水电等费用。

此外，成本也包括实施关键业务或重要合作导致的压力感和失落感，这些计为软成本。

结合自己的实际，依照下面的人生规划画布模块深入思考，将结果填在画布中。

我是谁 我拥有什么	我要做什么	我怎样 帮助他人	怎样宣传自己和交付服务	怎样和对方打交道
	我能帮助谁		谁可以帮我	
我要付出什么			我能得到什么	

生涯智慧

一、职业生涯规划的基本原则

1. 择己所爱

从事一项你所喜欢的工作，工作本身就能给你一种满足感，你的职业生涯也会从此变得妙趣横生。兴趣是最好的老师，是成功之母。相关调查表明：兴趣与成功概率有着明显的正相关性。在设计自己的职业生涯时，务必注意：考虑自己的特点，珍惜自己的兴趣，择己所爱，选择自己所喜欢的职业。

2. 择己所长

任何职业都要求从业者掌握一定的技能，具备一定的能力条件。而一个人一生中不能将所有技能都全部掌握。所以，你必须在进行职业选择时择己所长，从而有利于发挥自己的优势。运用比较优势原理充分分析别人与自己，尽量选择冲突较少的优势行业。

3. 择世所需

社会的需求不断演化着，旧的需求不断消失，新的需求不断产生。新的职业也不断产生。所以在设计自己的职业生涯时，一定要分析社会需求，择世所需。最重要的是，目光要长远，能够准确预测未来行业或者职业发展方向，再做出选择。不仅仅是有社会需求，并且这个需求要长久。

4. 择己所利

职业是个人谋生的手段，其目的在于追求个人幸福。所以在择业时，首先考虑的是自己的预期收益——个人幸福最大化。明智的选择是在由收入、社会地位、成就感和工作付出等变量组成的函数中找出一个最大值。这就是选择职业生涯中的收益最大化原则。

（引自：《大学生职业生涯规划实务》，现代教育出版社）

二、职涯规划最重要的五个理念

1. 保持好奇心：问"什么"不如问"为什么"

我们习惯于接受摆在我们面前的问题——最近要完成的作业或任务、下个实践活动……职涯规划首要问题不是问"什么"，而是问"为什么"，因为把自己的时间、精力和创造力倾注到对错误问题的回答和执行上非常"二"。

爱因斯坦曾说过，他除了充满激情的好奇心外，再无其他真正的才能。在运用创造力解决我们的生涯发展问题之前，多花点时间找到正确的人生问题，才能事半功倍。

2. 不断体验尝试：不求完美但求完成，然后不断修正

对职业生涯的规划设计要有发展目标的"原型设计"，其实，职业生涯设计的根本途径是建造、设计、尝试体验一系列的职业方向和目标，但这些可能都还不是最终的、理想的目标。这是职业生涯规划的必由之路，不能定义为"失败了"，只是说，我们的规划正在不断趋近于自己期待的、最完美理想的方向。

在进行任何重大的人生决策时都可以做这一步，它可以避免你一头冲进诱人的未知，从而毁掉你的生活，还可以避免更糟的情况——年复一年不采取任何行动，同时又感受不到幸福和快乐。

3. 重构人生问题：思考陷入停滞，就换个问法

"你什么时候看起来最充满活力？"这是重新定义"你将来要做什么"后的结果，比起原来的规划设计版本，具象了很多。

我们如何理解一件事情，会直接影响我们处理它的效率。"将来做什么"是一个一辈子都不会停止的追问，是最基本的哲学问题。我们可以跳出来，换一个角度看待它，就能很快走出"死胡同"，想到更多更好的解决方法。

4. 记录发展过程：随时反思人生

职涯规划并没有真正的终点，去寻求答案的过程，比结果更重要，这将会使你最终必有收获。而职涯规划设计最让人满意的地方就在于，它的结果是可以看得见摸得着的。你把这种思维和行动方式应用到日常生活中去，如果能把整个过程记录下来，它将是无价之宝。因为，这些记录不仅可以用在成就梳理、绩效考核和求职面试中，也可以用来反思我们的人生。

5. 积极互动沟通：主动寻找导师

职业生涯规划是一个自我与外部世界互动协同的过程。我们要随时采取开放的态度，从别人的建议和自己的想法中获取新的思路，同时积极对这些回应做出反馈。对于我们的职涯规划来说，通过各种途径与"过来人"讨论某些主题，主动请教某些领域学有专精的人，在社交网络上分享自己的学习成果和心得，或与各种达人互动交流……都是必备的方法。

（引自：https：//sanwen8.cn/p/4dePNuB.html，有删改）

课外实践

绘制自己的鱼骨生命图

现在，在下面的鱼骨图上来绘制自己的鱼骨生命图。

填涂说明：

鱼眼，表示原点，即出生时刻及出生地；鱼头，呈现三角形，代表人出生后 0～3 岁发展迅速的阶段；鱼尾，表示职业生涯结束后，生命逐渐老去的部分；鱼尾尖，表示生命的终点。

1. 请你在生命的原点上写上出生日期。再请你根据自己的健康状况、家族的健康状况，和你所生活地域的平均寿命来预测自己和世界说"再见"的时间，并标注在箭头的终点上。

2. 请找出今天你的位置，用一个自己喜欢的标记表示在生命线上，并写上今天的日期和年龄。

3. 请你进一步仔细回忆过去，以生命线上的时间点为初始点，标出过去影响你最大或令你最难忘的五件事，积极影响事件鱼刺朝上，消极事件鱼刺朝下，并以线段的长短表示事件对自己影响的大小。

4. 现在请你在生命线上标出今后你最想做的三件事，或最想实现的三个目标，能够由自己全权决定的鱼刺朝上，需要别人参与或者全部由别人定夺的鱼刺朝下。

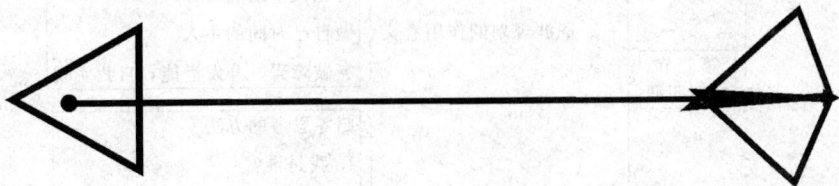

参考自己绘制的"鱼骨"生命图，深入思考，并回答下面的问题：

1. 过去的事情对你有怎样的影响？你对这些事情的看法怎样？

2. 对于现在的自己，你是否感到满意？哪些人或事促成了现在的你？

_____

_____

3. 对于未来的自己，你的预期是什么？如果想要成为这样的人，你现在需要做什么？

_____

_____

本章要点导图

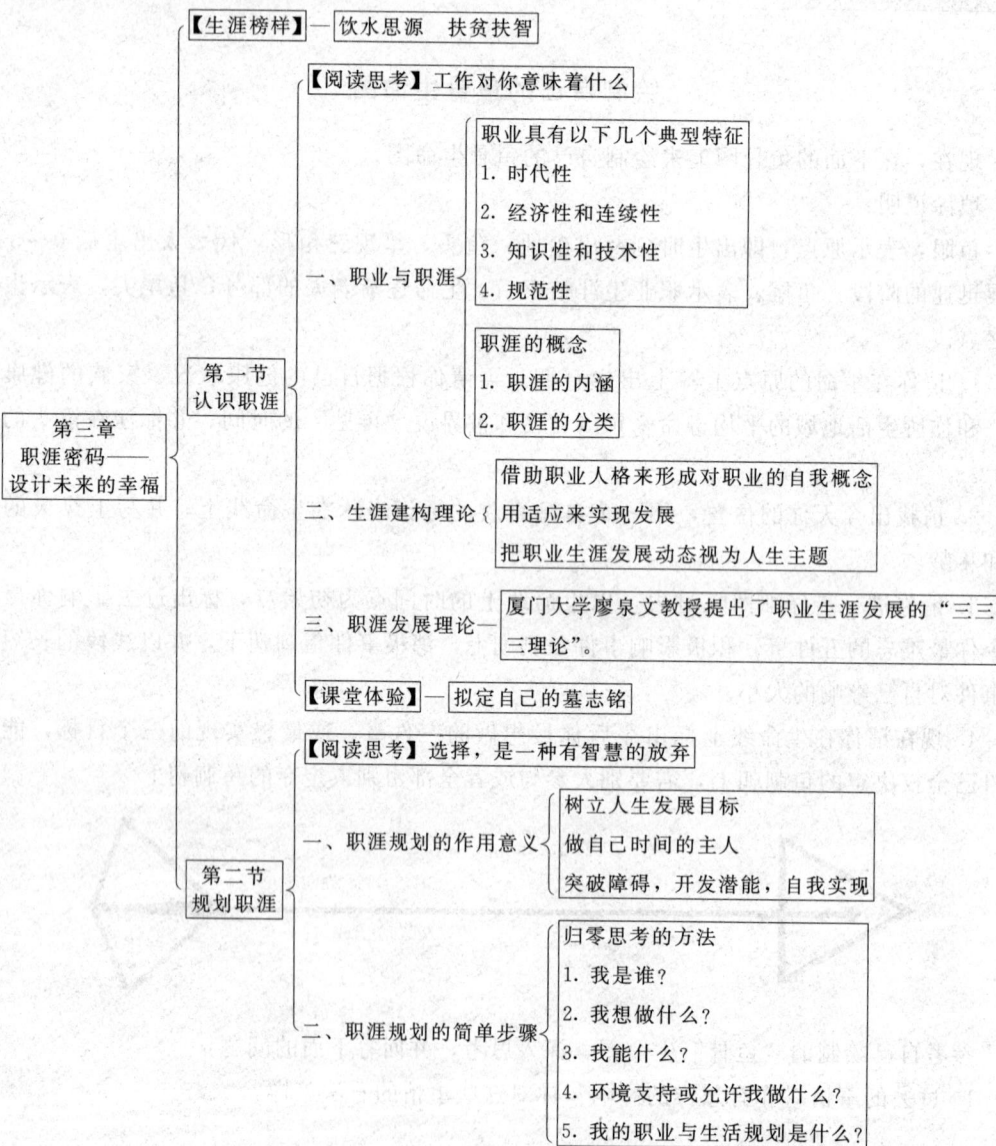

【生涯榜样】——饮水思源 扶贫扶智

【阅读思考】工作对你意味着什么

职业具有以下几个典型特征
1. 时代性
2. 经济性和连续性
3. 知识性和技术性
4. 规范性

职涯的概念
1. 职涯的内涵
2. 职涯的分类

一、职业与职涯

第一节 认识职涯

第三章 职涯密码——设计未来的幸福

二、生涯建构理论 { 借助职业人格来形成对职业的自我概念
用适应来实现发展
把职业生涯发展动态视为人生主题

三、职涯发展理论——厦门大学廖泉文教授提出了职业生涯发展的"三三三理论"。

【课堂体验】——拟定自己的墓志铭

【阅读思考】选择，是一种有智慧的放弃

一、职涯规划的作用意义 { 树立人生发展目标
做自己时间的主人
突破障碍，开发潜能，自我实现

第二节 规划职涯

二、职涯规划的简单步骤 { 归零思考的方法
1. 我是谁？
2. 我想做什么？
3. 我能什么？
4. 环境支持或允许我做什么？
5. 我的职业与生活规划是什么？

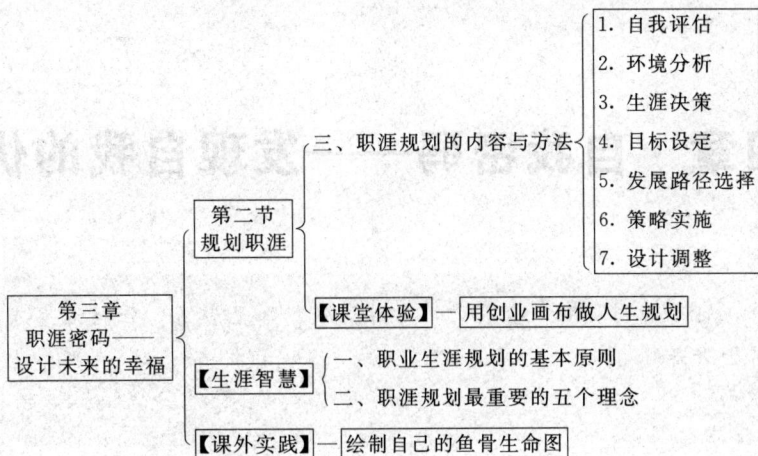

第四章 自我密码——发现自我的优势

> 知人者智，自知者明。胜人者有力，自胜者强。知足者富。强行者有志。不失其所者久。死而不亡者寿。
>
> ——老子《道德经》

学习目标

1. 知识目标

了解红叶子理论的核心观点。

了解自我效能感的含义和功能。

了解霍兰德职业兴趣理论中的六种兴趣类型、兴趣倾向、人格特点对应职业环境。

了解技能的三种类型和职业能力的构成要素。

了解职业锚理论中 8 种基本的职业锚类型。

2. 技能目标

掌握自我认知的方法，能够用科学的方法对自我职业兴趣、职业能力、人格类型进行探索。

3. 态度目标

充分认识职业生涯规划。

认识到职业性格是可以改变和塑造的。

根据自我职业倾向，合理做好职业定位。

生涯榜样

兴趣是最大的战斗力

2018 年 11 月，由于纪平、余欣健、何家傲、郑立言、赵成钢和交叉信息院娄晨耀六名学生组成的超算团队，获得 2018 国际大学生超级计算机竞赛（SC18）冠军。

对于这些年轻人来说，输与赢并不会改变他们与老师同学们的关系，也不会让他们省去比赛期间耽误的考试和作业，更不会改变他们对于超算的热爱和梦想。兴趣，成为这个团队成员的最大动力。

正如成员郑立言所说，"我们要让一个程序不停地优化，让它跑得更快，还要降低功耗需求，我觉得特别有趣。"

"从进入清华，就拜托班主任打听超算团队了。"大学刚入学，成员赵成钢就对超算产生了浓厚的兴趣，从参加组会、熟悉规则到做外围支援，从优化程序、操控机器到训练临场应变，一年多之后，刚刚上大学二年级的他就进阶为正式队员。

翟季冬介绍，同学们在日常培训中会表现出不同的兴趣。"比如纪平、欣健对硬件感兴趣，成钢、晨耀在程序优化和程序分析方面有很大的发挥空间，立言和家傲的英文表达非常好……我们会在比赛中极力去发掘和培养他们的特长。"

然而在清华，即使是参加这种规格的国际赛事，老师们也不会允许同学们落下应该完成的功课。于是在比赛现场和返程的飞机上，郑立言、何家傲等人一直在写作业。

"赛前、赛中、赛后，我最大的感受就是缺觉。"郑立言笑着对中国青年报·中青在线的记者说。当时机器在身边跑着程序，等待中的他便开始写"编译原理"等课程的作业。参加比赛的那几天，他每天都是凌晨4点才睡，仍是为了写作业。

比赛的收获也可以是感性的。郑立言说，收获有很多方面，除了在与专业人士的交流上，还有友谊上的收获。"这14支参赛队，有的队伍中华人比较多，我们在比赛中和其他的选手也有很多交流，赛前、赛中我们会讨论技术问题，比赛后我们还会一起加微信、约吃饭，我们通过这场比赛与选手们结下友谊。"

在比赛的过程中，团队成员们也对自己的未来规划有了更深的认识。

何家傲告诉中国青年报·中青在线记者，这次比赛中他有幸聆听了多场讲座，"一位高性能计算领域的行业专家，给大家分享了自己的专业如何为社会贡献。这些前辈的人生历程很具有指导作用。我才发现，原来自己有很多事情可以去做。我现在研究记忆学习，经过这一次比赛的经历，我明白了自己未来可以在哪些方向发力。"

（来源：中青在线　作者：叶雨婷）

第一节　认识自我

阅读思考

别人为什么愿意跟你相处

第一：你有德。对人真诚，为人厚道，心地善良，有规矩，有方圆，有礼貌，有爱心，别人与你相处感到温暖、放心。

第二：你有用。你能带给人家实用价值。

第三：你有料。跟你相处能打开眼界，放大格局。

第四：你有量。你能倾听别人的想法，并发表有价值的见解。

第五：你有容。能充分认可别人的价值、欣赏别人的特色。

第六：你有趣。能带给大家愉快的心情，和你在一起不闷。

请牢记以上几点，做到可让更多人愿意与你为友。

若有下一点，你会吸住更多人才的。

第七：你有心。懂得用情用心交朋友，正面能量无限。遇事，知道的不必全说，看到的不可全信，听到的就地消化。筛选过滤沉淀，久而久之，气场自成！能量强大！事业必成！

思考：

1. 看过这个案例后，你有哪些体会？请思考，别人为什么愿意与自己相处呢？

2. 你认为，你了解自己吗？你了解的自己与他人对你的认知，是一致的吗？为什么？

一、生涯优势理论

厦门大学廖泉文教授是我国著名的人力资源管理专家。她从人力资源开发的角度，提出了关于个体职业发展的"红叶子理论"。她认为，每个人的身上都有其特有的优缺点，她将个人的优点比作树上的红叶子，而将个人的缺点则比作绿叶子。她认为，红叶子的大小对应个人优点的大小，其大小决定了个人价值的大小，也对个人的职业成功起着决定性作用。人们要学会准确地识别并找到最适合自己发展的那片红叶子，进而开发、发展这片红叶子，使其特别硕大而红艳，以成长为引起社会关注的人力资本。她指出，红叶子的大小比数目多少更重要，红叶子越大，表明个人优势越明显；而想要形成鲜明的个人优势，不能仅仅依赖先天的禀赋，还需要通过后天的不懈努力和开发训练。这个观点，与作家格拉德威尔在《异类》一书中所提出的一万小时定律相类似，即"人们眼中的天才之所以卓越非凡，并非天资超人一等，而是付出了持续不断的努力。1万小时的锤炼是任何人从平凡变成世界级大师的必要条件"。

红叶子理论，有三个核心观点：

（1）生涯个体要努力让自己的绿叶子足够少、足够小；

（2）要准确识别出自己与众不同的那片红叶子；

（3）发展这片红叶子，使它足够硕大。

红叶子理论指出，个人的红绿叶子大小与多少具有相对性和动态发展性。一方面，红叶子本身具有可塑性，是可变的，可以变大，也可以变小；另一方面，红叶子和绿叶子是相对而言的，红叶子与绿叶子的关系是动态的、可变的，如果绿叶子迅速长大，可能会吞食红叶子，或造成红叶子变少、变小。另外，不同个体之间的红叶子大小也是相对的，是横向比较而言的。发展红叶子，需要时间和环境的长期积累才能看出结果，而此过程对个体来说是需要付出艰辛努力的。

红叶子理论强调，生涯个体要注重开发自己的潜力，塑造自己的优势与亮点，为了获得良好的职业发展，实现个人目标与职业自我，需要以实际行动来改变自我、发展自我和塑造自我。

二、自我认知方法

1. 自我分析法

自我分析，就是自我认知的总结，对自身各种因素进行理性分析，得出结论，从而改进自身的缺点，增进自身的优点。自我分析的主要方法有以下几种：

（1）人生历程法。

一个人的性格特点、心理素质，以及对世界、对人生的看法，很多都是源于人生历程。记录自己的人生历程，一方面可以了解自己的性格、价值观，对于人生与世界的看法是怎样一步步形成的；另一方面就是通过分析过去，为未来的发展提供参考意见。

（2）背景分析法。

认识自己，要在社会背景、学校背景、家庭背景，以及个人生活背景下分析自己，这样做的自我认识，除了对自己有全面的认识外，还会得出家庭、社会、学校等背景下，自己如何发挥。对自己各方面背景的分析，可以帮助自己掌控并运用所拥有的全部资源。

（3）自我追问法。

问自己：你拥有什么样独特的与生俱来的天分、技术和才能？你天生就对哪些方面的知识特别的感兴趣？每个人来到这个世界上都会有一些天生的能力，这些能力看起来与众不同，有时甚至被人们看成是怪异的，不合乎常理。只有正确的使用这些与与生俱来的能力时，才能将自己的价值发挥得更加的彻底。

2. 360 度评估法

360 度评估法又称为多渠道评估法，是指通过收集与受评者有密切关系的、来自不同层面人员的评估信息，来全方位地评估受评者。通过评估反馈，可以获得来自多层面人员对受评者素质、能力等评估意见，比较全面、客观地了解有关受评者个人特质、优缺点等信息，作为受评者进行职业生涯规划及能力发展的参考。学生可以请老师、长辈、父母、家人、师兄师姐、同学或朋友等，对自己进行全面评估。如图 4-1 所示。

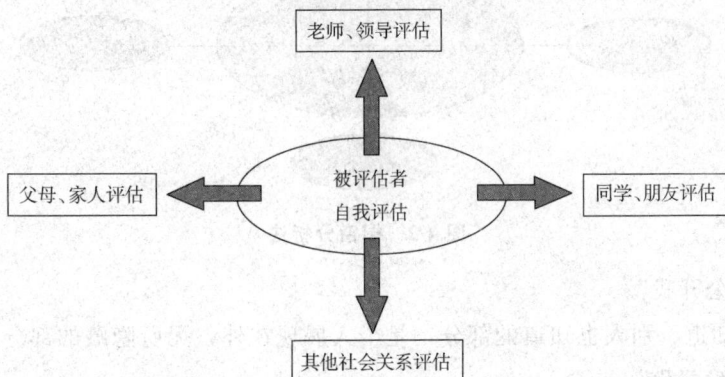

图 4-1　360 度评估法

评估的内容和标准见表4-1。

表4-1　360度评估法的内容和标准

方式	评价内容	评价标准
自我评估	1. 自己的才能是否充分施展？ 2. 对自己的职业发展状态是否满意？ 3. 对自己的学习、生活状态是否满意？ 4. 对处理职业生涯发展与其他人生活动的关系的结果是否满意？	根据个人的价值观念，及个人的性格、兴趣、能力
家庭评估	1. 是否能够得到理解和肯定？ 2. 是否能够给予支持和帮助？	根据父母、家人的反馈意见
老师评价	1. 是否获得老师的认可？ 2. 是否有明显的缺点？ 3. 是否获得长足的进步？ 4. 各项能力是否都得到了提升？	根据行为表现及综合素养
同学评估	1. 是否获得同学的认可与好评？ 2. 是否在某些方面树立了榜样？ 3. 存在哪些缺点？	根据行为表现及同学感受

3. 橱窗分析法

橱窗分析法也是进行自我认知的一种常用方法。所谓橱窗分析法，是一种借助直角坐标不同象限来表示人的不同部分的分析方法，它以"别人知道"或"别人不知道"为横坐标，以"自己知道"或"自己不知道"为纵坐标。如图4-2所示。

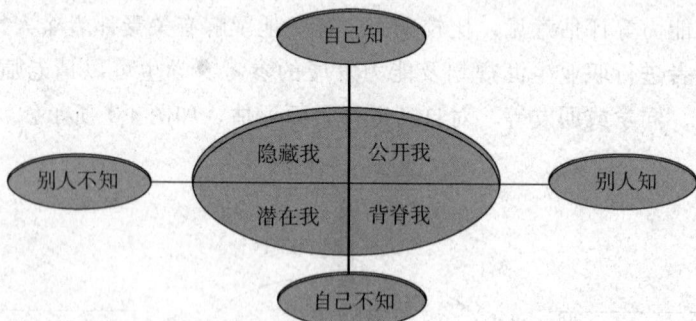

图4-2　橱窗分析法

橱窗1："公开我"。

即：自己知道、别人也知道的部分，是个人展现在外，无所隐藏的部分。

橱窗2："隐藏我"。

即：自己知道、别人不知道的部分，是属于个人内在的私有秘密，不外显。

橱窗3："潜在我"。

即：自己不知道、别人也不知道的部分，特点是开发潜力巨大。

橱窗4："背脊我"。

即：自己不知道、别人知道的部分，自己看不到、别人却看得很清楚。

运用橱窗分析法进行自我分析，主要是要了解"潜在我"和"背脊我"。

对于"潜在我"，据现代科学研究表明，人类平常只发挥了极小部分的大脑功能，95%以上的功能没有发挥出来，所以开发的空间非常广阔。因此，了解和认识"潜在我"是自我认识的一个非常重要的内容。了解"潜在我"的主要方法有：积极性暗示法、观想技术法、光明思维法等，具体可参阅有关潜能开发方面的书籍和材料。

对于"背脊我"，则要求个人需要有诚恳的态度和博大的胸怀，真心实意地去征询他人的意见和看法，有则改之，无则加勉。否则，就不会有好的分析结果，别人也不会说实话。

4. 职业测评法

职业测评是客观的评价自己的重要参考工具。通过科学的职业测评量表，同学们可以对自己的职业倾向、综合能力等进行测试，根据测试的结果加深对自己的探索与了解。常用的职业测评工具主要有以下几种，如表4-2所示。

表 4-2　常用职业测评工具

职业测评工具	特点
霍兰德职业兴趣测评	将兴趣与工作进行匹配，促进人尽其才，才尽其用
MBTI 人格测评	综合考虑工作内容、环境等多个因素的影响，将个人性格、行为方式进行匹配，有较强的说服力
职业锚测评	由个人天赋、工作动机与需要，以及人生态度与价值观融合而成，评估一个人在职业选择过程中无论如何都不会放弃的稳定的价值判断
职业能力测评	测试一般能力倾向和特殊能力倾向，帮助学生了解自己的综合能力

三、自我效能感

1. 自我效能感的定义

自我效能理论是由著名心理学家阿尔伯特·班杜拉提出的，目前被广泛应用于职业生涯适应和发展方面。班杜拉认为，自我效能感是指一个人对自己在某一活动领域中的操作能力的主观判断或评价。斯滕伯格认为，自我效能感是人们对自己控制环境、达到个人目标的胜任能力的相信程度。

2. 自我效能感的功能

（1）自我效能感影响人的行为取向与行为任务的选择。

在社会生活中，人们做什么或不做什么，往往受制于个体的效能判断。同学们往往选择自己觉得能够胜任和有信心完成的活动任务，而避开那些自认为超出能力的任务。某一方面的自我效能感越强，行为成功的可能性越大。与此同时，自我效能感也制约着任务难度的选择，自我效能感强的个体，有较强的自信，倾向于选择适合自己能力水平，又具有挑战性和难度大的活动任务；而自我效能感低的个体，倾向于选择容易完成的活动任务。

（2）自我效能感影响人们行为的努力程度与坚持性。

自我效能感强的个体，会在任务完成中更加投入，花费更多的时间，付出更大的努力，而且面对挑战与挫折，具有坚强的意志力，会坚持不懈，努力完成任务。自我效能感低的个体，面对任务时，怀疑自己的能力，缺乏必要的自信，常受紧张、焦虑等消极情绪的困扰，在困难面前会退缩，没有经过努力，就自我放弃、自我失败。

（3）自我效能感影响个体思维方式和情绪反应。

自我效能感低的个体，在任务完成中过多地考虑个人的缺陷与能力不足，把困难想象得比实际更大，这种信念会使个体产生压抑、抑郁的情绪反应，过多地考虑失败的消极影响，解决问题的思路变得狭窄，这就削弱了他们对自己所拥有能力的有效发挥，从而影响任务的完成。相反，自我效能感强的同学，在任务完成中，精力充沛、思维活跃，能够充分认识和评估面对任务的性质和所遇到的困难等，对信息进行深层加工，积极寻求解决问题的办法，很少受紧张、焦虑等消极情绪的困扰。

（4）自我效能感影响个体的归因方式。

自我效能感也影响同学们的归因方式。自我效能感强的个体，倾向于将行为的失败归因于努力不够；而自我效能感差的个体，倾向于将行为的失败归因于能力的缺乏。

3. 自我效能感的培养

（1）创造机会，增加成功体验。

如果在工作、生活或学习中自我效能感不足，低估自己的能力，会使得自己在完成任务时受到影响。这时，通过为自己设立合适的行为目标，经常完成某些任务、解决困难或问题，体验到成功，可以有效增强自我效能感。

（2）克服自卑心理，自我鼓励与暗示。

对自己评价过低会影响工作、学习效率，积极的心理暗示和自我鼓励能明显增进人的自我效能感。要善于发现和捕捉自己的优势和闪光点，并且及时予以自我鼓励。比如，对自己说"我能行""我一定能做好""我非常棒"等，不断对自己进行正面心理强化，不断提升自我效能感。

（3）学习榜样，加强合作交流

榜样的力量是无穷的，周围所有的人都可能成为自己学习的榜样。观察周围人的示范行为，模仿他们的思维和行动方式；多参加合作性的项目，和周围人多交流，丰富自己的知识和经验。

课堂体验

成长经历与自我评价

1. 填写个人成长的经历库

时间	事件	事件描述与感悟	关键词	成长指数
		描述： 感悟：		
		描述： 感悟：		
		描述： 感悟：		
		描述： 感悟：		
		描述： 感悟：		
		描述： 感悟：		
		描述： 感悟：		
		描述： 感悟：		

　　具体描述个人成长经历，按时间、事件名称、事件描述感悟、成长关键词和成长指数顺序填写（成长指数满分 10 分）。

2. 绘制个人成长曲线图

　　根据个人成长经历库，按横坐标为时间，纵坐标为成长指数，重要事件为连接点，绘制成长曲线图。

成长曲线图示例

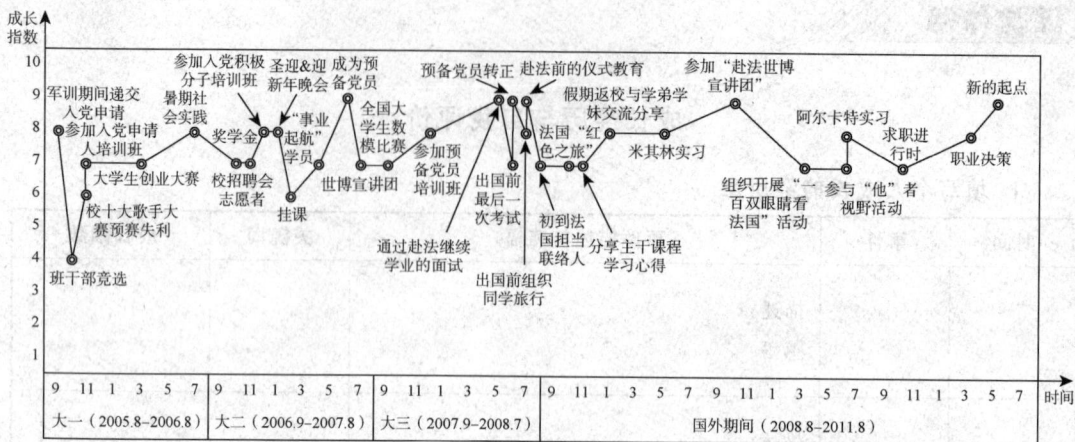

时间																										
大一（2005.8-2006.8）			大二（2006.9-2007.8）			大三（2007.9-2008.7）			国外期间（2008.8-2011.8）																	

3. 自我评价自画像

根据个人成长经历库中的成长关键词，凝练出最符合自己的自我评估能力关键词，按自己的个性喜好绘制自画像。可添加说明或感想，并在团队中进行交流。

团队点评：

自我评价：

第二节　明晰优势

阅读思考

富翁与渔夫的故事

在一个风和日丽的日子，一个富翁到海边散心，看到一个渔夫悠闲地躺在沙滩上晒太阳，享受日光浴，富翁看不过眼，于是走过去对渔夫说："你在这里晒太阳，怎么不去捕鱼呢？我告诉你如何成为富翁和享受生活的真谛吧！"渔夫说："洗耳恭听。"富翁说："首先，你需要每天多花些时间去捕更多的鱼，多赚些钱雇几个帮手增加产量，这样才能增加利润。""那之后呢？"渔夫问。"之后你可以买条更大的船，打更多的鱼，赚更多的钱。""再之后呢？""再买几条船，搞一个捕捞公司，再投资一家水产品加工厂。""然后呢？""然后把公司上市，用圈来的钱再去投资房地产，如此一来，你就会和我一样，成为亿万富翁了。""成为亿万富翁之后呢？"渔夫好像对这一结果没有足够的认识。富翁略加思考地说："成为亿万富翁，你就可以像我一样到海滨度假，晒晒太阳，钓钓鱼，享受日光浴了。""噢，原来如此。"渔夫似有所悟地说："我现在不就是在晒晒太阳，钓钓鱼，享受日光浴吗！"

思考：

1. 你如何看待故事中渔夫和富翁的人生选择和价值倾向？

2. 假设你是富翁，你该怎么回答？

3. 假设渔夫听从了富翁的发展建议，你认为他能做到吗？为什么？

一、职业兴趣理论

1. 兴趣

兴趣是个体力求认识某种事物或从事某项活动的心理倾向，它表现为个体对某种事物或从事某种活动的选择性态度和积极的情绪反应。

兴趣具有以下三个特点：

（1）兴趣是高度卷入的积极情绪体验。

"兴趣"的英文是 interest，拆开来看是 inter-est，是指人进入某项活动之后，产生了高峰经验。美国生涯心理学家萨维克斯进一步解释，兴趣就是人与其所接触的事物融为一体的经验。美国芝加哥大学心理学教授米哈利花 30 多年的时间，对数百名攀岩爱好者、国际象棋选手、运动员和艺术家进行了访谈，他们在谈到自己的职业时，都会不约而同地提到一种"高度卷入"的状态，这种对工作忘我的投入让他们觉得是最愉悦和最满足的。

（2）在实践中产生、变化和发展。

兴趣是基于对事物、活动的认识和体验，而不是出自凭空的想象。这种了解可以是基于直接经验，也可来自间接经验。直接经验即自己亲身去感受、实践，间接经验来自观察学习或听人介绍。

（3）兴趣的实现往往需要理性的付出。

一旦兴趣与职业结合，形成职业兴趣，则需要个人站在生产者的角度看待职业，愿意付出努力，享受工作中的乐趣，同时接受过程中不那么有趣的部分。常常有人用诺贝尔物理学奖得主科学家丁肇中说的"兴趣比天才更重要"来强调兴趣对于职业发展的重要性，但可能忽略了丁肇中还说过，"任何科学研究，最重要的是要看对自己所从事的工作有没有兴趣，换句话说，也就是有没有事业心，这不能有任何强迫……比如搞物理实验，因为我有兴趣，我可以两天两夜，甚至三天三夜在实验室里，守在仪器旁，我急切地希望发现我所要探索的东西"。表层的兴趣源于偏好，这让人愿意去尝试、能够去行动，容易被满足，也容易消逝；而深层的兴趣源于世界观、人生观、价值观，让人们愿意为之牺牲，不计名利报酬、忘我地工作，这就是责任感和使命感，是它们让人坚持到最后。

2. 霍兰德的职业兴趣类型理论

霍兰德是美国著名的职业生涯指导专家，他将职业选择看作一个人人格的延伸。他认为，职业选择也是人格的表现。同一职业团体内的人有相似的人格，因此对很多问题会有相似的反应，从而产生类似的人际环境。他强调：个人的人格与工作环境之间的适配和对应是职业满意度、职业稳定性与职业成就的基础。

霍兰德提出职业兴趣六角形模型，把个体的职业兴趣和工作环境分为实用型（Realistic）、研究型（Investigative）、艺术型（Artistic）、社会型（Social）、企业型（Enterprising）和事务型（Conventional）六种。

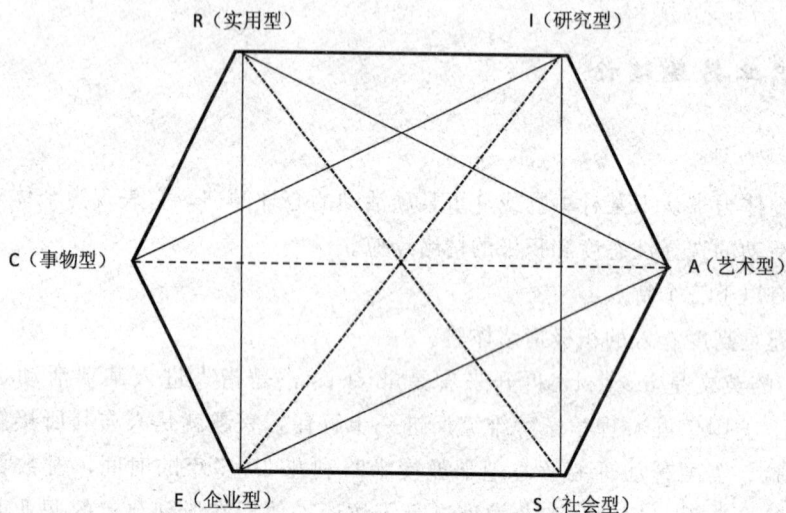

这六种兴趣类型的个人兴趣特点见表4-3所示。

表4-3 霍兰德兴趣类型及其特点

类型	兴趣倾向	人格特点	对应职业环境
实用型（技能型）R（Realistic）	喜欢具体事物；机械、动手能力强；喜欢做体力工作；喜欢户外活动；喜欢与物打交道	偏好于具体任务；不善言辞；做事谨慎；较为谦虚；喜欢独立做事	较多运用到身体的实际操作。通常需要运用某些特殊技术，以便进行操作、修理、维护等。喜欢从事机械、电子、建筑、农事等方面的工作。在工作中，处理与物接触的问题比处理人际问题还重要。

续表

类型	兴趣倾向	人格特点	对应职业环境
研究型 I (Investigative)	喜欢探索未知； 喜欢逻辑分析； 喜欢推理； 喜欢钻研	抽象思维能力强； 理性、求知欲强； 有学识； 不善领导他人	喜欢从事理化、生物、医药、程序设计等需要动脑的研究工作。工作场合通常需要运用复杂抽象的思考能力。在这些环境中，常常采用数学或科学的知识，寻求问题的解决。例如：计算机程序设计师、医师、数学家、生物学家等。在大型企业，研究发展部门（R&D）也属于这类的工作场所。这类环境不太需要处理复杂的人际关系，大多数情况下，必须独立解决工作上的问题。
艺术型 A (Artistic)	喜欢自我表达； 喜欢文学和艺术等； 喜欢美； 喜欢自由； 喜欢想象； 喜欢创作	有创造力； 渴望表现自己的个性； 做事理想化，追求完美； 具有一定的艺术才能和个性	工作场合非常鼓励创意，以及个人的表现能力。这个类型的环境提供了开发新产品与创造性解答的自由空间。例如：艺术家、音乐家、自由文字工作者等。工作环境鼓励感性与情绪的充分表达，不要求逻辑形式
社会型 S (Social)	喜欢与人合作； 喜欢交朋友； 喜欢帮助别人； 喜欢和谐	关心社会问题； 渴望发挥自己的社会作用； 寻求广泛的人际关系； 看重社会义务和社会道德	工作场合鼓励人和人之间的和谐相待、互相帮助、和睦相处。工作场所中充满了经验指导与交流、心理的沟通、灵性的扶持等。例如：各级学校的教师、咨询心理学家等。工作氛围强调人类的核心价值，如理想、仁慈、友善和慷慨等
企业型 E (Enterprising)	喜欢辩论、说服别人； 喜欢领导、管理他人； 喜欢竞争； 喜欢刺激、冒险	有野心、有抱负； 为人务实； 看重利益得失； 重权力、地位、金钱等； 做事有目的性	工作场合经常管理与鼓舞其他人，力图达成组织或个人的目标。工作场所中充满权利、金融或者经济的一体，甚至为了达成预期的绩效，不惜冒点风险。例如：企业经营、保险业务、政治活动、证券市场、公关部门、营销部门、房地产销售等。工作氛围重视绩效、权力、说服力与推销能力；非常强调自信、社交手腕与当机立断

类型	兴趣倾向	人格特点	对应职业环境
事务型 C (Conventional)	喜欢按计划办事；喜欢关注细节；喜欢计算等条理清晰的事情	尊重权威和规章制度；较为谨慎和保守；不喜欢冒险和竞争；富有自我牺牲精神	工作场合注重组织与规划。工作场所包括办公室的基本工作，如档案管理、数据记录、进度管控等；需要运用到数字与人事行政能力，典型部门包括秘书处、人事部门、会计部门、总务部门等

如果个体的职业兴趣与工作环境相符合，个体的职业满意度、幸福感和控制感都会增强，如此不仅有利于个体的发展，还有利于组织的成就。

3. 罗伊的职业兴趣理论

罗伊（A. Roe）按照职业所需职责、能力和技能要求层次的不同，将其划分为六个水平层次，分别是：独立职责的专业和管理、一般专业和管理、半专业和小商业、技能、半技能和无技能。同时，罗伊将职业活动归为八个焦点领域：艺术类（艺术与娱乐活动）、服务类、商业类（商业接触活动）、组织类、技术类、户外类、科学类和传统类（一般文化活动）。罗伊提出，根据职业活动过程中，人际关系亲疏程度和职业类型性质相似性，将上述八类职业之间的关系用一个特定的圆形排列来表示，该圆形又称为八分仪模型（如图4-3所示）。在该模型中，相邻的职业类型在人际关系和职业性质方面较之相间、相对关系的具有更高的相似性。

图 4-3　罗伊的八分仪模型

4. 普雷迪格的职业兴趣理论

普雷迪格（D. J. Prediger）通过将霍兰德职业兴趣的平面模型放到空间里做进一步研

究，发现可将六边形以工作任务角度划分为四部分空间，在六边形模型基础上提出了维度模型，如图 4-4 所示。普雷迪格的维度模型，可看作是霍兰德职业兴趣六边形模型之下的维度划分与空间模型，用以解释和描述六个类型之间的相互关系。在此假设下，普雷迪格在 1976 年定义了四种具体的工作任务：数据、观念、事和人[①]，并将这四种工作任务进行两两组合，形成了具有两极性的两个维度：人（people）和物（thing）维度，以及数据（data）和观念（ideas）维度。普雷迪格将这四种工作任务和两个维度与霍兰德职业兴趣六边形模型结合起来，创造性地构建出职业兴趣的维度模型。

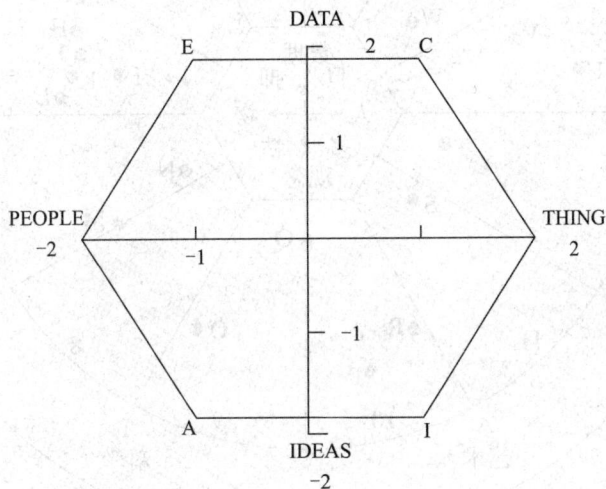

图 4-4 普雷迪格的两极维度模型

普雷迪格对四种工作任务的定义是：（1）"数据任务"（DATA）：通过与事实、记录、文件与数据等打交道，从而服务于人们的日常工作与生活；（2）"观念任务"（IDEAS）：这种工作任务主要与知识观念等打交道，涉及思想文化、科学研究、理论知识和宗教艺术等领域，主要满足社会发展所需的各种活动；（3）"事物任务"（THING）：这种工作任务主要与实体的事物打交道，涉及生产工具、机器仪器、材料加工和流程机制等操作性活动，服务于社会各行业的生产运营活动；（4）"人物任务"（PEOPLE）：这种工作任务主要与人打交道，涉及教育指导、管理服务、文化娱乐和销售等领域，为人们学习、工作与生活提供服务。

美国大学考试中心（ACT）在普雷迪格模型的基础上，进一步将各职业群体的具体位置标定在坐标图上，从而构建出一个更具体的工作区域图（也称"工作世界地图"）（如图 4-5 所示）。该地图共分 12 个象限区域，23 个职业群分布于各个象限中。

---

① Prediger，D. J. Dimension underlying Holland's hexagon：missing linking occupations. Journal of Vocational behavior，1982，21，259-287.

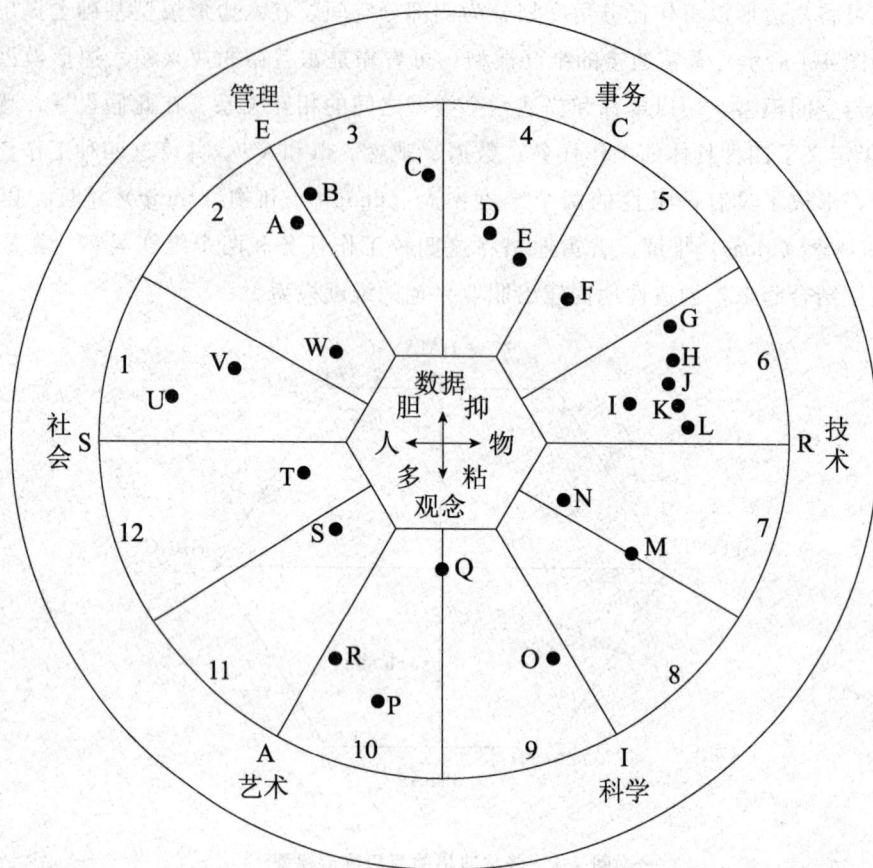

图 4-5　工作区域图

工作区域图中的 23 个职业群如下：

A. 市场与销售　　　　　　　　　　B. 管理与计划

C. 记录和交流　　　　　　　　　　D. 金融交易

E. 存储和派送　　　　　　　　　　F. 商用机器/电脑操作

G. 交通工具操作和维修　　　　　　H. 建筑和维护

I. 农业和自然资源　　　　　　　　J. 工艺和相关服务

K. 家用/商用设备维修　　　　　　 L. 工业设备操作和维修

M. 工程与相关技术　　　　　　　　N. 医学专业与技术

O. 自然科学和数学　　　　　　　　P. 社会科学

Q. 应用艺术（视觉）　　　　　　　R. 创造/表演艺术

S. 应用艺术（写与说）　　　　　　T. 一般健康护理

U. 教育和相关服务　　　　　　　　V. 社会和政府服务

W. 个人和消费者服务

二、职业能力理论

（一）能力

能力按获得方式不同，一般分为能力倾向和技能两大类。能力倾向是指上天赋予的特殊才能，比如音乐、运动能力等。而技能是指经过后天学习和训练而培养的能力。

哈佛大学加德纳认为，能力倾向（即潜能或智力）是多元的，是由同样重要的多种能力构成的，这就是著名的多元智能理论。他提出，人类的智能至少可以分成八个范畴，如图 4-6 所示。

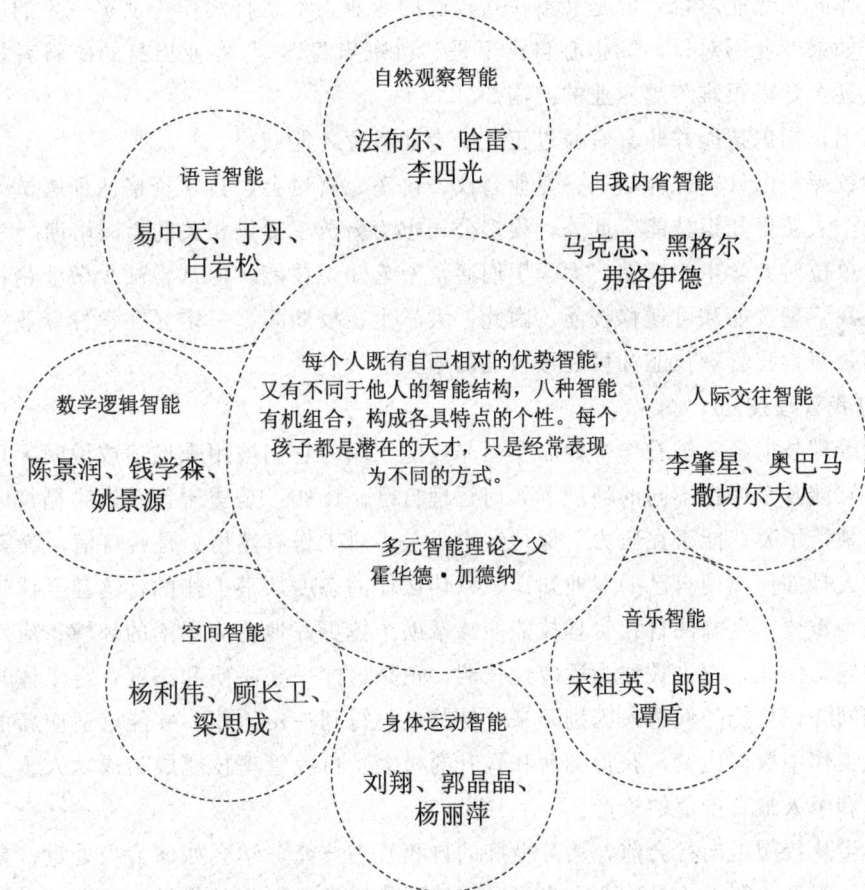

自然观察智能
法布尔、哈雷、李四光

语言智能
易中天、于丹、白岩松

自我内省智能
马克思、黑格尔弗洛伊德

数学逻辑智能
陈景润、钱学森、姚景源

每个人既有自己相对的优势智能，又有不同于他人的智能结构，八种智能有机组合，构成各具特点的个性。每个孩子都是潜在的天才，只是经常表现为不同的方式。
——多元智能理论之父霍华德·加德纳

人际交往智能
李肇星、奥巴马撒切尔夫人

空间智能
杨利伟、顾长卫、梁思成

身体运动智能
刘翔、郭晶晶、杨丽萍

音乐智能
宋祖英、郎朗、谭盾

图 4-6 多元智能理论

多元智能理论告诉我们：对于世界上的每一个人来说，不存在谁更聪明的问题，只存在不同个体在哪个方面聪明的问题。每个人都是独特的，如果个人能将自己独特的天赋充分发挥出来，那么，每个人都可以是出色的。

（二）技能

辛迪·梵（Sidney Fine）和理查德·鲍尔斯（Richard Bolles）将技能分为三种类型。

1. 专业知识技能

专业知识技能是指那些需要通过教育或者培训才能获得的特别的知识或能力，也就是个人所学习的科目、所懂得的知识。

知识技能的特点如下：

（1）一般用名词来表示。

（2）不可迁移。是一些特殊的语汇、程序和学科内容，必须经过有意识的、专门的培训才能掌握。

（3）常常与我们的专业学习或工作内容直接相关。

许多大学生由于不喜欢自己的专业，于是在找工作时往往陷入两难的境地：一方面，认为找工作必须专业对口，但是又不喜欢自己的专业，不想将之作为从事一生的职业；另一方面，如果专业不对口，则担心自己不是"科班出身"，与专业出身的应聘者相比缺乏竞争力，甚至觉得很难跨越专业的鸿沟。

事实上，知识技能并非只有通过正式的专业教育才能获得。

除学校课程以外，课外培训、专业会议、讲座、研讨会、自学资格认证考试等方式都可以帮助个人获得知识技能。此外，很多公司也为新员工提供相关的上岗培训。

用人单位对大学生的反馈：大学生们通常不乏知识技能，但常常缺少敬业精神、沟通能力等自我管理技能和可迁移技能。因此，大学生在校期间，一定要在学好专业知识的基础上，加强对自我管理技能和可迁移技能的培养。

2. 自我管理技能

自我管理技能经常被看作个性品质而非技能，因为它们被用来描述或说明人具有的某些特征。它涉及个体在不同的环境下如何管理自己。比如：是勇于创新还是循规蹈矩；是认真还是敷衍了事；能否在压力下保持镇定；是否对工作有热情；是否自信，等等。

一个人是如何使用自己的专业知识、以什么样的态度从事工作的，这甚至比工作内容的本身更为重要。良好的自我管理技能能够帮助个体更好地适应周围的环境、应对工作中出现的问题，因此，它也被称为适应性技能。正是这样一些品质和态度，将个体与许多其他具有相同知识技能的候选人区别开来，使其最终得到一份工作，并能够适应新的环境和规则，在工作中取得成就，获得加薪和晋升的机会。自我管理技能成为成功人士所需要的优秀品质和个人最有价值的资产。

大学生从校园走向社会前，培养良好的自我管理技能，学会如何为人处世，是至关重要的。自我管理技能无论是一个人先天具有的还是后天习得的，都需要练习。它们可以从非工作（生活）领域迁移转换到工作领域。耐心细致、认真负责、主动热情、计划条理等这些技能并不是通过专门的课程学习到的，而是在日常生活中随时随地培养的。

自我管理技能通常由以下词汇来表述：诚实、正直、自信、开朗、团结、耐心、细致、周密、慎重、严谨、认真、负责、可靠、幽默、友好、真诚、善良、热情、投入、高效、冷静、包容、踏实、积极、主动、乐观、勇敢、忠诚、直爽、现实、执着、感性、善良、大度、勇敢、随和、聪明、稳重、朴实、机智、敏捷、活泼、敏锐、条理、宽容、谦虚、理性、客观、平和、激情、责任心、进取心、同情心、想象力、观察力、忍耐力、创造力、坚忍不拔、足智多谋、精力旺盛、头脑开放、胆大心细、多才多艺、彬彬有礼、善解人意、吃苦耐劳、团结协作、开拓创新等。

3. 可迁移技能

可迁移技能就是一个人会做事的能力。它们可以从生活中的方方面面，特别是工作之外得到发展，却可以迁移应用于不同的工作之中，因此，也被称为通用技能。可迁移技能也是个人最能持续运用和最能够依靠的技能。随着信息时代的到来、新技术日新月异的发展，知识的更新换代不断加快，这意味着个体需要不断学习新的知识技能，才能跟上时代的发展。

当今的时代越来越强调终身学习。学习能力（可迁移技能）已经比拿到某个专业的硕士学位（知识技能）更为重要。

知识技能的运用都是在可迁移技能基础之上的：你的知识技能是动物学，但你将怎样运用它呢？是教授动物学，还是当宠物医生治疗宠物；是写作科普文章宣传爱护野生动物的知识；还是在流浪小动物协会帮助照料小动物？

从这个意义上说，在求职的时候，尽管你从来没有从事过某个职务，但只要你实际上具备这个职务所要求的种种技能，你就可以证明自己有资格去从事它。如果你并不是科班出身，仍然有可能跨专业从事你想从事的职业，尤其是那些对知识技能要求并不是很高，而可迁移技能占重要地位的职业。

人们所获得的各种技能之间可以相互作用，已经掌握的技能可能对新的技能起促进作用，也可能妨碍学习新的技能。这种现象叫作技能的迁移。

（三）职业能力

职业能力，一般指个体完成工作任务的胜任力。唐以志等人认为，职业能力包括专业能力和关键能力[1]，其中专业能力是指劳动者从事某一职业活动所必备的能力。关键能力不是针对某种具体的职业和岗位，而是指可以迁移和运用到很多职业和岗位的能力。[2] 比如，解决实际问题的能力、与他人交流和合作的能力等。

蒋乃平认为，职业能力包括专业能力、方法能力和社会能力三个部分（如图4-7所示）。他认为，专业能力是指专门知识、专业技能和专项能力等与职业直接相关的基础能力，是职业活动得以进行的基本条件，专业能力是在特定方法引导下有目的、合理地利用专业知识和技能独立地解决专业问题并评价其成果的能力，包括工作方式方法、对劳动生产工具的认识和使用等；方法能力包括思维能力、分析判断能力、决策能力、获取信息能力、继续学习能力、独立制定计划能力等多个方面；社会能力则包括组织协调能力、团队协作能力、适应社会能力、口头与书面表达能力、心理承受能力和社会责任感等方面。[3]

---

① 唐以志. 关键能力与职业教育的教学策略 [J]. 职业技术教育，2000 (4)：8—11.
② 徐朔，吴霏. 职业能力及其培养的有效途径 [J]. 职业技术教育，2012 (10)：36—39.
③ 蒋乃平. 对综合职业能力内涵的思考 [J]. 职业技术教育（教科版），2001 (10)：18—20.

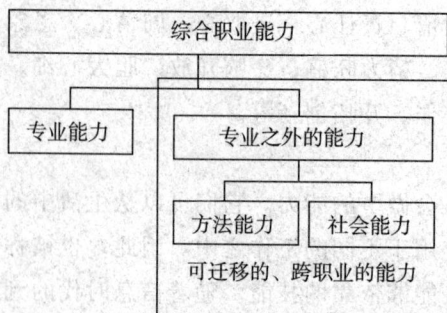

图 4-7　综合职业能力的构成

陈宇认为，职业能力可以被结构化，主要包括职业特定技能、行业通用技能和核心技能三个层次。[①] 职业特定技能是指技能型人才从事特定的职业、岗位和工种必须或应当具备的技能；行业通用技能由若干共通的职业功能模块和职业技能模块构成；核心技能是人们在日常生活中必需的，而且也是从事任何职业工作都需要的，并能体现在具体职业活动中的最基本技能，主要包括交流表达、数字运算、革新创新、自我提高、与人合作、解决问题、信息处理、外语应用等八类。

三、MBTI 人格理论

MBTI 全称 Myers-Briggs Type Indicator，是一种迫选型、自我报告式的性格评估工具，用以衡量和描述人们在获取信息、做出决策、对待生活等方面的心理活动规律和性格类型。它以瑞士心理学家 Carl Jung 的性格理论为基础，由美国的 Katherine. C. Briggs 和 Isabel. Briggs. Myers 母女共同研制开发。[②]

MBTI 从四个维度考察个人的偏好、倾向，以区分人与人之间的差异，这四个维度为：

1. **精力支配**：Extraversion（E）vs. Introversion（I）

外倾—内倾

2. **接受信息**：Sensing（S）vs. Intuition（N）

感觉—直觉

3. **判断事物**：Thinking（T）vs. Feeling（F）

思考—情感

4. **行动方式**：Judging（J）vs. Perceiving（P）

判断—知觉

MBTI 人格类型特点见表 4-4 所示。

---

① 陈宇. 职业能力以及核心技能 [J]. 职业技术教育，2003（33）：26.

② 曾维希，张进辅. MBTI 人格类型量表的理论研究与实践应用 [J]. 心理科学进展，2006，14（1）：255—260.

表 4-4 MBTI 人格类型特点

内在驱动力来源？外向（E）—内向（I）	
外向：	内向：
• 从人际交往中获得能量	• 从时间中获得能量
• 喜欢外出	• 喜静、多思、冥想（不合群）
• 表情丰富，外露	• 谨慎、不露表情
• 喜欢人际互动，合群	• 不喜交际，不善于主动与人沟通
• 喜行动、多样性（不能长期坚持）	• 独立、负责、细致、周到、不蛮干
• 不怕打扰，喜自由沟通	• 不怕长时间做事、勤奋，怕打扰
• 先讲，然后想；易冲动、易后悔、易受他人影响	• 先想然后讲，冷静，不易受他人影响
感知与接受信息的方式？感觉（S）—直觉（N）	
• 通过五官感受世界、注重真实的存在，具体	• 通过第六感洞察世界、注重"应该如何"，比较笼统
• 用已经有的技能解决问题	• 喜学新技能
• 喜具体明确	• 不重准确，喜抽象和理论
• 重细节（少全面性）	• 重可能性，讨厌细节
• 脚踏实地	• 好高骛远，喜欢新问题
• 做事有可能的结果、能忍耐、小心	• 凭爱好做事，对事情的态度易变
• 可做重复工作（不喜新），不喜展望	• 提新见解，仓促做出结论
做决定的思维与行为方式？思考（T）—情感（F）	
• 分析，用逻辑、客观的方式进行决策，不考虑主观因素的影响	• 主观和综合，用个人化的、价值导向的方式决策；考虑决策对他人的影响
• 坚信自己的观点正确，不考虑他人意见	• 和谐、宽容、喜欢调解
• 清晰、正义、不喜欢调和主义	• 不按照逻辑思考
• 批判和鉴别力	• 考虑环境的影响
• 遵守规则	• 喜欢工作场景中的情感，从赞美中得到享受，也喜欢他人的赞美
• 工作中少表现出情感，也不喜欢他人感情用事	
做事的行为方式如何？判断（J）—知觉（P）	
• 封闭定向	• 开放定向
• 结构化和组织化	• 弹性化和自发化
• 时间导向	• 探索和开放结局
• 决断，事情都有正误之分	• 好奇，喜欢收集新信息而不是做结论
• 喜命令、控制，反应迅速，喜欢完成任务	• 喜欢观望，喜欢开始许多新的项目，但不善完成
• 不善适应	• 优柔寡断、易分散注意

其中两两组合，可以组合成 16 种性格类型，如表 4-5 所示。

表 4-5　MBTI 的 16 种性格类型

ISTJ 内倾感觉思维判断 稽查员	ISFJ 内倾感觉情感判断 保护者	INFJ 内倾直觉情感判断 咨询师	INFP 内倾直觉情感知觉 治疗师、导师
ESTJ 外倾感觉思维判断 督导	ESFJ 外倾感觉情感判断 供给者、销售员	ENFJ 外倾直觉情感判断 教师	ENFP 外倾直觉情感知觉 倡导者、激发者
ISTP 内倾感觉思维知觉 操作者、演奏者	ISFP 内倾感觉情感知觉 作曲家、艺术家	INTJ 内倾直觉思维判断 智多星、科学家	INTP 内倾直觉思维知觉 建筑师、设计师
ESTP 外倾感觉思维知觉 发起者、创设者	ESFP 外倾感觉情感知觉 表演者、演示者	ENTJ 外倾知觉思维判断 统帅、调度者	ENTP 外倾直觉思维知觉 企业家、发明家

MBTI 性格类型与对应职业，见表 4-6 所示。

表 4-6　MBTI 性格类型与对应职业

1. ISTJ 一丝不苟的检查者（福尔摩斯）	
1. 严肃、安静，一般通过集中心志、全力投入及可被信赖获得成功 2. 行事较务实，注重有序、实际、逻辑、真实及可信赖 3. 十分留意且乐做任何事（工作和生活均会有序组织） 4. 有责任心，勇于担当 5. 按照设定成效来做出决策，不畏阻挠与闲言，坚定踏实执行 6. 重视传统、规则与忠诚 7. 是传统型的思考者或管理者	审计师、会计、财务经理、办公室行政管理、后勤和供应管理、中层经理、公务（法律、税务）执行人员等，银行信贷员、成本估价师、保险精算师、税务经纪人、税务检查员等，机械工程师、电气工程师、计算机程序员、数据库管理员，地质、气象学家、法律研究者、律师等，外科医生、药剂师、实验室技术人员、牙科医生、医学研究员等
2. ISFJ 具奉献精神的保护者（雷锋）	
1. 安静、和善并有责任心 2. 行事专注投入，具有奉献精神 3. 谨慎保守，忠诚可靠 4. 吃苦耐劳，本分克己，细致严谨 5. 兴趣通常不在于科技方面，对细节事务有耐心 6. 考虑周到、知性，且会关切他人感受 7. 致力于创构有序及和谐的工作与家庭环境	行政管理人员、总经理助理、秘书、人事管理者、项目经理、物流经理、律师助手等，医生、护士、药剂师、医学专家、营养学专家、营养学顾问等，图书管理员、后勤与供应经理、业务运作顾问、福利院工作者、特殊教育工作者等，零售店店长、精品店业主、大型商场管理人员、酒店管理人员、室内设计师等

3. INFJ 精神世界的引路人（甘地）	
1. 坚忍执着，工作会投入最大努力 2. 深沉而安静，诚挚关切他人，富有同情心 3. 温和但坚守原则，光明正大且坚信其价值观 4. 提出造福大众利益的明确远景而为人所尊敬与追随 5. 深刻，极具洞察力和远见 6. 富有使命感，有组织且果断地追求其理想	心理咨询工作者、心理诊疗师、职业指导顾问、大学教师（人文学科、艺术类）、心理学、教育学、社会学、哲学及其他领域的研究人员等，作家、诗人、剧作家、电影编剧、电影导演、画家、雕塑家、音乐家、艺术顾问、建筑师、设计师等
4. INTJ 独立自主的专家（牛顿）	
1. 固执、冷静和专心，思维缜密 2. 独立自主，果断，计划性强，有条理 3. 自信沉稳，实事求是，有掌控时局的能力 4. 理想宏大，追求完美，有预见力和创造力 5. 称职尽责，具良好领导、策划与执行能力 6. 严肃认真，具批判性思维，对专业水准及绩效要求高	各类科学家、研究所研究人员、设计工程师、系统分析员、计算机程序师、研究开发部经理等，各类技术顾问、技术专家、企业管理顾问、投资专家、法律顾问、医学专家、精神分析学家等，经济学家、投资银行研究员、证券投资和金融分析员、投资银行家、财务计划人、企业并购专家等，各类发明家、建筑师、社论作家、设计师、艺术家等
5. ISTP 谦逊的手艺人（乔布斯）	
1. 低调谦逊，凡事留余地，无偏见，讲求实效 2. 喜欢动手操作，平和寡言，不喜过于张扬 3. 擅长掌握问题核心及找出解决方式 4. 爱探索原因及效果，擅长技术性观察分析与试验 5. 坦率诚实，平等公正，清高且易害羞 6. 胆大心细，喜欢尝试新事物，喜欢冒险与挑战	机械、电气、电子工程师，各类技术专家和技师，计算机硬件、系统集成专业人员等，证券分析师，金融、财务顾问，经济学研究者等，贸易商、商品经销商、产品代理商（有形产品为主）等，警察、侦探、体育工作者、赛车手、飞行员、雕塑家、手工制作、画家等
6. ISFP 静美的艺术家（李玉刚）	
1. 矜持又不乏亲和力 2. 喜欢避开争论，不对他人强加己见或价值观 3. 聪明机智，耐心灵活，注重实际 4. 追求舒适和谐，不急躁，安于现状，非成果导向 5. 有主见，喜欢自由，感情细腻，对人热情忠诚 6. 具敏锐的五官感觉，富有艺术天赋和审美感	时装、首饰设计师，装潢、园艺设计师，陶器、乐器、卡通、漫画制作者，素描画家、舞蹈演员、画家等，出诊医生、出诊护士、理疗师、牙科医生、个人健康和运动教练等，餐饮业主、娱乐业业主，旅行社销售人员，体育用品、个人理疗用品销售员等

7. INFP 完美主义的知心人（马斯洛）	
1. 腼腆自卑，强烈荣誉感，个人信仰坚定，完美主义者 2. 洞悉人性，敏感富有同情心、理解力，善聆听安慰他人 3. 具好奇心、远见和想象力，能洞察机会并开发创意 4. 除非价值观受侵犯，行事会具弹性、适应力高且承受力强 5. 生活随意、灵活，避免冲突，适应能力强 6. 理想化、忠诚，积极投身其所信仰的事业 7. 考虑周到、细致，且能集中注意力深入某个问题或观点	各类艺术家、插图画家、诗人、小说家、建筑师、设计师、文学编辑、艺术指导、记者等，大学老师（人文类）、心理学工作者、心理辅导和咨询人员、社科类研究人员、社会工作者、教育顾问、图书管理者、翻译家等
8. INTP 思绪飞扬的学者（爱因斯坦）	
1. 淡然随和，随遇而安，超然出世，不拘小节 2. 理性的思想者，慢性子，享受孤独，特别"宅" 3. 思想深奥，易被复杂抽象和神秘概念吸引，喜欢智力挑战 4. 容易转移注意力，具无穷创造力和探索精神 5. 独立性极高，专注分析解决抽象问题	软件设计员、系统分析师、计算机程序员、数据库管理、故障排除专家等，大学教授、科研机构研究人员、数学家、物理学家、经济学家、考古学家、历史学家等，证券分析师、金融投资顾问、律师、法律顾问、财务专家、侦探等，各类发明家、作家、设计师、音乐家、艺术家、艺术鉴赏家等
9. ESTP 活在当下的践行者（特朗普）	
1. 外向开朗，活泼率性，喜欢热闹，交际天才 2. 讲求实际，直截了当，一针见血，注重结果与即时效益 3. 理性，就事论事，不喜抽象理论而善于以行动解决问题 4. 享受当下，喜欢新鲜刺激体验，崇尚生活品质，爱冒险 5. 审时度势，头脑精明，具超强销售能力与领导魄力 6. 喜欢可操作、处理、分解或组合的真实事务	各类贸易商、批发商、中间商、零售商、房地产经纪人、保险经纪人、汽车销售人员、私家侦探、警察等，餐饮娱乐及其他各类服务业的业主、主管、特许经营者、自由职业者等，股票经纪人、证券分析师、理财顾问、个人投资者等，娱乐节目主持人，体育节目评论、脱口秀、音乐、舞蹈表演者，健身教练、体育工作者等
10. ESFP 万人迷的大活宝（贾玲）	
1. 外向友好，爱玩，热爱社交与生活，乐于分享互动 2. 喜欢与他人一起行动，富有团队协作精神，讨人喜欢 3. 热情奔放，具有使工作有趣、让人兴奋的能力 4. 天真自然不做作，凭兴趣做事，喜欢灵活、悠闲的生活 5. 适应性和接受力强，敏锐观察力，动手和身体运用能力强 6. 表情丰富，文艺表演有惊人天赋 7. 易心血来潮，不善抽象思考和规划，不喜程序和秩序	精品店成员、商场销售人员，娱乐、餐饮业客户经理，房地产销售人员、汽车销售人员、市场营销人员（消费类产品）等，广告企业中的设计师、创意人员、客户经理、时装设计和表演人员、摄影师、节目主持人、脱口秀演员等，旅游企业中的销售、服务人员、导游、社区工作人员、自愿工作者、公共关系专家、健身和运动教练、医护人员等

11. ENFP 追梦人（马云）	
1. 充满热忱和新思想，活力充沛，乐观自信 2. 浪漫率性，自由洒脱，对可能性很感兴趣 3. 不墨守成规，富新思想与创造性，善于描绘梦想和愿景 4. 足智多谋，超级演说家，事业发起者和号召者 5. 能通观全局，能看出行为和思想之间的潜在含义 6. 能洞察别人，能理解他们的需要和动机 7. 避免冲突，喜欢和睦，精力倾注于维持关系而非事物	儿童教育老师、大学老师（人文类）、心理学工作者、心理辅导和咨询人员、职业规划顾问、社会工作者、人力资源专家、培训师、演讲家等，记者（访谈类）、节目策划和主持人、专栏作家、剧作家、艺术指导、设计师、卡通制作者、电影、电视制片人等
12. ENTP 大雄的机器猫（爱迪生）	
1. 热情开放、足智多谋、健谈而聪明，擅长许多事情，追求增加能力和个人权力 2. 富有想象力，喜欢新思想，留心一切可能性，首创精神和创造力强大 3. 好奇，视灵感高于一切，喜欢兴奋与挑战，适应性强 4. 喜欢审视和发现缺点，有极好的分析能力 5. 灵活而率直，不从习俗，乐于帮助别人超出可被接受和被期望的事情 6. 喜欢自在生活，在生活中寻找快乐和变化，朋友多 7. 乐观，有幽默感，擅长吸引和鼓励同伴，富有感染力	投资顾问（房地产、金融、贸易、商业等）、各类项目的策划人和发起者、投资银行家、风险投资人、企业业主（新兴产业）等，市场营销人员、各类产品销售经理、广告创意、艺术总监、访谈类节目主持人、制片人等，公共关系专家、公司对外发言人、社团负责人、政治家等
13. ESTJ 天生的管理者（董明珠）	
1. 高效务实，讲求实际，传统，直爽坦率，友善合群 2. 遵守规则，自我负责，监督他人，主次分明，井井有条 3. 喜欢操纵局势和促使事情发生，善于完成任务 4. 喜欢和人接触，有责任感，信守承诺，值得依赖 5. 常常以过去经历得出结论，依照固定的规则生活 6. 客观，有分析能力和推理能力，坚持不懈	大中型外资企业员工、业务经理、中层经理（多分布在财务、营运、物流采购、销售管理、项目管理、工厂管理、人事行政部门）、职业经理人、各类中小型企业主管和业主等
14. ESFJ 盛情难却的东道主（周恩来）	
1. 诚挚友好、光明磊落，爱说话，合作性高，受欢迎 2. 重和谐且擅长于创造和谐的人际关系 3. 果断，现实，讲求实际、实事求是和安排有序 4. 富有同情心和责任感，不辞劳苦地帮助他人 5. 小心谨慎，传统，恪守责任与承诺，支持现存制度 6. 自我欣赏，喜欢主动和创造 7. 参与并能记住重要事情、细节，参与周围的物质世界	办公室行政或管理人员、秘书、总经理助理、项目经理、客户服务部人员、采购和物流管理人员等，内科医生及其他各类医生、牙科医生、护士、健康护理指导师、饮食学、营养学专家、小学教师（班主任）、学校管理者等，银行、酒店、大型企业的客户服务代表、客户经理、公共关系主任、商场经理、餐饮业业主和管理人员等

15. ENFJ 谆谆教诲的教育家（唐僧）	
1. 对人热忱，理想化，按照自己的价值观生活 2. 精力充沛、富有责任感、勤勤恳恳、锲而不舍 3. 具有自我批评的自然倾向，很少在公共场合批评人 4. 彬彬有礼、富有魅力、讨人喜欢、深谙社会 5. 平和忍耐，擅长于社交和幽默，魅力领导者，受人欢迎 6. 有同情心和理解力，赏识别人优点，愿意培养和支持他人 7. 口才好，有条理，喜欢有安排，并且希望别人也如此	人力资源培训主任，销售、沟通、团队培训员，职业指导顾问、心理咨询工作者、大学教师（人文学科类）、教育学、心理学研究人员等，记者、撰稿人、节目主持人（新闻、采访类）、公共关系专家、社会活动家、文艺工作者、平面设计师、画家、音乐家等
16. ENTJ 天生的领导者（拿破仑）	
1. 热心坦诚、具决策力，伟大的领导者和决策人 2. 能轻易看出事物具有的可能性，喜欢指导别人 3. 头脑灵活的思想家和伟大的长远规划者 4. 很有条理和分析能力，通常会看出问题与缺陷，并且立刻知道如何改进 5. 看重事实，力求精通整个体系，乐于解决复杂理论性问题 6. 按照严格的规律生活，并希望别人如此	各类企业的高级主管、总经理、企业主、社会团体负责人、政治家等，投资银行家、风险投资家、股票经纪人、公司财务经理、财务顾问、经济学家、企业管理顾问、企业战略顾问、项目顾问、专项培训师等，律师、法官、知识产权专家、大学教师、科技专家等

四、施恩职业锚理论

职业锚（又称"职业定位"）的概念是由美国著名职业心理学家施恩教授提出的，他认为，职业生涯发展实际是一个持续不断的探索过程，随着一个人对自己越来越了解，这个人就会越来越明显地形成一个占主导地位的职业锚。

职业锚理论主要包括以下三方面内容：

（1）自省的动机和需要：以实际情况中的实际工作经验来自我检测和自我诊断，以及他人的反馈为基础，以认知自我。

（2）自省的才干和能力：以在组织的各种作业环境中的实验工作经验和成功为基础，来认知自我的能力。

（3）自省的态度和价值观：以自我与雇用组织和工作环境的准则和价值观之间的实际碰撞为基础，逐步重视自己所擅长的东西，并在这些方面改善自己的能力。

施恩教授认为，所谓"职业锚"是指当一个人不得不做出选择的时候，无论如何都不会放弃的职业中的那种至关重要的东西或价值观，即人们选择和发展自己职业时所围绕的中心。

在职业心理学中，职业锚实际上就是人们选择和发展职业时围绕自己确定的中心。一个人对自己的天资和能力、动机和需要，以及态度和价值观有清楚的了解后，就会意识到自己的职业锚，从而做出某种重大选择。一个人过去所有的工作经历、兴趣、资质、潜能等集合成一个富有意义的职业锚，它会告诉这个人，对于他来说，什么东西才是最重要的。

经过几十年的发展，职业锚已经成为职业发展、职业设计的必选工具。许多大公司均将职业锚作为员工职业发展、职业生涯规划的主要参考点。施恩教授根据自己对麻省理工学院毕业生的研究，确定了八种基本的职业锚类型（如图4-8所示）。

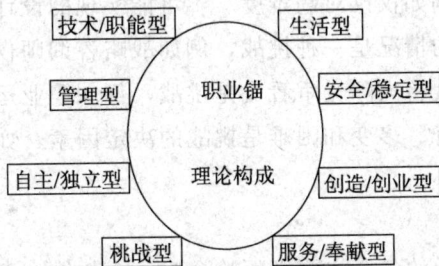

图 4-8　职业锚的类型

（1）技术/职能型。

这种类型的人会发现自己对某一特定工作很擅长，很热衷并乐于接受来自专业领域的挑战，真正让他感到自豪的是自己所具备的专业才能。他在职业发展过程中，始终不肯放弃的是，在专业领域中展示自己的技能并以此获得别人的认可，会追求把自己的技术发展到更高层次的机会。这种类型的人倾向于一种"专家式"的生活，一般不喜欢成为全面的管理人员，因为管理本身不能给他带来乐趣，并可能会使其脱离自己擅长的专业领域或不得不放弃在技术/职能领域取得的成就。但他愿意成为一名职能经理，因为职能经理可以更好地帮助他在专业领域上发展。

（2）管理型。

管理型的人追求并致力于升迁到组织中更高的管理职位，倾心于全面管理，将组织的成功与否看成自己的工作。他希望能够跨部门整合其他人的努力与工作成果，希望对组织的工作绩效和最终的结果承担责任。这种类型的人对管理本身具有很大的兴趣，具有成为管理人员的强烈愿望，并把此看成职业进步的标准。他有提升到全面管理职位上所需要的相关能力，希望通过职位晋升可承担更大的责任，并能够做出影响成败的决策。他能接受在技术/职能部门工作，但会将此看成积累经验的必须过程，其目标是尽快得到一个全面管理的职位，因为他对技术/职能部门的管理不感兴趣。

（3）自主/独立型。

自主/独立型的人追求自由和独立，不愿意接受别人的约束，也不愿受程序、工作时间、着装方式，以及在任何组织中都不可避免的标准规范的制约。他们希望随心所欲地安排自己的工作方式、工作习惯和生活方式。追求能施展个人能力的工作环境，最大限度地摆脱组织的限制和制约。他们宁愿放弃升职加薪或工作发展机会，也不愿意放弃自由与独立。如果无法忍受任何程度上的组织的约束，他就会去寻找一些有足够自由的职业，如教育、咨询等。为了能有最大限度的自主和独立，他可能创立自己的公司，但他的创业动机与创业家的动机是不同的。

（4）挑战型。

挑战型的人喜欢解决看上去无法解决的问题，战胜实力强硬的对手，克服无法克服的困难障碍等。他们参加工作的原因是工作允许他们去战胜各种不可能。他们需要新奇、变化和困难，如果事情非常容易，工作马上会变得令他们厌烦。有的人在需要高智商的职业中发现这种纯粹的挑战，例如仅仅对高难度、不可能实现的设计感兴趣的工程师。有些人发现处理多层次的、复杂的情况是一种挑战，例如战略咨询师仅对面临破产、资源消耗尽的客户感兴趣。还有一些人将人际竞争看成是挑战，例如职业运动员，或是将销售定义为非赢即输的销售人员。新奇、多变和困难是挑战的决定因素，如果一件事情非常容易，它马上会变得令人厌倦。

（5）生活型。

生活型的人希望将生活的各个主要方面整合为一个整体，喜欢平衡个人的、家庭的和职业的需要。因此，生活型的人需要一个能够提供足够弹性的工作环境来实现这一目标。生活型的人甚至可以牺牲职业的一些方面，例如，放弃职位的提升，来换取三者的平衡。他们将成功定义得比职业成功更广泛。相对于具体的工作环境、工作内容，生活型的人更关注自己如何生活、在哪里居住、如何处理家庭事务，以及怎样自我提升等。

（6）安全/稳定型。

安全与稳定是这种类型的人选择职业最基本、最重要的需求。安全/稳定型的人追求工作中的安全感与稳定感，需要"把握自己的发展"，始终不肯放弃的是稳定的或终身雇用的职位。他们因为能够预测到稳定的将来或有成功的感觉，或可以实现、达到而感到放松。他们关心财务安全和就业安全，例如，退休金和退休计划。他们对组织忠诚，对雇主言听计从，希望以此换取终身雇用的承诺。尽管有时他们可以达到一个高的职位，但他们并不关心具体的职位、等级地位和具体的工作内容。

（7）创造/创业型。

创造/创业型的人，认为最重要的是建立或设计某种完全属于自己的东西，比如建立或投资新的公司，收购其他企业并按自己的意愿改造。创造并不仅仅是发明家或艺术家所做的事，创业者也需要创造的激情和动力。他们希望用自己的能力去创建属于自己的公司或创建完全属于自己的产品（或服务），而且愿意去冒风险，并克服面临的障碍。他们有强烈的冲动想向世界证明——公司是他们靠自己的努力创建的，并希望自己的企业有非常高的经济收入和长远发展，以证明他们的能力。他们可能会在别人的公司工作，但只是把其作为学习和积累的机会。一旦他们感觉时机到了，便会走出去创建自己的事业。

（8）服务/奉献型。

服务/奉献型职业锚的人，希望职业能体现或实现个人价值观，始终不肯放弃的是做一些有社会意义价值的事情，比如：让世界更适合人类居住、解决环境问题、增进人与人之间的和谐、帮助他人、增强人们的安全感，以及用新产品治疗疾病等。他们不在意是否能发挥自己的才能或能力，只在乎职业能否让世界变得更美好。他们宁愿离开原来的组织，也不会放弃对这些工作机会的追求。同样，他们也会拒绝任何使他远离这些工作的调动和迁升。

课堂体验

成就故事

运用 STAR-KST 成就故事法，进行自我优势探索。按下表所示，进行细致填写，并反思。

我的成就故事集								
姓名：　　　　学院：　　　　　　专业：　　　　　　　　学号：								
说明：成就故事不一定是大事或获奖或惊天动地，只要你认为有成就感，或有幸福感，或仅单纯喜欢做，自我感觉不错的事情都可以写下来。总结越多，你会发现更多的"我"。								
序号	成就故事简介	Situation（背景）	Target/Task（目标）	Action（采取的行动）	Result（收获）	k（知识）	S（技能）	T（品质）
1								
2								
3								
4								
我发现，我具备的能力有（依据擅长的程度依次写下）：								
K								
S								
T								
我期待，我还能具备的能力有：								
K								
S								
T								
从这些故事中，我还发现自己在兴趣、性格、价值观等方面……								

生涯智慧

一、正确对待测评结果

职业测评可以帮助我们清楚地认识自我，了解自己的性格特征和职业倾向，帮助我们准确地进行职业定位，找到职业生涯发展的有效起点，扬长避短，在职业道路上事半功倍，走得更远。但是，职业测评并不是万能的，它不能解决所有人的所有问题。而对于测评结果，更是需要正确地对待。

首先，同学们对各种专业的人才素质要求还没有很全面、深刻的了解，即使测评结果显示你适合某种工作，那只是从性格、能力或未来能力、兴趣等几个方面提供的参考，而你能否适应职业本身的压力、节奏、竞争力，以及职业对经验、学历等的要求，则往往是测评之外的事。所以在不知所措时，先就业，等自己对各种职业有了一定的了解后再择业，才是明智之举。

其次，有的职业测评显示一些职业较适合性格外向的人做，但实践中，一些性格内向的人也会做得很好，为什么？因为一种职业对人才的需求是多样性的。所以，个人的职业测评最好和单位用人的测评结合起来，即用人者可能更了解你是否适合某种职业。

职业选择决策是一个复杂的、动态的过程，要考虑很多因素。在做具体决策时，除了本测评结果作为参考依据外，还要考虑以下一些因素，如职业的发展前景，职业的工作环境，职业给你带来的经济及非经济的报酬，你的个性特征与职业要求的匹配性，你个人的能力特长与职业要求的一致性，以及父母亲人和朋友对你的期望，等等。这些信息需要你自己去获取，也可以向有关的专家或专业机构咨询。

（引自《赢在起点——大学生职业规划与就业准备》，现代教育出版社，有删减）

二、发掘自我职业兴趣

虽然职业兴趣一旦形成，便在生涯中具有一定的稳定性，但根据实际需要，还是可以通过多种途径，加上自己的努力去规划、改变、发展和培养的，在培养职业兴趣时，可从以下几个方面努力：

1. 培养广泛的兴趣

具有广泛兴趣的人，不仅对自己职业领域的东西有浓厚的兴趣，而且对其他方面也有一定的兴趣。这种人眼界比较开阔，解决问题时也会从多方面得到启发，在职业生涯规划的选择上有较大的余地。兴趣范围狭窄、涉足面小的人，对新事物的适应性就要差些，在职业规划上所受的限制也多些。

2. 重视培养间接兴趣

直接兴趣是由于对事物本身感到需要而引起的兴趣，间接兴趣则不是对事物本身的兴趣，而是对于这种事物未来的结果感到需要而产生的兴趣。人在最初接触某种职业时，往往对职业本身缺乏强烈的兴趣，必须从间接兴趣着手培养直接兴趣。可以通过了解职业兴趣在社会活动中的意义、对人类活动的贡献等引起兴趣，也可以通过了解某项职业的发展机会引起兴趣，还可以通过实践逐步提高间接兴趣。

3. 要有中心兴趣

人的兴趣应广泛，但不能浮泛，还要有一定的集中爱好。既广泛又有重点，才能学有所长，获得更多的知识。如果只具广泛性而无中心职业兴趣，往往会知识肤浅，没有确定的职业规划方向，心猿意马，这样难以有所成就。所以，还应着重培养自己在某一方面的职业兴趣，促进自己的发展和成才。

4. 积极参加职业实践

只有通过职业实践，才能对职业本身有深刻的认识和了解，才能激发自己的职业兴趣。职业实践活动的内容十分丰富，包括生产实习、社会调查、参观访问，以及组织兴趣小组等。每一个人都可以通过参加各种职业实践活动调节和培养兴趣，根据社会和自我需要，有意识地去培养和发展兴趣，为事业的成功创造条件。

5. 客观评价自己的能力来确定职业兴趣

对某项职业有浓厚的兴趣是成功的前提，但事业要取得成功也必须具备该职业所要求的能力。因此，在培养职业兴趣的同时，也要客观评价自己的能力，看自己是否适合某种职业，在此基础上形成的职业兴趣才是长久的、可规划利用的。

课外实践

撰写自传

写一份自己的结构性自传，范例如下：

1. 个人资料

姓名_____ 电话_____ 年龄_____ 地址_____

2. 父母和重要的他人

父亲_____ 职业_____ 影响_____

母亲_____ 职业_____ 影响_____

他人_____ 职业_____ 影响_____

他人_____ 职业_____ 影响_____

他人_____ 职业_____ 影响_____

他人_____ 职业_____ 影响_____

3. 现在和以前读过的学校或接受过的培训

　　日期　　　　　　学校名称/地点　　　　　　学过的最佳科目、成就、技能

_____　_____　_____

_____　_____　_____

_____　_____　_____

_____　_____　_____

4. 从你最近的经验开始回顾工作（兼职、实习、志愿者）经历

　　日期　　　　　　学校名称/地点　　　　　　学过的最佳科目、成就、技能

_____　_____　_____

_____　_____　_____

_____　_____　_____

_____　_____　_____

5. 业余和休闲活动：兴趣爱好、俱乐部、社团、运动等（包括从这些活动中获得的满足感和获得的技能）

_____

_____

_____

6. 童年兴趣

_____

_____

7. 生活角色

　　个人角色，例如儿子或女儿、兄弟姐妹；教育角色，如学生、社团成员；职业角色，如兼职工作、志愿者等。写出每种角色给你带来的满足感和你学到的技能。

　　日期　　　　　　学校名称/地点　　　　　　学过的最佳科目、成就、技能

_____　_____　_____

_____　_____　_____

_____　_____　_____

_____　_____　_____

8. 自我评估

成就（包括任何你已提及的和你随意能够想到的新成就）

_____

_____

为获得该成就而运用的技能及从中培养的能力

_____

_____

该成就中体现出来的价值观（从该成就中你获得了哪些满足感）

_____

_____

9. 写下你近期的三个生涯目标，并尝试计划未来 5～10 年希望达到的目标。

_____

_____

本章要点导图

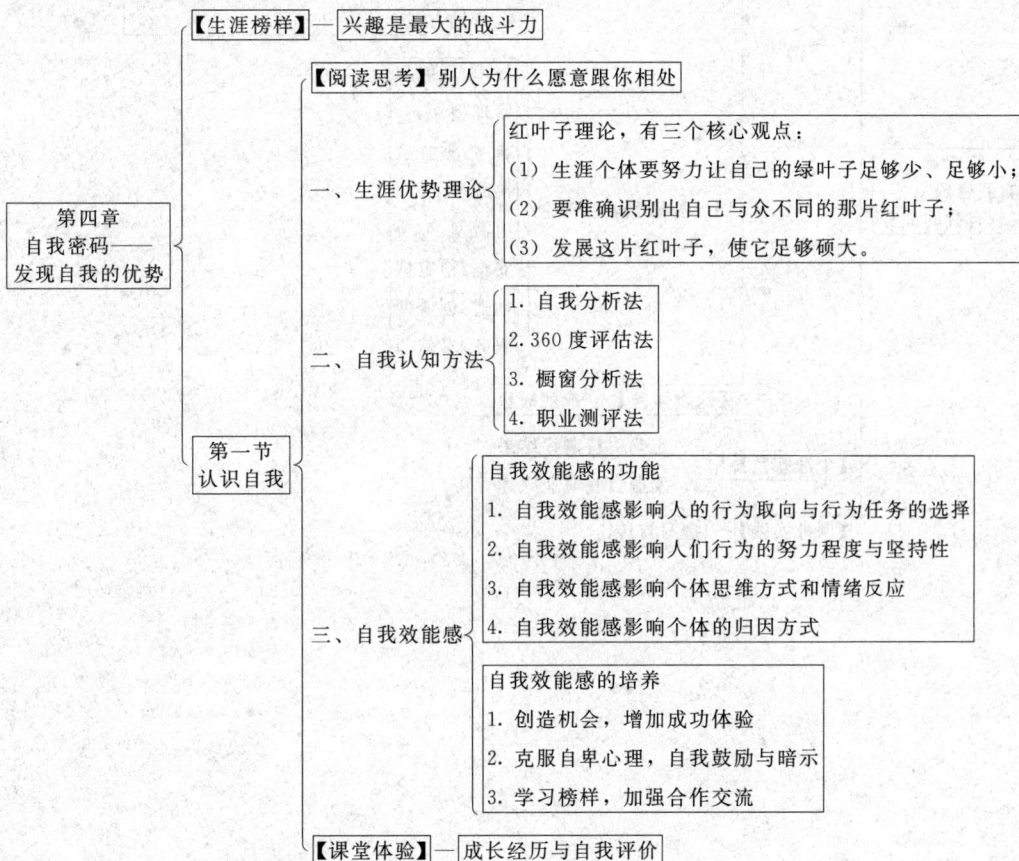

```
                                    【生涯榜样】—兴趣是最大的战斗力

                                         【阅读思考】别人为什么愿意跟你相处

                                                    红叶子理论，有三个核心观点：
                                                    （1）生涯个体要努力让自己的绿叶子足够少、足够小；
                                         一、生涯优势理论    （2）要准确识别出自己与众不同的那片红叶子；
                                                    （3）发展这片红叶子，使它足够硕大。

   第四章
   自我密码——                                        1. 自我分析法
   发现自我的优势                               二、自我认知方法  2.360 度评估法
                                                    3. 橱窗分析法
                                                    4. 职业测评法

                                                    自我效能感的功能
                          第一节
                          认识自我                      1. 自我效能感影响人的行为取向与行为任务的选择
                                                    2. 自我效能感影响人们行为的努力程度与坚持性
                                                    3. 自我效能感影响个体思维方式和情绪反应
                                         三、自我效能感      4. 自我效能感影响个体的归因方式

                                                    自我效能感的培养
                                                    1. 创造机会，增加成功体验
                                                    2. 克服自卑心理，自我鼓励与暗示
                                                    3. 学习榜样，加强合作交流

                                         【课堂体验】—成长经历与自我评价
```

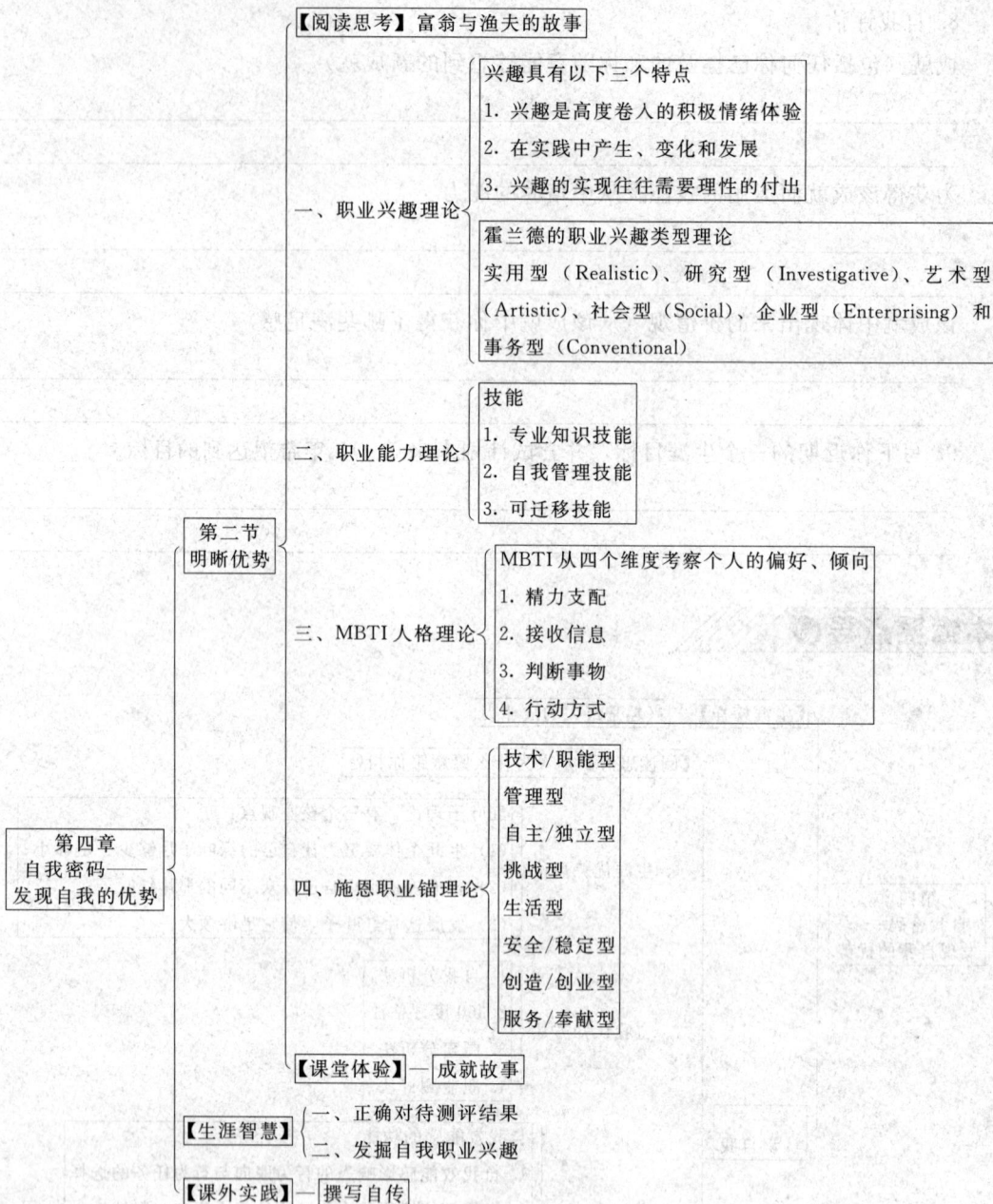

第四章
自我密码——
发现自我的优势
└─ 第二节
明晰优势
├─【阅读思考】富翁与渔夫的故事
├─ 一、职业兴趣理论
│   ├─ 兴趣具有以下三个特点
│   │   1. 兴趣是高度卷入的积极情绪体验
│   │   2. 在实践中产生、变化和发展
│   │   3. 兴趣的实现往往需要理性的付出
│   └─ 霍兰德的职业兴趣类型理论
│   实用型（Realistic）、研究型（Investigative）、艺术型（Artistic）、社会型（Social）、企业型（Enterprising）和事务型（Conventional）
├─ 二、职业能力理论
│   └─ 技能
│   1. 专业知识技能
│   2. 自我管理技能
│   3. 可迁移技能
├─ 三、MBTI 人格理论
│   └─ MBTI 从四个维度考察个人的偏好、倾向
│   1. 精力支配
│   2. 接收信息
│   3. 判断事物
│   4. 行动方式
├─ 四、施恩职业锚理论
│   技术/职能型
│   管理型
│   自主/独立型
│   挑战型
│   生活型
│   安全/稳定型
│   创造/创业型
│   服务/奉献型
├─【课堂体验】—成就故事
├─【生涯智慧】
│   ├─ 一、正确对待测评结果
│   └─ 二、发掘自我职业兴趣
└─【课外实践】—撰写自传

第五章　职业密码——探索职业的真相

> 幸福的关键是发现自己适合做什么，并确保有机会去做。
>
> ——约翰·杜威

学习目标

1. 知识目标

了解职业和行业的概念。

了解职业世界的发展趋势和无边界职业理论。

2. 技能目标

掌握职业世界探索的方法。

掌握行业探索与分析的方法。

3. 态度目标

学会从社会需求入手，制定职业发展规划。

把握最新职场资讯，做好职业准备。

生涯榜样

健康所系　生命相托

17年前，抗击"非典"勇挑重担；2020年，抗击"新冠"再次出征。

"在防控新冠肺炎疫情中，付出的代价很大。把人的生命和健康放在第一位，我们做到了。""共和国勋章"获得者、中国工程院院士、国家呼吸系统疾病临床医学研究中心主任钟南山在全国抗击新冠肺炎疫情先进事迹报告会上说道。

2020年以来，面对突如其来的新冠肺炎疫情，84岁的钟南山以实际行动诠释"人民至上、生命至上"理念，提出的防控策略和救治措施挽救了无数生命。

1月18日，钟南山登上从广州开往武汉的高铁。他临危受命担任国家卫健委高级别专家组组长，为的是查明在武汉报告的一种未知的"新型肺炎"。此前几天，钟南山还向全国民众呼吁，普通人如果没有迫切需要，不要前往武汉。

在武汉实地调研后，国家卫健委高级别专家组确认，这种"新型肺炎"已经出现人传人现象。1月20日，钟南山在北京接受媒体采访时，果断地向社会公布新冠肺炎存在"人传人"的情况，拉响了全国新冠肺炎疫情防控的警报。

此后，他多次出席新闻发布会，为公众答疑解惑，为一线战"疫"注入信心。

2020年8月，国家主席习近平签署主席令，授予钟南山"共和国勋章"，以表彰他在抗击新冠肺炎疫情进程中做出的杰出贡献。"我只是一个普通的医疗工作者，能够得到'共和国勋章'，很激动。但我更多考虑的还是'责任'两个字。"他说，"我们要加倍努力，建好呼吸疾病和突发公共卫生事件的防控平台，为进一步战胜新冠肺炎和防控新的突发公共卫生事件贡献我们的力量。"

8月27日，钟南山率广州医科大学附属第一医院重症医学科团队对外宣布，一位使用体外膜肺氧合（ECMO）辅助支持长达111天的新冠肺炎患者成功康复出院，创造了医学救治的奇迹。

如今，钟南山带领的科研团队已经在快速检测、老药新用、疫苗研发、院感防控、动物模型等方面取得了一系列成果，在疫情防控中发挥了重要作用。

（来源：新华网 http://www.xinhuanet.com/politics/2020—11/10/c_1126722849.htm）

第一节　认识职业世界

阅读思考

泰戈尔《职业》

早晨，钟敲十下的时候，我沿着我们的小巷到学校去。

每天我都遇见那个小贩，他叫道："镯子呀，亮晶晶的镯子！"

他没有什么事情急着要做，他没有哪条街一定要走，他没有什么地方一定要去，他没有什么时间一定要回家。

我愿意我是一个小贩，在街上过日子，叫着："镯子呀，亮晶晶的镯子！"

下午四点，我从学校里回家。

从一家门口，我看得见一个园丁在那里掘地。

他用他的锄子，要怎么掘，便怎么掘，他被尘土污了衣裳，如果他被太阳晒黑了或是身上被打湿了，都没有人骂他。

我愿意我是一个园丁，在花园里掘地。谁也不来阻止我。

天色刚黑，妈妈就送我上床。

从开着的窗口，我看得见更夫走来走去。

小巷又黑又冷清，路灯立在那里，像一个头上生着一只红眼睛的巨人。

更夫摇着他的提灯，跟他身边的影子一起走着，他一生一次都没有上床去过。

我愿意我是一个更夫，整夜在街上走，提了灯去追逐影子。

（引自：https://www.douban.com/group/topic/15296352/，有删减）

思考：

1. 你认为职业是什么？职业与生活方式有哪些联系？

2. 你对自己的未来职业选择有什么样的期待？

一、职业与行业的分类

（一）职业的分类

所谓职业分类，是采用一定的标准和方法，依据一定的分类原则，对从业人员所从事的各种专门化的社会职业所进行的全面、系统的划分与归类。

一般来说，职业的分类是以工作性质的同一性为基础原则，对社会职业进行的系统划分与归类。职业分类的目的是要将社会上纷繁复杂，数以万计的现行工作岗位，划分成类、系有别，规格统一，井然有序的层次或类别。职业分类体系主要通过职业代码、职业名称、职业定义、职业所包括的主要工作内容等，描述出每一个职业类别的内涵与外延。

通过职业分类，可以了解社会职业领域的总体状况，增强职业意识，有意识地不断提高职业素质。

《中华人民共和国职业分类大典》是我国对职业进行科学分类的权威性文献。在深入分析我国社会职业构成的基础上，突破了过去以行业管理机构为主体，以归口部门、单位甚至用工形式来划分职业的传统模式，采用了以从业人员工作性质的同一性作为职业划分标准的新原则，并对各个职业的定义、工作活动的内容和形式，以及工作活动的范围等做了具体描述，体现了职业活动本身固有的社会性、目的性、规范性、稳定性和群体性的特征。

《中华人民共和国职业分类大典》将我国职业归为8个大类，66个中类，413个小类，1838个细类（职业）（自《大典》出版以后，每年都要出增补版本，增补新增加的职业类型）。8个大类分别是：

第一大类：国家机关、党群组织、企业、事业单位负责人，其中包括5个中类，16个小类，25个细类；

第二大类：专业技术人员，其中包括14个中类，115个小类，379个细类；

第三大类：办事人员和有关人员，其中包括4个中类，12个小类，45个细类；

第四大类：商业、服务业人员，其中包括8个中类，43个小类，147个细类；

第五大类：农、林、牧、渔、水利业生产人员，其中包括6个中类，30个小类，121个细类；

第六大类：生产、运输设备操作人员及有关人员，其中包括27个中类，195个小类，1119个细类；

第七大类：军人，其中包括 1 个中类，1 个小类，1 个细类；

第八大类：不便分类的其他从业人员，其中包括 1 个中类，1 个小类，1 个细类。

（二）行业的分类

行业分类是不同于《中华人民共和国职业分类大典》的另外一种分类模式，主要是依据经济活动性质的同一性进行分类的原则，即主要按企业、事业单位、机关团体和个体从业人员所从事的生产经营活动或其他社会经济活动性质进行行业分类，而不按其所属行政管理系统分类。某一行业就其实质来说，是指从事一种或主要从事一种活动的所有单位的聚合体。

我国 2011 年第三次修订的《国民经济行业分类》对行业门类、大类、中类和小类进行了调整。新行业分类标准为 20 个行业门类，96 个行业大类，300 多个中类，900 多个小类。主要分类如下：

A. 农、林、牧、渔业

B. 采矿业

C. 制造业

D. 电力、热力、燃气及水生产和供应业

E. 建筑业

F. 批发和零售业

G. 交通运输、仓储和邮政业

H. 住宿和餐饮业

I. 信息传输、软件和信息技术服务业

J. 金融业

K. 房地产业

L. 租赁和商务服务业

M. 科学研究和技术服务业

N. 水利、环境和公共设施管理业

O. 居民服务、修理和其他服务业

P. 教育

Q. 卫生和社会工作

R. 文化、体育和娱乐业

S. 公共管理、社会保障和社会组织

T. 国际组织

战略性新兴产业是以重大技术突破和重大发展需求为基础，对经济社会全局和长远发展具有重大引领带动作用，知识技术密集、物质资源消耗少、成长潜力大、综合效益好的产业，包括：新一代信息技术产业、高端装备制造产业、新材料产业、生物产业、新能源汽车产业、新能源产业、节能环保产业、数字创意产业、相关服务业等大领域。国家统计局为满足统计上测算战略性新兴产业发展规模、结构和速度的需要，特制定了《战略性新兴产业分类（2018）》（国家统计局令第 23 号），具体内容可以到国家统计局网站查询。

【拓展阅读】

未来最具前景的新型行业

一、云计算

企业向云端迁移是大势所趋。可以看到：（1）公有云和私有云市场增长依然齐头并进，不是零和博弈；（2）IaaS 层面：拥有多元化的商业应用生态圈越来越重要，如亚马逊、谷歌、微软等；（3）SaaS 层面：主要集中在人力资源、OA、CRM、市场营销、B2B 大宗商品采购等领域，如 Salesforce、Sap、Oracle 等；（4）PaaS 层面：没有出现独立巨头，未来更可能由 IaaS 巨头向上或 SaaS 巨头向下延伸。国内云计算市场还处在萌芽期，市场蛋糕正变得越来越诱人。

二、大数据

"大数据＋"已经渗透到几乎所有行业，如"大数据＋零售""大数据＋医疗""大数据＋房地产"等。

三、虚拟现实

目前全球虚拟现实行业经过近百年的发展仍处于早期起步阶段，供应链及各类配套设施还在摸索。然而虚拟现实的发展前景引人想象，具备广泛的应用空间，如游戏、影视、教育、体育、星际探索、医疗等。近些年虚拟现实行业得到超高速增长，爆发近在咫尺。

四、人工智能

根据预测，2024 年人工智能市场规模将增长至 111 亿美元。初步的技术积累和数据积累已经在过去有了比较显著的规模效应，因而人工智能重塑各行各业的大潮即将来袭，并引发新一轮 IT 设备投资。

五、3D 技术

经过过去几年 3D 打印的投资热，3D 打印技术步入了一个新的阶段，但应用市场仍有待突破。

六、无人技术

无人技术目前主要应用在无人机、无人驾驶汽车等领域。麦肯锡预测到 2025 年该领域将会有 2000 亿美元到 1.9 万亿美元产值，届时中国无人驾驶汽车产值空间至少也在万亿规模，潜力无限。

七、机器人

中国人口老龄化问题日益突出、人工成本急剧上升，以及整体经济结构面临转型，机器人未来的崛起及其巨大的市场规模已经被各大机构认可。无论短期或是长期，机器人行业都面临巨大机遇，从工业机器人、协作机器人到服务机器人，均有十分可观的市场规模。

八、新能源

中国是最大的新能源市场，发展新能源产业是改变我国的能源结构，降低对化石能源的依赖度，同时减少环境污染的必然选择。大力度的财政补贴推动新能源产业快速走向成熟，蕴含丰富的发展机会。

九、新材料

新材料是新经济的基石，我国在军工、高铁、核电、航天航空等尖端制造领域的快速发展，均离不开基础材料领域的突破。随着基础化学、基础材料、纳米技术等方面的科研实力的不断积累，新材料领域的创新点将不断涌现，新材料已成为数万亿产值的市场。

十、医疗服务

在分级诊疗和医生多点执业的推动下，公立医院借助民营资本盘活存量资产创造增量价。医疗服务业务为新技术提供了商业化的出口，而新技术给医疗服务业务提供了高附加值的项目。

十一、生物技术与生命科学

随着基因组学、分子生物学等基础学科的发展，生物制剂与生命科学技术正在治疗中发挥越来越重要的作用：生物制剂方面，越来越多的单抗药物对肿瘤、糖尿病等疑难杂症产生突破性疗效，"重磅炸弹"级新药频出。

十二、医疗器械

医疗器械市场在国内起步较晚，但发展迅速。从医疗器械市场规模与药品市场规模的对比来看，全球医疗器械市场规模大致为全球药品市场规模的40％，而我国这一比例低于15％。随着经济的发展以及国内老龄化程度的提高，医疗器械市场的发展潜力巨大。

十三、互联网医疗

信息技术的高速发展引发各个行业的巨大变革，也为医疗行业带来巨大机遇。随着大数据、云计算、物联网等多领域技术与互联网的跨界融合，新技术与新商业模式快速渗透到医疗各个细分领域，预防、诊断、治疗、购药都将全面开启一个智能化时代。

十四、健康养老

健康养老产业受需求迫切和政策鼓励双向驱动，将迎来十分确定的发展机会。我国政府和个人面临很大的养老压力，养老作为"健康中国"的一部分，已被提升到国家战略性高度。沿着国家提出的建设以居家为基础、社区为依托、机构为补充的多层次养老服务体系，发展机会多多。

十五、体育

中国各路巨头瞄准海内外优质体育标的资产，渐渐向成熟体育盈利模式靠拢——门票、媒体转播权、赞助和体育衍生品。因此，拥有优质赛事资源和广大受众的体育行业标的持续受到资本的追捧。

十六、文化娱乐

消费升级使得国人的消费习惯逐渐向文化娱乐进行倾斜，消费人群和消费金额也越来越低龄化和增长化。伴随游戏、动漫衍生而来的二次元文化兴起，生产数字化、碎片化、娱乐化内容的自媒体大爆发，都将聚集大量新一代年轻用户，引发新的商业模式和机会。

二、转变中的职业世界

面对信息时代，规划未来职业，必须善于在动荡的行业之间把握住那些即将发生的趋势。一方面，传统的职业整合了新的运作模式；另一方面，新兴职业层出不穷。了解当前职业发展变化趋势，对于设计个人职业生涯有着重要的意义。只有用普遍联系的、全面系统的、发展变化的观点观察事物，才能把握事物发展规律。

随着社会分工的发展和职业的分化，职业的种类也越来越多，已远远超过了"三百六十行"。21世纪是知识经济的时代，当今社会知识经济已经开始占据国民经济的主导地位，对人才的要求开始打破传统的模式，呈现出新的特点。

1. 打破传统职业模式，逐步实现智能化

工业革命后，科学技术的发展逐渐出现了学校形式的职业教育。体力劳动者与脑力劳动者之间逐步形成新类型的"中间人才"，构成与社会经济发展相适应的人才类型结构。生产力发展的关键之一是增加职业岗位科技含量，改善劳动组织和生产手段，提高劳动生产率。能熟练应用信息管理方法的智能型操作人员，是今后职业岗位更新、工作内容更新需要的新型人才。

【拓展阅读】

2019 人社部发布的 13 种新职业

一、人工智能工程技术人员

定义：从事与人工智能相关算法、深度学习等多种技术的分析、研究、开发，并对人工智能系统进行设计、优化、运维、管理和应用的工程技术人员。

主要工作任务：

①分析、研究人工智能算法、深度学习等技术并加以应用；②研究、开发、应用人工智能指令、算法；③规划、设计、开发基于人工智能算法的芯片；④研发、应用、优化语言识别、语义识别、图像识别、生物特征识别等人工智能技术；⑤设计、集成、管理、部署人工智能软硬件系统；⑥设计、开发人工智能系统解决方案。

二、物联网工程技术人员

定义：从事物联网架构、平台、芯片、传感器、智能标签等技术的研究和开发，以及物联网工程的设计、测试、维护、管理和服务的工程技术人员。

主要工作任务：

①研究、应用物联网技术、体系结构、协议和标准；②研究、设计、开发物联网专用芯片及软硬件系统；③规划、研究、设计物联网解决方案；④规划、设计、集成、部署物联网系统，并指导工程实施；⑤安装、调测、维护并保障物联网系统的正常运行；⑥监控、管理和保障物联网系统安全；⑦提供物联网系统的技术咨询和技术支持。

三、大数据工程技术人员

定义：从事大数据采集、清洗、分析、治理、挖掘等技术研究，并加以利用、管理、维护和服务的工程技术人员。

主要工作任务：

①研究、开发大数据采集、清洗、存储及管理、分析及挖掘、展现及应用等技术；②研究、应用大数据平台体系架构、技术和标准；③设计、开发、集成、测试大数据软硬件系统；④大数据采集、大数据清洗、大数据建模与大数据分析；⑤管理、维护并保障大数据系统稳定运行；⑥监控、管理和保障大数据安全；⑦提供大数据的技术咨询和技术服务。

四、云计算工程技术人员

定义：从事云计算技术研究，云系统构建、部署、运维，云资源管理、应用和服务的工程技术人员。

主要工作任务：

①研究、开发虚拟化、云平台、云资源管理和分发等云计算技术，以及大规模数据管理、分布式数据存储等相关技术；②研究、应用云计算技术、体系架构、协议和标准；③规划、设计、开发、集成、部署云计算系统；④管理、维护并保障云计算系统的稳定运行；⑤监控、保障云计算系统安全；⑥提供云计算系统的技术咨询和技术服务。

五、建筑信息模型技术员

定义：利用计算机软件进行工程实践过程中的模拟建造，以改进其全过程中工程工序的技术人员。

主要工作任务：

①负责项目中建筑、结构、暖通、给排水、电气专业等BIM模型的搭建、复核、维护管理工作；②协同其他专业建模，并做碰撞检查；③BIM可视化设计：室内外渲染、虚拟漫游、建筑动画、虚拟施工周期等；④施工管理及后期运维。

六、电子竞技运营师

定义：在电竞产业从事组织活动，及内容运营的人员。

主要工作任务：

①进行电竞活动的整体策划和概念规划，设计并制定活动方案；②维护线上、线下媒体渠道关系，对电竞活动的主题、品牌进行宣传、推广、协调及监督；③分析评估电竞活动商业价值，设计活动赞助权益，并拓展与赞助商、承办商的合作；④协调电竞活动的各项资源，组织电竞活动；⑤制作和发布电竞活动的音视频内容，并评估发布效果；⑥对电竞活动进行总结报告，对相关档案进行管理。

七、电子竞技员

定义：从事不同类型电子竞技项目比赛、陪练、体验及活动表演的人员。

主要工作任务：

①参加电子竞技项目比赛；②进行专业化的电子竞技项目陪练及代打活动；③收集和研究电竞战队动态、电竞游戏内容，提供专业的电竞数据分析；④参与电竞游戏的设计和策划，体验电竞游戏并提出建议；⑤参与电竞活动的表演。

八、无人机驾驶员

定义：通过远程控制设备，驾驶无人机完成既定飞行任务的人员。

主要工作任务：

①安装、调试无人机电机、动力设备、桨叶及相应任务设备等；②根据任务规划航线；③根据飞行环境和气象条件校对飞行参数；④操控无人机完成既定飞行任务；⑤整理并分析采集数据；⑥评价飞行结果和工作效果；⑦检查、维护、整理无人机及任务设备。

九、数字化管理师

定义：利用数字化办公软件平台，进行企业及组织人员架构编辑、组织运营流程维护、工作流协同、大数据决策分析、企业上下游在线化连接，使企业组织在线、沟通在线、协同在线、业务在线、生态在线，实现企业经营管理在线化、数字化的人员。

主要工作任务：

①将企业及组织人员架构编辑在数字化管理平台，负责制定企业数字化办公软件推进计划和落地实施方案，进行扁平可视化管理；②负责数字化办公所有模块的搭建和组织运转必备流程的维护，实现组织高效安全的沟通；③设定企业及组织工作流协同机制，实现知识经验的沉淀和共享；④通过业务流程和业务行为的在线化，实现企业的大数据决策分析；⑤以企业为中心的上下游和客户都实现在线化连接，用大数据优化整个生态的用户体验，不断提升生产销售效率。

十、农业经理人

定义：在农民专业合作社等农业经济合作组织中，从事农业生产组织、设备作业、技术支持、产品加工与销售等管理服务的人员。

主要工作任务：

①收集和分析农产品供求、客户需求数据等信息；②编制生产、服务经营方案和作业计划；③调度生产、服务人员，安排生产或服务项目；④指导生产、服务人员执行作业标准；⑤疏通营销渠道，维护客户关系；⑥组织产品加工、运输、营销；⑦评估生产、服务绩效，争取资金支持。

十一、工业机器人系统操作员

定义：使用示教器、操作面板等人机交互设备及相关机械工具，对工业机器人、工业机器人工作站或系统进行装配、编程、调试、工艺参数更改、工装夹具更换及其他辅助作业的人员。

主要工作任务：

①按照工艺指导文件等相关文件的要求完成作业准备；②按照装配图、电气图、工艺文件等相关文件的要求，使用工具、仪器等进行工业机器人工作站或系统装配；③使用示教器、计算机、组态软件等相关软硬件工具对工业机器人、可编程逻辑控制器、人机交互界面、电机等设备和视觉、位置等传感器进行程序编制、单元功能调试和生产联调；④使用示教器、操作面板等人机交互设备进行生产过程的参数设定与修改、菜单功能的选择与配置、程序的选择与切换；⑤进行工业机器人系统工装夹具等装置的检查、确认、更换与复位；⑥观察工业机器人工作站或系统的状态变化并做相应操作，遇到异常情况执行急停

操作等；⑦填写设备装调、操作等记录。

十二、工业机器人系统运维员

定义：使用工具、量具、检测仪器及设备，对工业机器人、工业机器人工作站或系统进行数据采集、状态监测、故障分析与诊断、维修及预防性维护与保养作业的人员。

主要工作任务：

①对工业机器人本体、末端执行器、周边装置等机械系统，进行常规性检查、诊断；②对工业机器人电控系统、驱动系统、电源及线路等电气系统，进行常规性检查、诊断；③根据维护保养手册，对工业机器人、工业机器人工作站或系统，进行零位校准、防尘、更换电池、更换润滑油等维护保养；④使用测量设备采集工业机器人、工业机器人工作站或系统运行参数、工作状态等数据，进行监测；⑤对工业机器人工作站或系统的故障进行分析、诊断与维修；⑥编制工业机器人系统运行维护、维修报告。

十三、物联网安装调试员

定义：利用检测仪器和专用工具，安装、配置、调试物联网产品与设备的人员。

主要工作任务：

①产品和设备检查，检测物联网设备、感知模块、控制模块的质量；②组装物联网设备及相关附件，并选择位置进行安装与固定；③连接物联网设备电路，实现设备供电；④建立物联网设备与设备、设备与网络的连接，检测连接状态；⑤调整设备安装距离，优化物联网网络布局；⑥配置物联网网关和短距传输模块参数；⑦预防和解决物联网产品和网络系统中的网络瘫痪、中断等事件，确保物联网产品及网络的正常运行。

2. 转变职业时空概念，职业岗位转移更加频繁

传统职业是在时空变化不大，不需要过多考虑单位的变更和职业的前景下发展。现在同一职业或职位对就业者的要求不断发生变化，使得时空变化大。体力劳动脑力化和专门职业化会使部分职业或职位对就业者的某些要求发生变化。

3. 第三产业的兴起，对职业技能要求更高

第三产业是伴随现代工业社会的发展而崛起的一类新兴行业，它包括交通运输业、邮电通信业、商业、服务业、金融保险业、卫生、体育、教育和文化艺术等。分布于第三产业中的职位的比重在不断增加。社会生产力的提高，解放了劳动力，人们越来越多地需要社会服务行业为他们排忧解难、提供方便。第三产业的劳动人类将迅速增加，提供各种各样服务项目的社会服务业等，将迅速发展壮大，不仅能产生大量新职业，而且是吸纳社会劳动力的主要渠道。

【拓展阅读】

新兴的 26 种生活服务新职业

职业名称	职业解读
酒店收益管理师	基于对酒店细分市场的产品结构、定价方式、消费习惯、销售渠道、销售时机、销售风险，以及风险规避等进行系统统筹分析，管理酒店未来收入预期

续表

职业名称	职业解读
整形医生	主要从事外科创伤修复,比如丰胸、五官整形和吸脂减肥等外科整形项目
轰趴管家	全面负责所辖轰趴馆的经营管理,接待客户并解决其娱乐、住宿、餐饮等需求
育婴师	0~3岁婴儿照料、护理和教育工作
密室剧本设计师	设计主题密室的故事情节,并根据剧情故事的走向设计密室机关和线索
宠物摄影师	负责跟拍、抓拍宠物的各种活动,现场摄像和摄影,以及后期编辑、剪辑合成和特效制作
非遗菜系传承人	非遗文化主题餐厅厨师,发掘、传承和发扬非遗菜系
宠物训练师	训练培养宠物的良好习性,使其完成指定的动作和任务
线上餐厅装修师	负责"装修"餐厅的互联网平台的第二门店,在网络平台运营推广餐厅,招揽顾客,提升口碑
民宿房东	发布房源信息,多方面展示民俗特色环境,做好网络运营与推广,快速提升订单量
头皮养护师	头皮头发养护,止脱生发,白发转黑发
美甲美睫师	根据顾客喜好,分析款式,推荐合适的美甲美睫方案,做好操作服务
外卖运营规划师	负责帮助商家分析销售数据,提供改进方案,帮助餐馆提升运营效率
旅拍策划师	根据客户要求与特点,为其定制旅拍目的地、行程路线、拍摄与后期制作、费用等方案
植发医生	为求美人士完成毛囊提取、种植等手术
收纳师	根据客户的生活习惯规划客户的收纳空间,帮助客户物品分类,引导客户对物品做出取舍,完成搬家收纳工作
侍水/茶/酒师	为客人提供水/茶/酒类的专业服务和咨询,负责水/茶/酒的鉴别、品评、采购、销售以及管理
整屋设计师	完成整套房间的布局规划、装饰装修方案设计、提案制作、效果图,及全项产品图制作
产后修复师	为产后妈妈提供专业美体瘦身服务,如纤体塑形、腰腹部收紧雕塑、妊娠纹修复、产后面部经络梳理等服务,做好产后妈妈产后形体健康评估,制定产后健康修复计划
电竞顾问	传授游戏操作技巧,指导游戏玩家制胜,提高游戏玩家的游戏体验与快感
宠物医生	对宠物进行医学检查、治疗等
CS教练	真人CS野战活动的组织与实施,激光装备的养护,场地的整理与规划,活动安全保护和指导

职业名称	职业解读
STEM 创客指导师	把握创客课程质量，指导学生掌握创客规律和技能，开展创客活动，提升学生科学、数学等素养
整体造型师	负责人物的化妆、发型、服装、配饰等整体形象设计
调酒师	从事行业研究和调酒文化推广，调酒专业服务，负责酒吧的经营管理
健身教练	指导、监督和帮助客户以最科学、安全的方式进行运动锻炼，并达到客户的健身目标

4. 人才类型的规格要求和比例结构，发生显著变化

21 世纪，我国仍将保持四种人才类型，即：学术型、工程型、技术型、技能型（其中后两种人才由职业技术教育培养）。技术型人才在劳动力结构中所占比重一直在上升。这一方面是由于很多原来技能型人才的工作岗位实现智能化后，改由技术型人才担任；另一方面，在信息技术发展后，原来由工程型人才担任的设计、管理等工作，也有一部分采用信息技术，改由技术型人才担任。技能型人才可能是变化最大的一类人才。技术工人变换工作岗位的情况将越来越频繁；一部分技术工人的工作将被技术员所代替，如在钢材轧制的自动生产线上，原先的轧钢工人已被计算机前操作的技术员所代替；还有不少技术工人转向第三产业或更高的技术岗位，这些变化导致技能型人才总人数趋于减少。

5. 复合型人才的需求，成为 21 世纪的重要特点

从目前招工、就业的情况分析，职业岗位的要求和劳动方式逐步由简单向复杂方面转化，过去单一技能就能胜任的工作，现在职业内涵发展扩大了，往往需要相关专业的许多知识和技能，更多地需要跨专业的复合型人才。

三、发展的无边界职业

自 20 世纪 90 年代以来，信息技术、知识经济和平台经济的迅猛发展，组织结构和用工形式正在发生着根本性的变化，从传统科层体制向更具柔性、更扁平的组织形式发展，出现了信息化、分散化、虚拟化、小型化、平台化、共享化等多元发展趋势。在这一背景下，职业的传统边界被打破，出现了无边界职业的概念。无边界职业的概念最早出现于 20 世纪 90 年代，是由 Arthur 在 1994 年组织行为杂志（Journal of Organizational Behavior）的特刊上首先提出来的。

无边界职业是指跨越公司界线的一系列工作机会。从事无边界职业的人不再局限于某一特定的组织（公司），而是以完成一个一个的"工程项目"为基础而获得职业道路的发展，他们往往是为某一行业的不同公司完成这些"工程项目"。根据引起边界变化的原因，可以分为自愿无边界和非自愿无边界两种情况。非自愿无边界是指由于外界因素，如家庭搬迁、生病、公司裁员、开除或工作性质本身要求等因素而造成的职业生涯中的改变，如离职、退休、下岗、改变雇主、转行等行为。而自愿无边界是指由于个人主观原因，如追求更高的薪酬和职位、性格特征、价值观发生改变、兴趣发生转移、知识积累和持续学习等原因而带来职业中的变化。无边界职业是一种多角度的概念，包括甚至超越了多种边界，而且涉及了实体和心理、主观和客观等多种分析层面。

无边界职业与传统职业相比，其区别见表5-1所示。

表 5-1　无边界职业与传统职业的对比

	传统职业	无边界职业
雇佣关系	员工用忠诚换工作保障	良好绩效换得持续学习和竞争力
职业边界	在一两家公司工作	在多家公司工作
技术	服务于特定公司	可转移
职业管理责任	由组织负责	由个人负责
培训	正式的	随时的、自觉的
成功标准	晋升、薪酬	工作有意义
职业阶段划分	时间导向	学习导向

【拓展阅读】

职场面临的九大改变

1. 公司组织由金字塔型趋向扁平化

目前，已有约1/4的公司组织结构走向扁平化。全球期货研究所董事长兼执行长康托尔博士表示："许多传统的角色将不复存在，金字塔型阶级系统将步入历史。"康托尔表示："最终人们将面临的是一个人际网络、人工智慧，以及群众基础智慧所混搭的系统。"

2. 人工智能将取代某些人力工作

相关研究发现，纯操作性工作将来被机器取代的可能性最高，至于需要情感注入的工作，如社会工作者及看护人员，被机器取代的可能性最低。

牛津大学的一项报告预测，不用等到2050年，2030年时就会有50％的人力工作被人工智能取代。该项报告指出，谷歌等公司所开发的无人驾驶车，将对运输及配送业的人力雇佣结构造成巨大影响。

3. 将出现崭新的工作机会

康托尔预测，某些情境下需要真人与机器人共同合作，包括由真人操作人工智能科技的新型工作以及旧有工作，因为机器人的加入而扩大营运。有效运用人工智能仍需良好的人力训练。人工智能科技的提供，最终是为了辅佐真人创造更好的服务。

4. 有别于传统全职员工的招募，雇主将可从全球招募自由工作者

对雇主而言，招募自由工作者不需要提供劳保，职工雇用也只限在有工作需求的时期。相对于传统全职员工的招募，依据需要随时雇用自由工作者更便利。对求职者而言，

许多人也开始倾向自由工作的形态，一改以往全职工作整天被工作绑着，自由工作者在工作时间运用及工作形态的选择更具弹性。

5. 所谓的"退休"将不复存在

根据金融保险提供商 UNUM 的一份未来工作报告，未来的医学技术可以使人们即使在较老时，拥有的活力及体力仍可应付工作。当人的寿命越来越长，生活费越来越高时，人们也不得不加长工作年限来维持生活。

6. 员工可能需要更多雇主，让跳槽机会增加

国际会计师事务所普华永道的《未来工作》报告中预测，人们将持续远离只过同一种生活、只投入同一个工作的心态，这样的趋势在 2000 年出生的世代中已经明显出现。职工将跟随热情工作，一旦热情转向，对许多人而言，往往也意味着工作跑道的转换。

7. 未来监控员工可能不仅止于工作范畴

在未来，雇主将可透过更先进的方式监控及筛选员工，以感应器确认员工所处位置、表现及健康状况。这样的监控方式甚至可能深入员工的私生活，如同今日的毒品测试一样。

8. 越来越多的公司可能裁撤传统的办公室及总部

未来所谓的"共用工作空间"可能越来越流行，不只自由工作者与企业主之间，公司之间也可借此安顿员工。裁撤传统的办公室及总部可使公司从世界各地雇用最适合的员工，不需要受限于员工与办公室或总部的距离。

9. 无人驾驶自动车将使早晨的通勤更快更便捷

未来无人驾驶车的出现，将会冲击到大众交通及运输类工作，但同时也可减少每日通勤塞车、车祸及小擦撞。这种车辆会彼此互相监测及沟通性能及科技，可以追踪车辆的速度，视道路壅塞情况而进行车速等调节，不仅能使通勤更加顺畅，康托尔更预估每年或许因此可减少 3 万起车祸相关意外。

课堂体验

职业初体验

回想自己的过去，你一定有一些兼职、实习、勤工俭学的经历，请将这些"职业初体验"写出来。

1. 该项工作的主要工作内容

2. 你从事该项工作的主要收获和体会

3. 经过工作之后，你如何在之后的学习、生活、实践中进行改进

4. 根据你的判断，社会经济发展等宏观环境对该工作的影响

5. 你认为该工作所在行业未来会有哪些发展变化

6. 你是如何做出以上分析判断的

第二节　探索职业环境

阅读思考

体验是最好的职业认知方式

杨晓，某高校工业工程专业毕业生。在大三的时候，他为了真正了解自己的专业，为了了解专业在行业的实际应用，义无反顾地踏上了开往广州的列车。目的或许过于单纯，他只想知道车间长什么样子，流水线长什么样子，专业知识和专业技能运用在什么地方。还没来得及欣赏美丽的城市，他已被突如其来的大暴雨淋透全身。当时举目无亲，他熬过40多天的打工生活，第一份工作的脏、累、苦记忆犹新。回想起走过的这段日子，他很自豪自己当时的决定和勇气。他的目标实现了：工厂看到了，流水线看到了，也看到了专业的前景和自己的发展方向，更重要的是他收获了很多行业的前沿发展资讯和职业的真实体验。这都为他的职业生涯规划提供了最直接的决策依据，同时也成就了他到华硕公司工作的理想。

问题：

1. 通过自我探索，你大致了解了自己的职业倾向，但你对这些职业了解多少？

2. 你了解目标职业有哪些职位吗？对职位的工作内容、职业前景、工作环境、福利待遇、需要具备的专业知识素质和能力等有清晰的认识吗？

3. 思考一下，如何才能了解上述这些信息呢？

一、探索职业世界的方法

（一）形成自己预期的职业库

很多同学不知道如何进行工作世界的探索，其中一个很重要的原因就是工作世界的信息浩如烟海，根本搞不清应该从哪入手，更谈不上如何进行了。如果有一个探索范围，则会容易很多。通过前面章节的自我探索，可以帮助个人初步形成一个探索的范围。自我探索中的兴趣、性格探索，每一部分最后有相应适合的职业出现。此外，每个人还有自己心

目中的理想职业，可以把它们也列出来。这样就获得了一个职业清单，看看这些职业有什么共同点，就可能启发你想到更多值得探索的职业。结合你的能力和价值观，再次从职业清单中进行筛选，最终就得到你预期的职业库。在形成预期职业库的时候，库的大小根据自己的情况要有适当的平衡，通常5～10个职业调查是比较适中的。在信息探索过程中，抛开自己固有的想法，保持开放的心态，就容易获得客观的信息。

（二）由近至远的探索方法

所谓近和远，是指信息与探索者的距离。通常近的信息比较丰富，远的信息更为深入；近的信息较易获得，远的信息则需要更多的投入和与环境的互动才能了解。所以，从近至远的探索是一个范围逐渐缩小、了解逐渐加深的过程。图5-1列举了从近到远获取信息的一些方式。

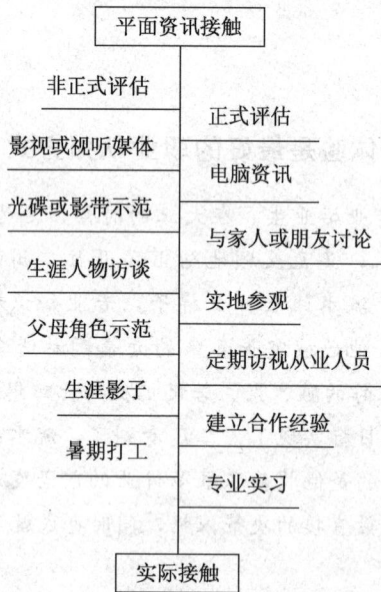

图5-1　从近到远获取信息的方式

（三）生涯人物访谈

生涯访谈是获得具体职业生涯详情最有效的方法之一，是对处在感兴趣职位上的人进行访谈。可以帮助学生获取完整而准确的职业信息；获取最新的职业信息；确定专业实力和不足；扩大职业人际关系网；树立工作面试的信心；从内部看组织，以便做好心理准备；对于创业者来说，还可以了解创业过程的困难，做好充分准备。

生涯人物访谈处于近与远的中间，在效率和信息的真实性上有比较好的平衡。这种方式是指同学们对身居自己感兴趣职位的人进行采访。接受采访者最好是在这个职位上已经工作了三至五年，甚至更长时间。为防止访谈中的主观影响，应至少访谈三个人物，既与成绩卓然者谈，也与默默无闻者谈。访谈时，同学们应明确访谈的目的是收集供职业生涯决策的信息，而不是利用生涯人物来找工作，以免引起双方的尴尬。建议同学们在正式进行访谈前，至少做两件事：一是为自己准备一个"30秒广告"，因为在访谈过程中，对方可能会问到你的一些情况，比如你的职业兴趣和目标等；二是对需要提出的问题做一些准备，这样有助于访谈的深入进行，能够取得较高的效率。

二、社会环境的宏观分析

（一）经济环境

1. 经济形势

经济形势的变化对职业的影响是最为明显又最为复杂的。当经济处于萧条时期，企业的效益降低，对人力资源的需求减少，因而职业选择和职业发展的机会减少；当经济处于高速发展时期，企业处于扩张阶段，对人力资源需求量增加，职业选择和职业发展的机会则增多。

2. 劳动力市场供求状况

劳动力市场的供求状况对职业选择和职业发展产生重要影响。如果某类职业的人才供不应求，则职业选择和职业发展的机会增多；相反，某类人才供过于求，职业选择和职业发展的机会则减少。

3. 收入水平

社会对人力资源的需求是一种派生的需求，当人们的收入水平提高时，对商品消费的需求会增加，企业扩大生产，从而增加对人力资源的需求，职业选择和职业发展的机会增多；相反，职业选择和职业发展的机会则减少。

4. 经济发展水平

在经济发展水平高的地区，企业相对集中，优秀企业也比较多，个人职业选择的机会就比较多，因而就有利于个人职业发展；反之，在经济落后地区，个人职业发展则会受到限制。

（二）政治法律环境

1. 政治环境

政治因素主要涉及国家的方针、政策，影响职业的政治因素包括：教育制度、政治体制、经济管理体制、人才流动的政策等。政治和经济是相互影响的，政治不仅影响到一国的经济体制，而且影响着企业的组织体制，从而直接影响到个人的职业发展；政治制度和氛围还会潜移默化地影响个人的追求，从而对职业发展产生影响。

2. 法律环境

法律因素是指中央和地方的有关法规和规定，如政府有关人员招聘、工时制、最低工资的强制性规定，现行的户籍制度、住房制度、人事制度和社会保障制度，这些因素都会对职业的选择和发展产生重要的影响。

（三）文化环境

社会文化环境包括教育条件和水平、社会文化设施等。

在良好的社会文化环境中，个人能受到良好的教育和熏陶，从而为职业发展打下更好的基础。社会文化是影响人们行为、欲望的基本因素。社会文化反映着个人的基本信念、价值观和规范的变动。

（四）价值观念

一个人生活在社会环境中，必然会受到社会价值观念影响，大多数人的价值取向，甚至都是为社会主体价值取向所左右的。一个人的思想发展、成熟的过程，其实就是认可、接受社会主体价值观念的过程。社会价值观念正是通过影响个人价值观，而影响个人的职业选择和职业发展。同学们在进行职业生涯规划时，要坚持正确的价值观念，认可、接受社会上积极进步的价值观。

【拓展阅读】

未来社会的三大趋势：虚拟、共享、自由

未来所有现实都会被"模拟"

人类以往的科技基本都是改造外界，比如我们发明了各种各样的东西来丰富我们的生活，而从当下的虚拟现实技术开始，量变终于引起了质变。现在，增强现实技术能够把虚拟信息（物体、图片、视频、声音等）融合在现实环境中，虚拟现实不仅会涉及视觉、听觉，还会涉及嗅觉、触觉、味觉，还可以构造一个与真实环境相似的世界，随时在你身边构建一个更加全面、更加美好的世界。

在未来，现实的边界会被彻底打破。比如，千里之外的朋友可以立即站在你面前，你们可以对话、拥抱。

未来所有资产都会被"共享"

在互联网时代，独占生产资料这一现实正在被打破。比如，淘宝可以把店铺无偿供给卖家使用，因为淘宝复制店铺的成本很低，最多需要扩充一点内存，对于云计算来说，这些成本可以忽略不计的。只要他们设计了一套店铺模式，很容易产生成千上万倍的溢价。

共享经济的资源配置效率大大超过了市场经济。互联网提供了一个运作机制，通过以租代买的形式解决了资源的不可复制性。在未来一件物品究竟属于谁并不重要，重要的是我们每个人都可以使用它！各种APP能通过时间、地点、技能的匹配，将物品的使用权分配到最需要它的地方，将资源利用率最大化，将多余资源转化成为生产力！

未来所有人都会获得"自由"

互联网以大数据、云计算为基础，努力实现"多个服务个体"对接"多种个性化需求"，这就使那些在技能、人脉、服务上拥有一技之长的人，同样可以通过互联网平台寻找到与之相配的工作。人们可以根据自己所擅长的来自由支配自己要在什么时间什么场所做什么样的事情，根据自己的兴趣所在，制定目标，决定自己要成就一番什么样的事业。

如今，已经越来越多的人，不是依托这家平台赚钱，就是依托那家平台赚钱。最典型的是，很多"出租车司机"已经脱离了出租车公司，开始依靠滴滴等互联网平台接单赚钱，

成为一名自由职业者。再放眼四望：主播、自媒体、网店店主等各种自由职业都在兴起。

未来每一个人都是一个独立的经济体。既可以独立完成某项任务，也可以依靠协作和组织去执行系统性工程，所以社会既不缺乏细枝末节的耕耘者，也不缺少具备执行浩瀚工程的组织和团队。社会就是一个庞大的网络，而每个人都成了一个 ID。

社会的组织结构在变化：原来是狭长的"公司＋雇员"结构，现在变成了扁平的"平台＋创客"结构。基于平台之上的小众兴趣、小众价值观、小众梦想、小众爱好都能被成全，百花齐放、百家争鸣，获得工作和生活的自由！

三、行业环境的中观分析

行业环境分析的主要内容包括：

（一）行业的内涵与外延

对行业的定义，不同的角度会有不同的解释，同学们应该尽可能地去收集、整理各个不同的定义，对行业有一个精准的认识。同学们可以参考《中华人民共和国职业分类大典》的权威解释，了解整个行业的概况，并且熟悉行业内的细分领域，进而探索行业的全貌。

（二）行业现状及发展趋势

国家各级行业主管部门或者社会研究机构，每年都会推出各种行业分析报告，这是了解行业现状和发展趋势的最好资料。通过网络、图书或者听讲座等方式，了解该行业在国民经济发展中的地位，了解该行业当前的发展现状，探索其未来的发展趋势。

（三）行业人才需求状况

各行各业都有其准入门槛，以及对人才素质能力的基本要求。了解行业人才需求状况，是进入行业的前提。所谓行业的人才需求状况，是指这个行业人才胜任的能力标准，人才发展前景，人才培养目标及人才晋升路径。了解得越详细，个人的职业定位也更加清晰，职业规划也更具有针对性。

（四）行业的社会评价与社会声望

行业不是孤立地存在于职业世界之中的，多倾听社会各界人士对该行业的评价。了解该行业的整体社会声望情况，也是进行职业选择与规划的参考依据。对行业的评价向来都是仁者见仁智者见智，行业的社会声望也会是褒贬不一，在不同的舆论和倾向的影响下，同学们应该端正自己的认知，不宜随波逐流，人云亦云。

（五）行业代表人物

了解行业的代表人物是了解行业的一个较好的手段。三百六十行，行行出状元，各行各业都有自己的代表人物。通过调研行业代表人物的先进事迹、成长历程，可以加深对该行业的认识与了解。相反，了解行业反面典型的失败经历，也能够从侧面知道行业存在的风险与弊端，树立对行业全面、客观的认识。

（六）行业规范及标准

每个行业都有自己的行业标准及规范，这些规范可能是明示的，也有可能是潜在的；这些标准有可能是国家制定的标准，也有可能是行业内部的标准，这些都是了解行业的大好机会。行业的规范及标准代表了行业的人才准入门槛，以及从业人员的基本守则。掌握了该行业的规范与标准，也为进入该行业铺平了道路。

（七）行业知名企业名录

行业是由一系列细分领域内的企业共同组成的，这些企业既互相竞争，又互相依存，共同推动行业的发展与进步。行业知名企业一般是该行业发展的缩影，代表了该行业的最高发展水平，因此，了解行业的标杆企业是了解该行业的最好方法。

【拓展阅读】

面向 2035 年的战略性新兴产业发展方向

到 2035 年，我国将跻身创新型国家前列，发展驱动力实现根本性转换，经济社会发展水平和国际竞争力显著提升。战略性新兴产业的发展需要抓住科技爆发与产业变革的历史性机遇，着眼前沿领域、颠覆性技术进行全方位布局，产业主体进入全球价值链的中高端。梳理六大产业发展方向（见图 5-2 所示），聚焦 IC、AI、生物医药等重点领域，打造先进技术体系，引领基础研究和前沿研究，在产业核心技术突破层面与世界同步，构建多类别、宽覆盖、有机联络的新兴产业集群。

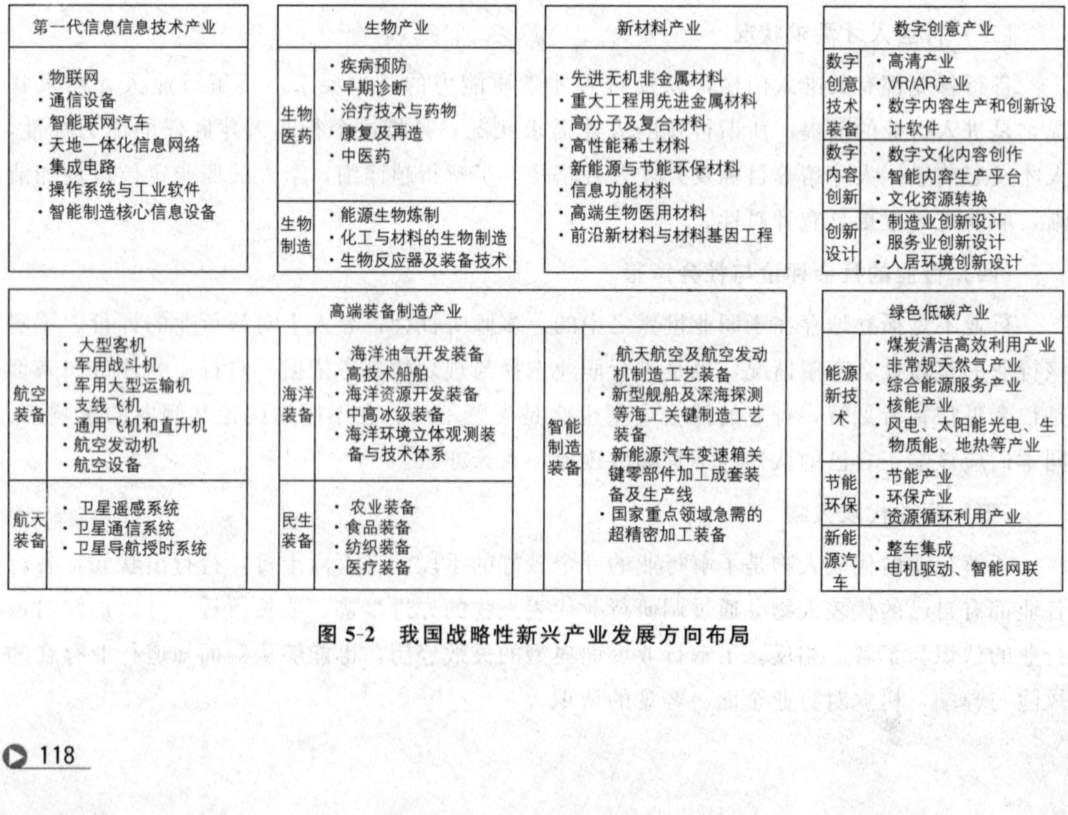

图 5-2 我国战略性新兴产业发展方向布局

（一）新一代信息技术产业

"十四五"时期，在云计算、AI、大数据、智能联网汽车、工业互联网等领域达到国际领先水平，引领产业中高端发展，带动经济社会高质量发展。预计到2025年，新一代信息技术产业销售收入为35万亿元，信息消费规模为9.5万亿元；建成具有较强核心竞争力的新一代信息技术综合发展体系，与第一产业、第二产业、第三产业的融合程度显著加深，对实体经济的拉动效应显著提升；产业的国际影响力进一步增强，在部分领域达到国际领先水平。

"十四五"时期的重点发展方向为：物联网、通信设备、智能联网汽车（车联网）、天地一体化信息网络、IC、操作系统与工业软件、智能制造核心信息设备。

面向2035年的重点发展方向为：新一代移动通信、下一代网络技术、信息安全、半导体、新型显示、电子元器件、云计算、边缘计算、操作系统与软件、AI、大数据。

（二）生物产业

"十四五"时期，在新药创制领域，形成并壮大从科研到成药的全产业链能力，奠定持续产生新药物和新疗法的基础。围绕构建创新药物研发技术体系的能力目标，以精准药物设计为核心，综合现代生物学、信息技术和材料科学，建立原创新药发现体系；加强基因治疗、细胞治疗、免疫治疗、代谢调控等技术的深度研发与通用化应用。重视出原创新药、出引领技术的阶段性发展目标，尽快推动我国从医药生产大国转为医药创新强国。

"十四五"时期的重点发展方向为：疾病预防、早期诊断、治疗技术与药物、康复及再造、中医药，能源生物炼制、化工与材料生物制造、生物反应器及装备技术。

到2035年，力争成为世界生物科学技术中心和生物产业创新高地，多个领域涌现出重大原创性的科学成果、国际顶尖的科学大师，成为生物技术高端人才创新创业的重要聚集地。

（三）高端装备制造产业

应对新一代重型运载火箭、大飞机、海洋工程、民生领域重大装备的能力提升和对高档制造装备的亟须，发挥社会主义市场经济条件下，关键核心技术攻关新型举国体制的优势，汇集各类创新资源开展国家科技重大专项的前沿布局和应用示范。

（1）航空装备领域，重点发展大型运输机、大型客机、军用无人机等制式装备，兼顾小型、低成本的通用航空装备。

（2）航天装备领域，统筹空间系统和地面系统建设，构建卫星遥感、通信广播和导航定位功能有机结合的一体化系统。

（3）海洋装备领域，提升信息化和智能化水平，应对海洋油气开发和高技术船舶的工程亟须，前瞻布局新型海洋资源开发装备，完善海洋环境立体观测装备与技术体系。

（4）智能制造装备领域，加快发展国家重点领域亟须装备，如航天航空飞行器及航空发动机制造工艺装备、新型舰船及深海探测等海工关键制造工艺装备、新能源汽车变速箱关键零部件加工成套装备及生产线。

（5）民生高端装备领域，推进新一代智能农业装备科技创新，加快推进农机化和农机装备产业转型升级；聚焦纺织工业未来智能制造与绿色制造，突破新材料与产业用纺织品领域生产装备瓶颈；食品装备发展强调柔性自动化、集成化、综合化、系统化、敏捷化和智能化方向；医疗装备注重基础、对标应用，加快高端国产医疗装备的产业化。

（四）新材料产业

瞄准整体达到国际先进水平的目标，新材料产业系统建设创新体系，推行大规模绿色制造使役和循环利用，保障国民经济、国家安全、社会可持续发展的基本需求，实现由材料大国向材料强国的重大转变。

"十四五"时期的重点发展方向为：先进无机非金属材料、先进金属材料、高分子及复合材料、高性能稀土材料、新能源与节能环保材料、信息功能材料、高端生物医用材料、前沿新材料与材料基因工程。

面向 2035 年的重点发展目标为：电子信息材料创新体系完善，支撑新能源大规模利用与节能环保产业发展；无机非金属材料产业由大变强，金属材料工程技术达到国际领先，碳纤维材料技术体系与产品系列符合军民需求；以可再生组织器官的生物医用材料为主体的现代生物医用材料产业体系基本建成；稀土材料及制备的核心专利群取得有效突破。

（五）绿色低碳产业

1. 能源新技术产业

立足能源发展规律、能源国情现状、能源新技术发展趋势，在"十四五"时期及面向 2035 年的发展阶段，聚焦能源资源清洁高效利用、碳约束下的能源安全、能源新技术及关联产业有效支撑经济增长等突出问题，重点发展煤炭清洁高效利用产业、非常规天然气产业、综合能源服务产业、核能产业、风电产业、太阳能光电产业、生物质能产业、地热产业。

2. 节能环保产业

"十四五"时期，突出提高环境质量这一节能环保产业的核心需求，加强大气、水、土壤的污染防治，倚重和发挥科技创新在源头削减、过程控制和循环利用等污染防治全过程中的关键作用。突破主要污染要素、主要污染点源、主要生态破坏类型、污染物监测等方面的关键技术，形成促进中国生态环境治理取得根本好转的环境工程科技体系。

面向 2035 年，产业发展重点在于突破大气污染防治、水污染防治、土壤污染防治与修复、固体废物资源化等关键技术，实现普遍性应用并取得良好的生态环境效益。

3. 新能源汽车产业

"十四五"时期，加强核心技术创新，推进基础设施规模化建设、市场化发展，建立公共服务平台，形成自主、完整的产业链。纯电动汽车和插电式混合动力汽车年销量达到

700 万辆，保有量超过 2 000 万辆；燃料电池汽车推广规模累计达到 5 万辆。

面向 2035 年，全面实现产业商业化与高质量发展，汽车技术的电动化、智能化、网联化、共享化取得重大进展，整体达到国际先进水平。纯电动和插电式混合动力新能源汽车占汽车总销量的 70% 以上，燃料电池汽车技术及产业全面成熟，进入规模化应用阶段。

（六）数字创意产业

信息技术的快速发展及相关产业的融合应用，为数字创意产业带来新机遇、形成新模式。通过 10～15 年的发展，数字创意产业将在以下五个方面取得重大进展：创新设计体系、数字内容生产体系、数字内容传播体系、泛信息消费体系、泛沟通交互体系。

"十四五"时期的重点发展方向为：超高清产业、VR/AR 产业、数字内容生产和创新设计软件，数字文化内容创作、智能内容生产平台、文化资源转换、制造业创新设计、服务业创新设计、人居环境创新设计。

面向 2035 年的重点发展方向为：万物互联的无障碍信息获取、1 Gbps 级速率的数字内容有线/无线端传播、数字内容精准分发，具有真实体验的视音频内容、真实世界和虚拟世界混合体验、全息影像和沉浸式体验，无障碍创意创新协同、无障碍想法设计传递、无障碍设计生产联动，定制化的数字内容消费、内容生产智能化与个性化定制，世界先进水平的制造业创新设计、服务业创新设计、人居环境创新设计。

（来源：战略前沿技术. 2020 年 08 月 28 日）

课堂体验

职业博览会

1. 4～5 人组成一个"职业资料专家小组"，每组选定 1 人为组长，1 人负责记录，其他人为参谋，每组选定一个与同学专业、职业目标比较接近的具体职业或行业，并收集相关资料；

2. 重新安排桌椅，以便开展"职业资料新闻发布会"；

3. 每组选 1 人进行 5 分钟左右的"职业资料发布"演示（最好用 PPT 等多媒体手段），内容包括职业的工作内容、对应聘人的要求等；

4. 演示完毕，全体组员到台前接受其他同学的咨询，时间为 5 分钟左右；

5. 其他各组同学就准备的职业资料情况、演示现场和答询反映进行打分。

6. 讨论：

（1）如何才能收集到正确、完整的职业资料，都有哪些收集职业信息的渠道；

（2）各组介绍的职业中，哪个或者哪些吸引你，理由是什么。

生涯智慧

一、职业探索的十大任务

（一）职业描述

职业描述，就是定义这个职业的内涵。具体包括职业名称，各方对其的定义。在罗列学习别人对这个职业的看法后，你也要给这个职业下一个自己的定义，为自己的职业报告做好第一笔准备。职业描述是对职业最精炼的概括和总结，是透彻理解职业和调研职业的基础，其实给职业定义的每个字你都是要仔细思考的，因为日后你要做的事情全是对定义的拓展而已。一般来说，都有固定的对职业的定义，可以参照人力资源和社会保障部组织编写的《中华人民共和国职业分类大典》对职业的详细介绍，它会定期增加社会新出现的职业信息。

（二）职业的核心工作内容

每个职业都有核心的工作职责，职责背后对应的就是工作内容，说白了，就是这个职业一般都干什么活，什么工作是这个职业必须做的。了解职业的核心工作内容，有利于了解完成工作内容背后的必须具备的工作能力，这样就很容易找到和自己之间的差距，从而有目的地补充相关能力以完成工作内容。在多大程度上了解工作内容，是衡量一个人对工作的熟悉和喜欢程度的重要标准。成熟的职业都有权威人事部门给其总结确定的核心工作内容，一些企业的招聘广告中也有对工作内容的描述，也可以请教一些行业协会，或是从事这个职业的资深人士、一般企业的人事部门和直接部门经理也有对职业的具体感悟。

（三）职业的发展前景及其对社会和生活的影响、作用

职业的发展前景，是国家、社会等对这个职业的需求程度，具体包括三个问题，职业在国家阶段发展中的作用，职业对社会和大众的影响，职业对生活领域的影响。也就是说，不仅要知道这个职业对国家、社会、行业有用，也要知道这个职业对大众、生活的影响，人们对其的依存度和声望度怎样。职业的发展前景，尤其是国家的导向是促进职业发展的黄金动力，知道你日后从事职业的发展轨迹，就能更好地判断自己是否能切入，以及切入点如何选择了，尤其要注意对大众、生活的影响，因为大众的才是永恒的。职业在国家发展中的作用一般都有劳动部门的权威预测，但对社会和生活的影响这方面是真正要自己去调研的，要去访问这个职业的资深人士。

（四）薪资待遇及潜在收入空间

职业是社会分工的产物，职业根据参与社会分工的量来确定相应的报酬，在不同的行业、企业、岗位上还有一些潜在的收入空间。能赚多少钱是大家都关心的话题，很多人也会把赚钱多少作为择业的关键因素，所以在考量职业时，要重点调研职业的薪资状况。其

实每个职业的起薪都差不多，但都有极致，都有天价，能力不断提升的背后就蕴藏着高薪。一个职业是有薪资调查的，如前程无忧的调查，还有网友们的晒工资。

（五）岗位设置及不同行业、企业间的差别

岗位设置，是指一般来说一个职业是有一系列岗位划分的，如人事工作的岗位就分招聘、考核等很多具体岗位，而不同行业、不同性质、不同规模的企业对岗位的划分和理解也是有很大不同的，很可能同样都叫一个名字，但干的活却完全不一样。了解职业的岗位设置，能加深对职业外延的理解，知道职业的具体岗位后，就可以有针对性地与自己比较，也是知道职业有什么重要标志。不同行业对职业（岗位）的理解和要求也是有差异的，而具体的企业就是千差万别了。一般来说，人事权威网站、职业分类大典、业内资深人士是比较了解这个职业的具体岗位设置情况的。

（六）入门岗位及其职业发展通路

入门岗位是指针对应届毕业生的工作，职业的一些中低端岗位是面向大学生开放的。还要了解一个岗位对应的日后职业发展通路是什么，这个岗位有哪些发展途径，最高端岗位是什么，这些你都要知道。即使你很看好这个职业，但最终也是要从低端工作做起的，而入门岗位就是提供给应届毕业生的敲门砖，所以，你一定要知道你能通过哪些岗位进入这个职业。从企业的每年校园招聘里就能看到哪些岗位是针对应届生的，在一些校园招聘网站就可以找到这些信息。

（七）职业标杆人物

职业标杆人物，就是在这个领域做得最好的。每个职业都有一流的人物，无论是国内还是国外。他是怎么做到的，他都取得了什么成绩，遇到了什么困难，具备什么素质等，研究职业标杆人物，可以让自己了解他的奋斗轨迹，让自己在"追星"中加深对职业的了解，也会找到在这个职业领域奋斗的途径。当你在网上搜索这个职业时，一般就会找到职业标杆人物，图书馆也会有这方面的书，业内的资深人士也都会知道。

（八）职业的典型一天

职业的典型一天，更多是在访谈中完成的。你要知道这个工作的一天都是怎么过来的，从早上到回家的时间都是怎么安排的。了解职业的典型一天是判断自己是否适合这个职业的重要指标，如果你不想过这个职业那样的一天，就不用再为之而努力去学习去准备去做这个职业了，所以这个过程是很关键的。尤其是这个工作对你个人生活的影响，看你能否接受。职业的典型一天，在职业的核心工作内容中会有涉及，但具体到个人的资料就不多了，所以更多的还是要你去访谈做这个职业的人，这样也才更真实。

（九）职业通用素质要求及入门具体能力

职业通用素质要求是指从事这个职业的一般的、基本的要求。主要是个人通用素质能力，就是能把这个工作做好要具备的能力。通过对职业的外在素质要求的了解，对比自己是否能够胜任，还有哪些要加强和补充的能力，从而可以将其规划到大学生活里。其实每

个岗位的岗位描述中的任职资格都有介绍，只是这次要把其整理出来，尤其要加上职业访谈中的内容，列出 10 项最常用的能力，然后与自己一一对照，可以促进发现和认识自我。

（十）工作与思维方式及对个人的内在要求

工作方式和思维方式是你做好做精工作的保证，有些工作对人的内在要求是很高的，如态度等，这些是从你的内在来判断你是否适合和喜欢一个职业的核心标准。从内在出发来判断是否喜欢是科学的，因为职业是客观的，只是因为你选择了职业才会有是否愿意做、适合做等问题的产生，所以当职业的方方面面考量之后，最后一关就是对职业所要求的内在盘点。岗位描述中的任职资格也会有对其内在素质的要求，还有业内普遍认为的个人素质，还要考虑不同行业、不同类型企业的差异。

二、未来需要的四种人才

由于产业的升级，未来中国将逐步淘汰低效率、低技能的劳动力。而高端市场的竞争非常激烈，所以公司对人才的要求也会越来越高。

教育是国之大计、党之大计。培养什么人、怎样培养人、为谁培养人是教育的根本问题。那未来需要什么样的人才呢？

1. "一"字形人才

"一"字形人才掌握的知识面非常广，他们平常可能很喜欢阅读，所以懂得的东西非常多。但对于各种类型的知识，他们都只停留在表面没有深入了解。

这种人的性格很可能是活泼型，他们对新鲜的事物非常感兴趣，但没有耐性去深入学习，很容易被新的知识点给吸引过去！

知识面广的人有一个好处，在面对难题的时候他们可以想出许多不同的解决方案。他们会有很多的主意，有非常广的知识与较多的思路，面对问题总是有新的想法与方案！

2. "1"字形人才

"1"字形人才属于典型的研究型人才，大学里做研究的就属于这一类。他们喜欢深入了解一件事情，有钻研精神，在自己专属的领域是绝对的专家。但如果不是在研究范围内的东西，他们可能了解得就比较少。

"1"字形人才的性格多是完美性或和平性，能够耐得住寂寞与新事物的诱惑，他们的专注力非常强大！这类人才如果研究的成果属于当下趋势，可能一辈子心血花上去，最终可以取得巨大的成就。

但如果你不是搞研究或研究的东西很冷门，那潜在危机就是如果外在环境改变，让你不得不离开熟悉的区域，那将是灾难性的打击。由于过度的专注在一个领域，很可能无法适应新环境的需求。

3. "T"字形人才

"T"字形人才是中国现在比较推崇的人才理论，这类人有较宽广的视野与知识面，但在某一领域他们又可以称得上是专家。宽广的视野在一定程度上可以让他们的专业知识得到升华，可以让他们跳出专业的思维陷阱从另外的角度去审视问题。

很可能这类人在知识面的宽度上不及"一"字形人才，在深度上也不及"1"字形人才，但好处在于他们的宽度和深度比较平衡，所以适应能力比较强。

4."钉耙"形人才

前3种人才模型都比较常见。但随着退休年龄不断推后，人的一生可能会经历多个不同的职业生涯。加上公司结构越来越复杂，工作的复杂度越来越高。一个人往往身兼数职，既需要有全局观，又要能从不同专业的角度看问题！慢慢就产生了"钉耙"形人才模型。

"钉耙"形人才是在"T"字形人才上演变而来的，它不但要求有较广的知识面，在某一领域有较强的竞争优势，还要求在许多不同领域有一定知识与技能的积累。这样就可以在不同的部门之间进行协调，在做决策之前也可以站在不同专业角度进行有深度的思考。

如果看完后发现没一项符合自己，那是时候好好反思一下了！

（引自：http://help.3g.163.com/16/0211/17/BFIEJ4E700964K5T.html，有删减）

课外实践

生涯人物访谈

结合自己的兴趣、技能、职业价值观、教育背景和已掌握的职业知识，找出未来最可能从事的职业，然后在该职业领域寻找一位在职人士作为访谈对象。生涯人物可以是自己的亲人、老师或朋友，可以是他们推荐的其他人，也可以借助行业协会、大型同学录或某个具体组织的网站来寻找。

具体访谈记录如下：

1. 您是如何找到这份工作的？

2. 您的职位是什么？您的主要职责是什么？

3. 从事此行业的人需要做些什么？

4. 工作地点一般在哪里？

5. 在行业内，先从什么样的工作岗位做起，能学到最多的知识，最有益于发展？

6. 工作场所性质有哪些特征？

7. 在工作方面，您每天都做些什么？

8. 您在做这份工作时，日常面临的问题是什么，什么最有挑战性？

9. 就您的工作而言，您最喜欢什么？最不喜欢什么？

10. 个人的主要成就是什么？最成功的是什么？

11. 在这个职位上，如果想获得成功必须拥有并保持什么样的能力？

12. 目前还缺乏的必须改进的能力有哪些？如何改善？

13. 在您的组织中，能够在同样一个岗位上把成功和不成功区别开来的行为是什么？

14. 您认为做好这份工作应该具备哪些知识、技能和经验？

15. 目前，行业内要求从事这份工作的人应该具备什么样的教育和培训背景？

16. 您认为什么样的个人品质、性格和能力对做好这份工作来讲是重要的？

17. 这项工作需要的个人品质、性格和能力与别的工作要求有什么不同吗？

18. 学校中的哪些课程对这个行业比较有帮助？

19. 行业内，单位对刚进入该领域工作的员工一般会提供哪些培训？

20. 在您的工作领域里，初级职位和略高级别职位的薪水一般是什么水平？

21. 这个行业是否有季节性或地理位置的限制？

22. 这个行业存在的困难及前景如何？

23. 据您所知，有什么职业杂志、行业网站或其他渠道能帮助我深入了解这个领域？

24. 您的熟人中有谁能够成为我下次采访的对象吗？可以说是您介绍的吗？

25. 通过访谈，你有哪些收获？

本章要点导图

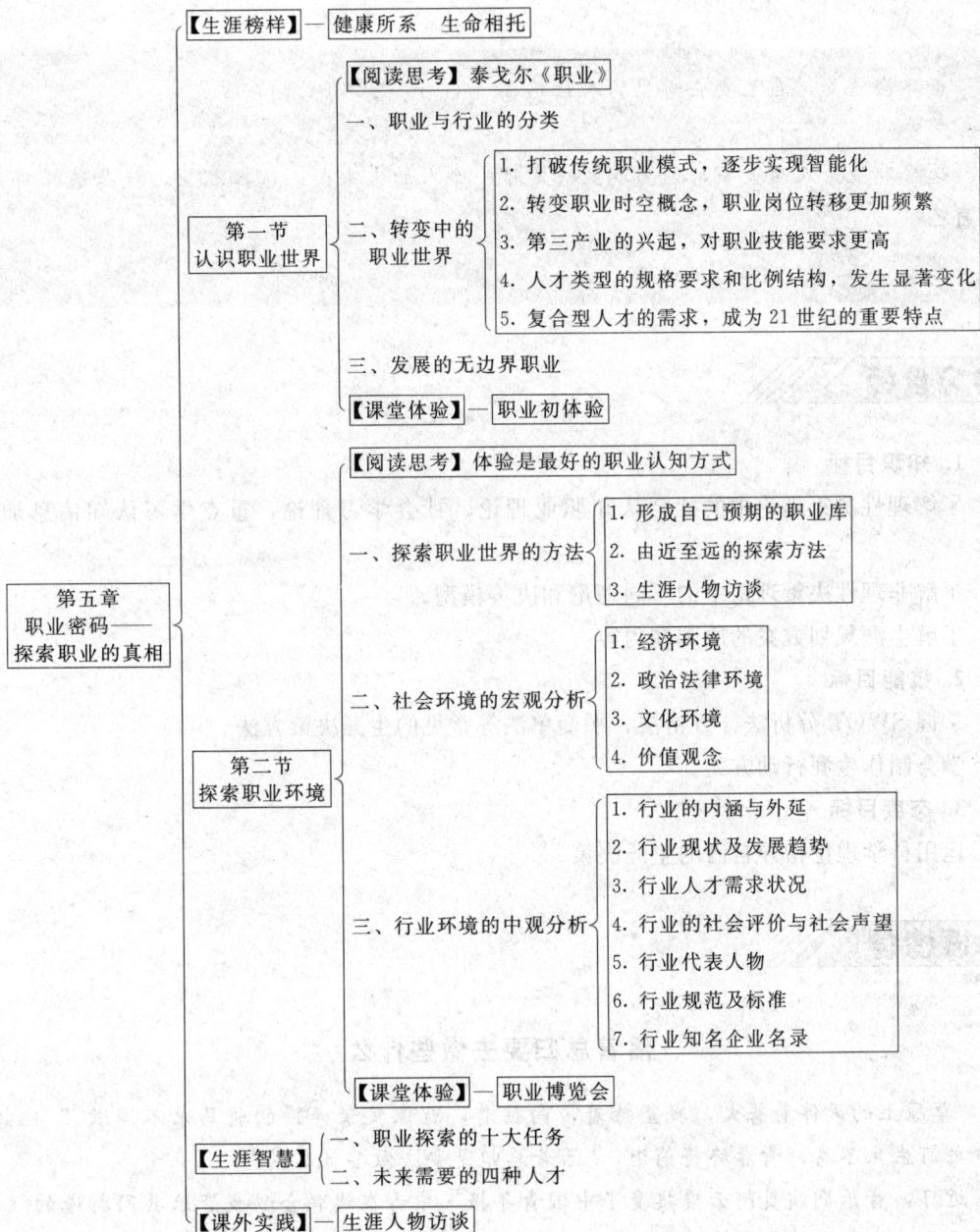

- 【生涯榜样】— 健康所系　生命相托
- 第五章 职业密码——探索职业的真相
  - 第一节 认识职业世界
    - 【阅读思考】泰戈尔《职业》
    - 一、职业与行业的分类
    - 二、转变中的职业世界
      1. 打破传统职业模式，逐步实现智能化
      2. 转变职业时空概念，职业岗位转移更加频繁
      3. 第三产业的兴起，对职业技能要求更高
      4. 人才类型的规格要求和比例结构，发生显著变化
      5. 复合型人才的需求，成为21世纪的重要特点
    - 三、发展的无边界职业
    - 【课堂体验】— 职业初体验
  - 第二节 探索职业环境
    - 【阅读思考】体验是最好的职业认知方式
    - 一、探索职业世界的方法
      1. 形成自己预期的职业库
      2. 由近至远的探索方法
      3. 生涯人物访谈
    - 二、社会环境的宏观分析
      1. 经济环境
      2. 政治法律环境
      3. 文化环境
      4. 价值观念
    - 三、行业环境的中观分析
      1. 行业的内涵与外延
      2. 行业现状及发展趋势
      3. 行业人才需求状况
      4. 行业的社会评价与社会声望
      5. 行业代表人物
      6. 行业规范及标准
      7. 行业知名企业名录
    - 【课堂体验】— 职业博览会
  - 【生涯智慧】
    - 一、职业探索的十大任务
    - 二、未来需要的四种人才
  - 【课外实践】— 生涯人物访谈

第六章　决策密码——平衡未来的期望

世界会给知道自己要去哪里的人让路。

——爱默生

选择职业是人生大事，因为职业决定了一个人的未来……选择职业，就是选择将来的自己。

——罗素

学习目标

1. 知识目标

了解理性决策理论中的社会认知职业理论、社会学习理论，重点学习认知信息加工理论。

了解非理性决策理论中的不同理论和决策模型。

了解生涯规划方案的原则和内容。

2. 技能目标

掌握 SWOT 分析法、方格法、平衡单法等常见的生涯决策方法。

学会制作生涯行动方案。

3. 态度目标

运用科学理论指导自己的生涯决策。

生涯榜样

活着总归要去做些什么

"草原上的风伴着篝火，我坚持着，向往着，就像父亲奔腾的骏马永不停歇。"他想，生命之河生生不息，青春终将消逝，"活着总归是要去做些什么的"。

近日，音乐剧演员阿云嘎接受了中国青年报·中青在线联合酷我音乐共同打造的《榜样阅读》节目的邀请。在节目录制现场，他和大家一起分享了余华先生的小说《活着》，用亲身经历诠释着自己对"贡献"的体悟。

在《活着》中，福贵和老牛相处时的对话让阿云嘎深受启发。老牛虽已年迈，但依然尽心尽力地劳作，就像村子里的人们，有序地做着事情，贡献着自己可以贡献的力量与时光。

自从事文艺工作以来，阿云嘎接触到了许多业界前辈，"这些人努力在所属领域做到极致，并将自己热爱的东西广而告之。前辈对待工作的虔诚和敬业在我看来就是一种贡献。"

"我一直要求自己成为一个努力勤恳，为祖国做更多有益的事情的人。"这是阿云嘎在生活、工作中所秉承的信念。他希望自己能够发光发热，力所能及地将音乐剧推广到更多的人群之中。

他是幸运的，最终依靠硬核表演登上《声入人心》这档综艺的首席之位，也为普通观众揭开了音乐剧的神秘面纱。凭着一颗赤子之心，阿云嘎将自己对音乐剧的热爱化为力量，吸引着更多的人去接触和感受这一高雅艺术。

"别人怎么看待自己并不重要，重要的是观众通过这档节目，来了解并爱上音乐剧，如果能够用这种形式吸引更多的人走进剧场，感受这门艺术，我会感到无比快乐。"这是阿云嘎的心声，也是众多音乐剧演员的心声。

除了推广音乐剧，他还致力于服务社会，积极参与公益慈善活动。为聋哑儿童献唱，与百名艺人共同演唱助残公益歌曲，参加爱心公益慈善募捐演出，每一次经历都是阿云嘎对内心信念的实践。

为保护家乡生态奔走相告，是他实践信念的最好体现。"草原风沙特别大，所以我一直希望内蒙古的生态环境能够得到改善。"当然，这是一个很大的工程，需要很多人一起完成。

后来，他参加了蚂蚁森林项目，通过录制视频这一形式，让更多热衷公益事业的人积极加入到保护生态环境的队伍当中来。"回想起童年，父辈也是一直在坚持治理风沙，但在那里种树并不是一件容易的事，所以粉丝们的热情参与让我很感动。未来，我仍会将贡献社会作为前进的方向，永不停歇。"

（引自中青在线：http://news.cyol.com/app/2019-08/22/content_18123450.htm.）

第一节　了解生涯决策

阅读思考

布里丹毛驴

布里丹是大学教授，他的出名主要在于据说他证明了两个相反而又完全平衡的推力下，要随意行动是不可能的。他举的实例就是一头驴在两捆完全等量的草堆之间是完全平衡的。既然驴无理由选择吃其中哪一捆草，那么它永远无法做出决定，只得最后饿死。故事是这样的：

布里丹养了一头小毛驴，他每天要向附近的农民买一堆草料来喂它。

这天，送草的农民出于对哲学家的景仰，额外多送了一堆草料放在旁边。这下子，毛驴站在两堆数量、质量和与它的距离完全相等的干草之间，可为难坏了。它虽然享有充分的选择自由，但由于两堆干草的价值相等，客观上无法分辨优劣，于是它左看看，右瞅瞅，始终无法分清究竟选择哪一堆好。

于是，这头可怜的毛驴就这样站在原地，一会儿考虑数量，一会儿考虑质量，一会儿分析颜色，一会儿分析新鲜度，犹犹豫豫，来来回回，在无所适从中活活地饿死了。

那头毛驴最终之所以饿死，原因就在于它左右都不想放弃，不懂得如何决策。人们把这种决策过程中犹豫不定、迟疑不决的现象称为"布里丹毛驴效应"。

每个人在生活中经常面临着种种抉择，如何选择对人生的成败得失关系极大，因而人们都希望得到最佳的结果，常常在抉择之前反复权衡利弊，再三仔细斟酌，甚至犹豫不决，举棋不定。但是，在很多情况下，机会稍纵即逝，并没有留下足够的时间让我们去反复思考，反而要求我们当机立断，迅速决策。如果我们犹豫不决，就会两手空空，一无所获。

有人问亚历山大是如何征服世界的，他回答说，他只是毫不迟疑地去做这件事。

人生充满了选择，我们总要在几个可供选择的方案中，做一"赌注式"的决断。对于所选择的结果究竟是好是坏，也往往没有明确的答案。机会难得，想再回头重新来过，是绝不可能的。因此，可以说：决断是各种考验的交集。

其实，上天并未特别照顾那些抓住机会之神的幸运者，只不过是他们一再对问题苦思对策，并毫不犹豫地去做，因而才获得了机会之神的青睐。

（引自：http://news.163.com/14/0129/08/9JOADHJO00014AED.html，有删减）

思考：

1. 你是如何理解"布里丹毛驴效应"的？
2. 你有明确的人生方向决策了吗？如何才能做出合理的生涯决策呢？

一、理性决策理论

（一）社会认知职业理论

社会认知职业理论将影响个体职业目标选择、职业行动和职业成就（绩效）的个体因素与环境因素进行有机统合，通过自我效能、结果预期和个人目标三个核心概念将个体职业心理、社会环境背景和学习经验联结起来，来阐释个体职业选择和职业发展的内在逻辑关系，如图6-1所示。

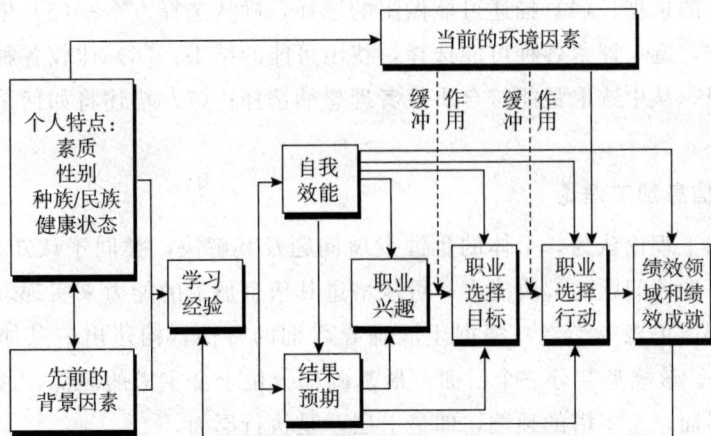

图 6-1　社会认知职业理论模型

社会认知职业理论认为，在个体的职业发展中起决定作用的三个个体是自我效能、结果预期和个人目标。这三个变量之间是相互影响和互为促进的。其中，自我效能是指个体对自我所能达到的行为结果的能力信念（例如"我能胜任吗""我能完成或实现吗"）。结果预期是指个体对所实施特定行为之后产生结果的判断或信念（例如"如果这么做，会发生什么或会带来什么"）。个人目标是指个体实施特定活动或行为的主观意图或目的（例如"我为何要这么做"），分为职业目标和绩效目标两种。

在社会认知职业理论中，个体职业选择与发展过程分为三个阶段：选择职业目标、开展职业行动与获得职业绩效（成绩）。在此职业选择与发展三个阶段中，自我效能和结果预期对其都有直接影响，而当前环境因素只影响职业目标选定和职业行动。

该理论认为，个体职业选择与职业目标的设定，直接源于职业兴趣。除了职业兴趣的影响，自我效能和结果预期也会影响职业选择。比如，个体对某职业的胜任性信念和职业回报可达预期，就会促成选择该职业，并将该职业设定为个人目标。另外，个体在职业选择过程中，还受当前职业环境因素的影响。比如，当拥有可能工作机会时，来自家庭成员的情感与经济支持，以及职业的社会声望等，都会影响个体做出自己的职业选择和目标制定。

（二）社会学习理论

美国心理学家克朗伯兹在其职业生涯决策的社会学习理论中指出，职业选择过程受到四类因素的影响：遗传天赋和特殊能力（如内在素质、身体障碍、音乐和艺术能力）；环境条件与事件（如劳动法规、技术进步、社会机构变化、家庭资源）；学习的经验（如各种工具性学习、行为和认知反应、观察学习）；完成任务的技能（如设定目标、工作习惯、情绪反应方式）。

克朗伯兹和贝克提出的决策模式包括七个步骤：（1）界定问题：描述必须要完成的决策，估计完成所需时间并设定确切的时间表；（2）拟订行动计划：描述决策所需采取的行动，并估计所需时间及完成的期限；（3）澄清价值：描述个人将采取哪些标准，以作为评价各种可能选择的依据；（4）描述可能做出的选择，确认选择方案；（5）依据所定的选择标准、评分标准，逐一评价各种可能选择，找出可能的结果；（6）比较各种可能选择符合价值标准的情况，从中选取最能符合决策者理想的选择；（7）描述将如何采取何种行动以达成选定的目标。

（三）认知信息加工理论

认知信息加工理论认为，个体的生涯发展问题及其解决，类同于认知信息加工流程，为提升个体生涯发展问题的解决能力，可从增进其信息加工的能力来实现。认知信息加工理论的研究者（彼得森等学者）根据生涯辅导咨询的特性，构建出信息加工金字塔模型（如图 6-2 所示）。该模型共分三个层面：最基础部分位于金字塔的底部，属知识层面，中间部分是决策层面，金字塔的顶端，即最上层，是执行层面。

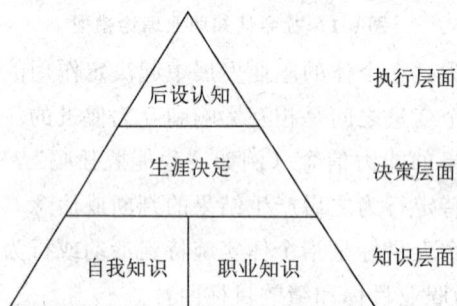

图 6-2　信息加工金字塔模型

1. 知识层面

信息加工的知识层面，类似于计算机处理信息的数据文件。知识层面主要包括两大部分：职业知识与自我知识。"职业知识区"储存了与个体所处的外部工作世界有关的各种信息，"自我知识区"储存的是有关经验、兴趣、能力、价值与需求等个体特质的信息。这些信息以图式的形式储存于长期记忆区中，当个体进行生涯决策时，会从中提取并加以处理。

职业知识区所储存的信息是个体对外部职业世界认识的各种图式，可分为两类：个别职业知识与职业之间结构关系的知识。个别职业知识，是指个体对某一个职业（包括但不限于：工作内容、职责、发展趋势、薪资条件、所需教育与职业训练、工作环境和前景等）所了解并记忆的信息内容。职业之间结构关系的知识，又称为"类别知识"，主要区分不同职业的异同及其之间内部联系。比如，《中华人民共和国职业分类大典》中对职业的分类与描述。

自我知识区所储存的信息主要是个体的生活经历、职业经验、兴趣能力、价值与需求等相关知识信息。自我知识源于情节记忆（认知心理学中了解自我知识的基本概念）。情节记忆的基本构成单位是事件或情节。事件是特定时间与空间下的产物，是构成情节记忆的信息图式。个体通过对这些自我认知信息进行统合，可形成其对自我认知的推论。自我认知的相关知识信息，大多可借助标准化的心理测量工具获得并系统深化其内涵。

2. 决策层面

信息加工金字塔模型的中间层是决策层面，其类似于计算机程序，用来处理储存在记忆区中的数据信息，得出结果。职业生涯决策过程就是通过分析个体掌握的职业和自我认知的知识与信息，运用一定的方法进行综合与评价，形成决策的过程。认知信息加工理论认为，生涯决策过程是一个循环往复、不断迭代的过程，具体可分为五个步骤：沟通（Communication）—分析（Analysis）—综合（Synthesis）—评估（Valuation）—执行（Execution）。将这五个步骤的英文缩写字母组合在一起来表述，通常称之为"CASVE 循环"（Peterson，Sampson，Reardon，1991），具体见图 6-3 所示。

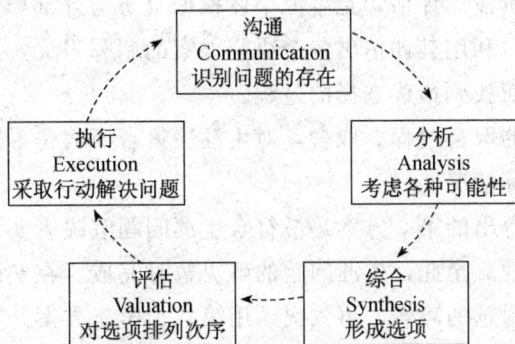

图 6-3　CASVE 循环模型

步骤一：沟通（Communication）

"沟通"是指生涯个体接收到生涯需要做出决策的有关问题（个体生涯发展过程中遇到的问题或理想生涯情境与现实存在差距问题）的信息，经过信息"编码"过程，形成"这个问题必须解决或需要做出决定了"信息的过程。

比如，在毕业找工作的时候，毕业生可能在情绪上会感受到焦虑、抑郁、受挫等，在躯体上会有疲倦、头疼、消化不良等反应，这些情绪和身体状态都是一些提醒同学们需要进行内部交流沟通的信号。外部的信息交流，是指外界的一些对同学们产生影响的信息，比如，宿舍同学开始准备简历就是给同学们提供了一种外部信息，提醒同学们也需要开始准备找工作了；又比如，在求职过程中父母、老师、朋友提供的各种建议。

步骤二：分析（Analysis）

"分析"是以确定生涯问题产生的原因，及问题各部分之间的关系为根本出发点，对问题所有方面进行充分理解、系统梳理和深入剖析的反思过程。好的生涯问题解决者需要一段时间去思考、观察和研究，以更充分地了解差距或问题。在此基础上，分析如何有效做出反应，是否能通过提升完善自我的知识能力，或采取一定方法措施或行动来弥补差距并解决问题，预测问题解决程度或不解决可能带来的结果。

步骤三：综合（Synthesis）

"综合"以形成一个可供选择的解决生涯问题的选项或方案清单为基本特征。这一步骤，主要是通过将前面两个步骤的结果信息，进行综合的信息分析加工，结合生涯个体的实际情况与价值倾向，形成各种可能的选项，梳理出消除问题或弥补差距的所有可能决策方案。综合阶段本质上是扩大并缩小决策选项的阶段，可分为综合细化和综合具体化两个步骤。综合细化，是利用分析的结果，运用发散思维尽可能多地形成解决问题的选择清单，即产生足够多的、尽可能细化的生涯决策选项。综合具体化，是生涯问题解决者运用聚合思维对上述步骤中产生的众多选项进行综合分析，摒除、删减不适合自己或不太适宜的决策方案，以形成较优的、自己相对认可并接受的决策方案清单。

步骤四：评估（Valuation）

"评估"是以对可能的决策方案进行排序为基本特征，力图找出最佳选择以开展行动尝试、形成最终决策的阶段。评估，是生涯个体根据自身与外部影响因素，建立评估指标体系及影响决策的权重，利用其评估出各个决策方案的利弊得失，对各种决策选项进行排序，排列其优先级，从而找到最优选择的过程。

评估，是具体抉择的取舍过程。取舍，对生涯决策者而言是最难权衡的，往往会面临价值冲突或不确定的实际情况。

在此步骤中，通常得出的第一方案是最符合生涯问题解决者实际的、最能解决理想状况与现实状况差距问题的。至此，生涯问题的解决暂时完成。在实际行动中，若第一决策方案行不通或遇到不可逾越的障碍，再依次动用第二、第三方案。如果这些方案都无法执行或无法真正解决问题，需要再次启动沟通—分析—综合—评估步骤。

步骤五：执行（Execution）

执行是实施选择的阶段，把思考转化为行动。"执行"阶段是将上述步骤中形成的最优选择转化为有计划、有策略的行动过程，包括形成制定并管理目标，确立行动计划与步骤以达成目标的过程。

在执行过程中遇到不确定性的问题，或在取得一定结果产生新问题的基础上，生涯个体可重复上述五个步骤进行生涯问题的进一步解决。这就是生涯决策的动态循环。

3. 执行层面

信息加工金字塔模型的最上层是执行层，相当于计算机工作过程中的命令控制功能，以使计算机按指令来执行程序处理任务。信息加工理论认为，人脑的执行机制与过程类似计算机，人脑控制并主宰着对认知与行动策略的选择与排序，称为"后设认知"（也称为"元认知"）（Gagne，1985）。后设认知，是一种对认知历程的觉察，在认知历程中扮演着综合性监督的角色，同时也可监视问题解决策略的执行状况，判断其能否达成预设的目标。一般认为，后设认知是认知的更高层次，可通俗理解为"对认知的认知"。后设认知技能主要包括三类：自我语言、自我觉察和控制与监督。

二、非理性决策理论

1. 期望值决策原则和期望效用原则

在不确定情境下进行决策时，由于外部世界状态是复杂而不确定的，决策者需要根据所掌握的信息和掌握的方法进行可能性预测，对所选择的行动方案可能产生的后果进行合理评估与分析，以便在诸多方案中做出相对明智的选择。这个原则称为期望值决策原则。这个原则所描述的决策过程本质上是择优性、逻辑性的决策过程。期望值决策原则的假设前提是决策者是一个理性的人，需要决策者具有明确的目标选项，对外部世界有系统全面而正确的认识把握，可列出全部可能的待选方案，可做出完全客观理性的利弊得失分析进而进行决策。

Neumann、Morgenstern 和 Savage 等学者将"效用"概念引入决策理论，提出了期望效用理论与主观期望效用理论。他们认为，个体在决策时需要同时考虑所选择方案的收益和获得收益的概率（主要通过主观判断其概率的大小），决策者会选择二者乘积值大的方案。期望效用决策理论虽然还是理性的决策过程，但充分考虑了决策者的主观判断与偏好，这种决策模式显得相对合理且合乎决策者的主观期望。

2. Simon 的有限理性

决策学派代表人物 Simon 认为，现实的决策者的知识信息的不完备性、认知的局限性，以及决策情境的不确定性和复杂性，会导致决策者在实际的决策过程中偏离理性原则，从而提出了有限理性的决策理论。Simon 指出，有关决策的合理性理论必须考虑决策者的基本生理限制、认知限制、动机需求限制及其相互影响，决策过程不可能做到全知全能的理性，而只能做到有限的理性。决策者的选择机制不应是完全理性的最优机制，而应当是有限理性的适应机制。他认为，决策者在决策之前不可能掌握决策所需的全部信息并列出全部可能的备选方案，必须进行方案的搜索和基于方案进行信息收集，决策者不可能确定一个客观、可量化的效用函数，也不可能利用效用函数最大值来确保选择的准确性，而只能得出一个有弹性、可调节的期望水平的大概范围，这个期望水平范围受决策者所拥有的知识理论和经验、搜索方案的难易程度、决策者的个性特质等因素影响，以此来选定方案并确定搜索过程完成，从而获得令自己满意的决定。[①]

有限理性决策理论认为，决策者在实际决策中往往只追求满意，而非必须达到最优标准。在决策过程中，一般决策者通常会定下一个最基本的要求（底线标准），然后考察、对比分析与权衡现有的备选方案，若有一个方案能较好满足定下的最基本要求，决策者就会满意而不再愿意去花费更多的时间精力去研究或寻找最优方案（即使决策者主观愿意也可能因其认知与能力约束而无法达到）。

3. Kahneman 和 Tversky 的前景理论

Kahneman 和 Tversky 在死亡实验中研究发现，人们在面临收益选择时是回避风险的，而在面临损失抉择时却更乐于冒险，即人们对损失比对收益更为敏感，由此得出人们的实际决策行为往往系统地偏离期望效用理论的结果预测，从而提出了前景理论。

前景理论在不确定性判断下的偏见中，阐述了不确定条件下的决策者是如何偏离理性决策理论所做预测结果的，其主要观点有：（1）决策者在决策时会回避损失，决策时损失

---

① 方霏．不确定情境下的理性决策［J］．山东经济，2005（2）：9—15．

的效用在权重上大于等量收益；（2）决策者在决策时对决策带来的损益变化比损益本身价值更为敏感；（3）决策者通常倾向于给予自身所拥有或可掌控资源之外的东西更高的评价，即期望得到更多"捐赠"。另外，前景理论认为，决策者在不确定性条件下做出判断，主要依赖代表性、可得性以及锚定和调整三种有限的启发式策略。

4. 适应决策模型

苏珊·D. 菲利普斯（Susan. D. Phillips）在1997年提出了适应决策的概念，将其应用在职业决策领域，形成了初步的适应决策模型。该模型强调，由于职业决策个体的职业生涯具有生命全程性和空间性特征，影响其做出决策的因素有很多，而且这些影响因素是不断发生变化的，从而导致其本身认知与决策的局限性和非理性。职业决策者的决策结果不可能完全达到期望效价模型所强调的最优化选择，现实中只能达到决策者在做决策时段的利益最大化，适应决策时的即时需求和判断。适应决策理论提出，职业决策者不仅有理性决策者，还有诸如直觉决策者、情感决策者和模仿决策者等多种多样的非理性决策者。

5. 反省模型

托马斯·克里斯霍克（Thomas S. Krieshok）等学者基于认知和实验社会心理学，对职业决策行为研究后，于1998年提出了自我反省视域下的职业决策模型。这个模型认为，决策个体的大部分决策过程和决策行为是在意识水平之下进行的，而对决策过程与决策行为进行反思，其对先前做出的相对较优决策无益甚至是有害的。这一观点，为决策者遇到决策困难提供了一种新的解释，可指导其改进决策方式，提升决策效率。

6. 盖拉特模型

早期盖拉特的职业决策理论是典型理性取向，后来受量子物理学的理论影响，他以量子理论的思维方式，提出职业决策的"积极的不确定论"。他所谓的"积极的不确定"，是指决策个体应以积极乐观的态度面对及接纳做决策时的不确定以及成功概率的不确定，以直觉、开放的心态对待职业决策。盖拉特认为，决策是人的一种非序列性、非系统性、非科学性的行为与心理过程，并把决策重新定义为"决策是一种将信息调整再调整，融入决策或行动内的历程"，该历程中信息、调整再调整决策过程和行动决定是决策过程的三个要素。

盖拉特认为，信息对于决策固然重要，但决策个体应对信息持怀疑和价值有限的态度——"不要以为掌握了信息，就掌握了未来"，需要对信息进行不断收集、探索、分析证实和批判思考。他认为，决策者要改变对目标的确定性认识，目标不是确定不变的，是需要调整再调整的。目标需要随时根据个体所处的内外部环境进行动态调整。他还提出，决策要同时采用左脑与右脑，全方位分析过去，深虑未来的变化，以做出保持适度弹性的理性决策。在决策过程中，不能硬套步骤与公式，否则容易出现结果不一致的情形。另外，他认为，面对未来的不确定，要保持积极开放的心态，侧重思考如何才能主宰信息和主宰自我。

从决策理论的发展来看，目前还没有完全的、纯粹的理性化的决策方法来解决现实中的所有决策问题，而且也很难避免非理性行为对决策的影响。非理性行为存在于职业决策有其必然性、客观性和合理性。在职业决策过程中，决策者应合理、适当地运用非理性决策行为的直观性、简单性、快速性、高效性、创造性、灵活性等优点，克服盲目性、习惯性、情感性、追随性、听从性等缺陷，以提高职业决策的效能。

三、生涯决策方法

职业决策不仅是一种即时的职业选择行为，还是一个动态的决策过程。要做出正确的职业决策，个体首先要获取大量有关自身和职业选择的信息和知识。但是仅仅知道如何在决策情景中使用这些信息和知识仍不能做出正确的决策，还需要了解和掌握职业生涯决策方法。[①]

职业决策有很多种方法，下面简单介绍几种常见的方法。

（一）SWOT 分析法

SWOT 是英文单词 Strengths（优势）、Weaknesses（劣势）、Opportunities（机会）、Threats（威胁）的首字母组合。SWOT 分析法又称为"态势分析法"，它是由旧金山大学的管理学教授于 20 世纪 80 年代初提出来的，主要用于战略分析领域。所谓 SWOT 分析，就是将与研究对象密切相关的各种主要内部优势、劣势、机会和威胁等，通过调查列举出来，并依照矩阵形式排列，然后用系统分析的思想，把各种因素相互匹配起来加以分析，从中得出一系列相应的结论，而结论通常带有一定的决策性。其中，S、W 是内部因素，O、T 是外部因素。

一般来说，在使用 SWOT 分析法进行职业决策时，需通过以下几个步骤。

1．分析评估自己的优势和劣势

首先，把自己感兴趣的职业一一列出，然后基于列出的职业分析、评估自己的优势和劣势，在分析有可能实现弥补和提高的劣势基础上，放弃那些自己不可能擅长的方面。常见的优势，比如有工作或实习经验；教育背景；丰富的专业知识和技能；特定的可转移技巧；人格特质；有一定的社会关系网络。常见的劣势，比如缺乏工作经验；毕业于一般学校；缺乏专业知识；较差的领导能力、沟通能力和合作能力；负面的人格特质；没有社会关系。

2．分析外部环境存在的机遇和威胁

个体感兴趣的目标职业都存在于宏观的社会与经济环境和中观的行业环境之中，其所面临的发展机会和客观威胁会有所不同。而这些机会和威胁会影响职业决策者个人的未来职业生涯发展，找准并全面列出这些外部环境给予的机会和威胁，才能客观地做出合理的职业决策。常见的发展机会，比如市场需求量大、用人标准由学历导向转为能力导向、政策利好和行业发展前景好等。常见的外部环境威胁，比如人才竞争激烈、门槛不断提高、工作经验要求高、政策风险大和职业晋升发展的通道少等。

---

① 陈丽敏．浅谈职业决策的方法［J］人才资源开发，2016（14）：105－106.

3. 构造 SWOT 矩阵

将上述四个方面的评估与分析，通过调查和重新梳理概括，依据一定的标准（如轻重缓急、严重程度、重要性程度或影响程度）对其各项内容进行排序，构建出 SWOT 分析的信息矩阵。一般来说，决策者需要把主要的、紧迫的、有直接影响的内容信息排在前面，把那些次要的、不紧急的、间接的内容信息排在后面。SWOT 矩阵如图 6-4 所示。

	优势	劣势
内部因素	个体可控并可利用的内在积极因素。如丰富的工作经验，优良的教育背景，丰富的专业知识和技能，特定的可转移技巧（如沟通、团队合作、领导能力等），人格特质（如自我约束力、创造性、乐观性等），广泛的个人关系网络	个体可控并努力改善的内在消极因素。如缺乏工作经验，学习成绩差，专业不对口，缺乏专业知识，领导能力、人际交往能力、沟通能力和团队合作能力较差，负面的人格特质（缺乏自律、缺乏工作动机、害羞、情绪化等）
	机会	威胁
外部因素	个体不可控但可利用的外部积极因素。如就业机会增加、再教育的机会、专业领域急需人才、专业晋升的机会、专业发展带来的机会、职业道路选择带来的独特机会	个体不可控但可使其弱化的外部消极因素。如就业机会减少、由同专业毕业生带来的竞争、缺少培训造成的职业发展障碍、工作晋升机会十分有限或者竞争激烈、专业领域发展有限

图 6-4　SWOT 矩阵

4. SWOT 的定量分析

SWOT 分析既可做定性分析，也可以做定量分析。定性分析，一般是根据各目标的 SWOT 矩阵，根据自身实际和价值倾向对其做出横向比较，从而得出定性的决策结果。定量分析是指对 SWOT 矩阵中的各项因素赋予一定的权重值，其中优势和机会中的因素项赋予正数的分值，劣势和威胁中的因素项赋予负数的分值，在此基础上可对权重值再赋予加权系数（也可以不加强），然后将其全部最终分值进行相加。按照此方法，依次对感兴趣的目标进行 SWOT 量化分析，最终得分最高的目标即是职业决策的最优选项。需要注意的是，权重值与加权系数不能随便赋予，而要根据各项因素对决策者的重要程度或影响程度而自主设定，分值标准可参照最高十分制或百分制，加强系数要统一，可为 5 倍或 8 倍等，由个体自主确定。

5. SWOT 的行动策略制定

通常而言，当做出最终职业决策、选定职业方向后，利用 SWOT 矩阵进行行动策略的制定，主要有四种策略：（1）充分利用自我优势与外部机会的 S—O 战略：扬长发展，抓住机会，竞争发展；（2）充分发挥自我内部优势、规避外部威胁与风险的 S—T 战略：

深入分析，合理规划，动态调整；（3）补足短板、应对机会的 W—O 战略：提升自我，把握机会，重在发展；（4）规避或消除自我劣势与外部威胁的 W—T 战略：客观分析，理性选择，跨越障碍。

（二）方格法

依据卡茨的生涯决策模式理论，可采用方格法进行职业决策。方格法是一种简单易行的决策方法。使用方格法进行职业决策时，一般通过如下几个步骤进行：

1. 列举待评估的职业决策方案

根据前期自我探索与职业探索的实际情况，将产生的可供选择的职业选项梳理出来，逐一列出。

2. 评估职业选项的回报情况

根据自己的判断（判断可依据自身兴趣、职业发展潜力、行业前景、报酬和成就等因素），对上述列举的职业选项进行回报性高低的评价。可用"优、良、中、差"的等级标准或十分制标准进行赋值，给出每个职业选项的回报评价。

3. 评估职业选项的机会情况

根据自己的判断（判断可依据自身优势、专业技能、知识经验、职业门槛、职业发展前景、人才市场需求及竞争程度等因素），对上述列举职业选项的获得性和发展性的机会高低进行评价。采用与回报评价相同的标准，即可用"优、良、中、差"的等级标准或十分制标准衡量职业机会并进行赋值，给出每个职业选项的机会评价。

4. 填写方格并做出分析

依据前述两个步骤中，不同职业选项的回报与机会评价情况，将其填写在职业决策的方格中，如图 6-5 所示。观察各职业选项在方格中的位置，越靠近右上方，说明其是应该优先选择的（即右上角的方格是最优选择）。这样的话，职业决策者就能简单直观地判断出职业选项的优劣。

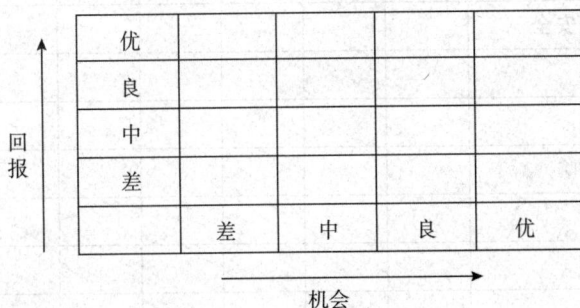

图 6-5　职业决策方格

（三）平衡单法

职业决策的平衡单法最初是由詹尼斯和曼提出来的。决策平衡单法，是将决策所考虑的诸多重大因素集中到四个维度：（1）自我物质方面的得失；（2）他人物质方面的得失；

（3）自我赞许与否；（4）社会赞许与否。台湾生涯辅导专家金树人通过研究，将后面的两个维度"自我赞许与否"和"社会赞许与否"修正为"自我精神方面的得失"与"他人精神方面的得失"，构建了以"自我—他人""物质—精神"为坐标的职业决策考虑因素的四个象限。如图 6-6 所示。

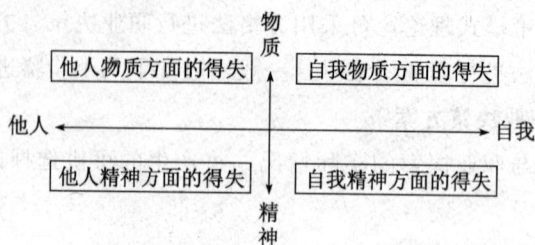

图 6-6　职业决策考量的维度

职业决策的平衡单法，是帮助决策者从四个维度出发，依据自身实际构建考虑因素，根据各项因素对自己的影响程度进行赋值并加权，系统分析每一个职业目标选项的情况。最后根据加权后的分数情况，得出各个职业目标选项的优先顺序，做出最终的决策。

职业决策的平衡单，可参考表 6-1 所示，表中的考虑因素可根据自身实际进行调整或重新构建，职业目标选项也可根据自身目标选项的多少进行调整。

表 6-1　生涯决策平衡单

考虑项目（权重−5——+5）		选择一				选择二			
		得（＋）		失（－）		得（＋）		失（－）	
		原始分	加权分	原始分	加权分	原始分	加权分	原始分	加权分
自我物质方面的得失	1. 收入								
	2. 工作的困难								
	3. 升迁的机会								
	4. 工作环境的安全								
	5. 休闲时间								
	6. 生活变化								
	7. 对健康的影响								
	8. 就业机会								
	9. 其他								
他人物质方面的得失	1. 家庭经济								
	2. 家庭地位								
	3. 与家人相处时间								
	4. 其他								

考虑项目 （权重－5——＋5）		选择一				选择二			
		得（＋）		失（－）		得（＋）		失（－）	
		原始分	加权分	原始分	加权分	原始分	加权分	原始分	加权分
自我精神方面的得失	1. 生活方式的改变								
	2. 成就感								
	3. 自我实现的程度								
	4. 兴趣的满足								
	5. 挑战性								
	6. 社会声望的提高								
	7. 其他								
他人精神方面的得失	1. 父母								
	2. 师长								
	3. 配偶								
	4. 其他								
合　计									
得失差数									

职业决策平衡单的使用步骤如下：

1. 列出待分析的职业目标选项

决策者根据意向或综合自我探索与职业认知情况得出的职业目标选项（通常3～5个），填写在平衡单的第一行中。

2. 修正完善所考虑的因素

根据职业决策需要考虑的四个维度，决策者结合自身实际情况，在平衡单的第一列"考虑因素"表格中，修正梳理后填入表格。

3. 根据考虑因素权衡利弊得失后进行打分

根据各职业目标选项对决策者而言，在各项考虑因素方面的利弊得失情况，决策者进行打分（原始分），填写在表格中。打分标准可采用五分制或十分制（自己确定，并统一打分标准），其中"得"用正数打分，"失"用负数打分。

4. 各项考虑因素的加权计分

各项考虑因素对决策者的影响及重要程度是有差别的。因此，决策者可根据自身实际情况，考虑各项考虑因素对自己的重要性与迫切性，给每个"考虑项目"赋予权重（加权范围通常是1～5倍）。利用各项考虑因素的原始分乘上权重，即可得到各项因素的加权分数。

5. 统计得分情况做出决策

先将平衡单中的各列求和，然后将每个目标职业选项的正负总数相加，算出其得失差数，即各个目标职业选项的最终总分。然后将最终总分按高低排序，得分越高，越满足决策者的实际需求。

澄清生涯决策的影响因素

下面列出了很多可能会影响未来做生涯决策的因素，请你仔细思考后用 1～5 来表示它在你做决定时考虑的重要程度：1 表示非常不重要，5 表示非常重要。

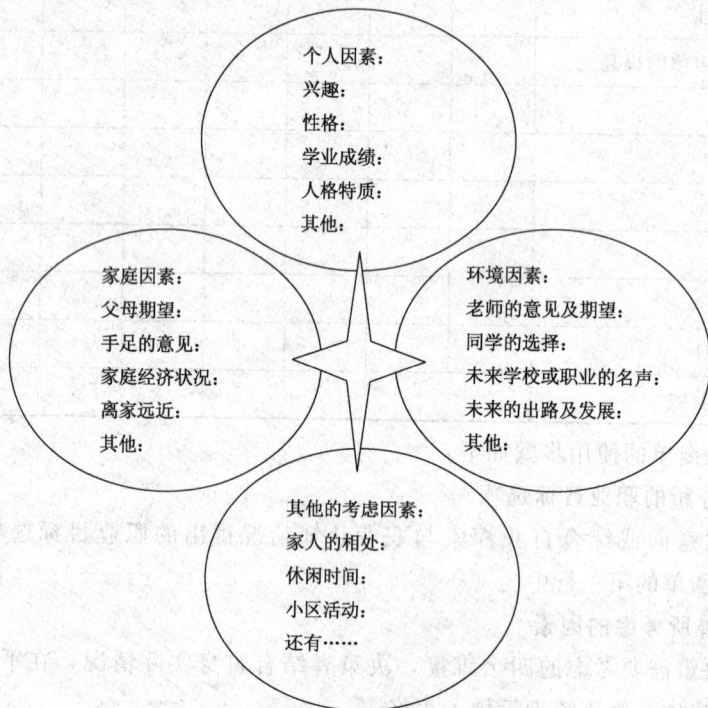

个人因素：
兴趣：
性格：
学业成绩：
人格特质：
其他：

家庭因素：
父母期望：
手足的意见：
家庭经济状况：
离家远近：
其他：

环境因素：
老师的意见及期望：
同学的选择：
未来学校或职业的名声：
未来的出路及发展：
其他：

其他的考虑因素：
家人的相处：
休闲时间：
小区活动：
还有……

第二节　制定行动方案

最大的麦穗

一天，古希腊的哲学家苏格拉底带领几个弟子来到一块麦地边。那时正是大熟的季节，地里满是沉甸甸的麦穗。苏格拉底对弟子们说："你们去麦地里摘一个最大的麦穗，只许进不许退，我在麦地的尽头等你们。"

弟子们听懂了老师的要求后，就走进了麦地。

地里到处都是大麦穗，哪一个才是最大的呢？弟子们埋头向前走。看看这一株，摇了摇头；看看那一株，又摇了摇头。他们总认为最大的那一穗还在前面呢。虽然，弟子们也试着摘了几穗，但并不满意，便随手扔掉了。他们总以为机会还很多，完全没有必要过早地定夺。

弟子们一边低着头往前走，一边用心地挑挑拣拣，经过了很长一段时间。

突然，大家听到了苏格拉底苍老的如同洪钟一般的声音："你们已经到头了。"这时，两手空空的弟子们才如梦初醒，他们回头望了望麦垄，无数株小麦摇晃着脑袋，似乎在嘲笑他们。

苏格拉底对弟子们说："这块麦地里肯定有一穗是最大的，但你们未必能碰见它；即使碰见了，也未必能做出准确的判断。因此，最大的一穗就是你们刚刚摘下的。"

苏格拉底的弟子们听了老师的话，悟出了这样一个道理：人的一生仿佛也在麦地中行走，也在寻找那最大的一穗。有的人见到了颗粒饱满的"麦穗"，就不失时机地摘下它；有的人则东张西望，一再地错失良机。当然，追求应该是最大的，但把眼前的一穗拿在手中，这才是实实在在的。

思考：

1. 读完这个故事，你有哪些感悟？

2. 你认为，我们的人生决策有哪些特点？如何更好地把握人生机遇呢？

一、制定行动方案的原则

1. 匹配性原则

大学生做职业生涯规划行动方案时，首先需要建立在人职匹配的基本原则之上。所谓"人职匹配"，是指个人的职业定位和职业生涯目标的确定，需要将个人的需求特质（性格、兴趣、能力、价值观、理想、气质等）与职业生涯规划目标职业的需要相匹配，不能南辕北辙，要找到最佳的匹配交集。

2. 现实性原则

职业生涯规划行动方案设计的现实性原则，是指在职业生涯目标设定的时候，不能只看自己适合什么、自己看重什么、自己胜任什么和自己喜欢什么，还要从目标职业的现实需要进行分析与评价。如果所设定的职业生涯目标所在行业已经进入衰退期，或者所选择的目标职业属于夕阳职业，或者目标职业的门槛过高，抑或从事该职业的群体过小，都要考虑这些职业的客观现实是否真正能够支撑、实现自己的职业发展目标。大学生在做职业生涯规划设计时，要充分做好所选择行业、职业的发展现状和前景的调查分析，以使自己的职业生涯规划符合现实需要。在制定职业生涯规划方案时，要充分考虑社会与组织的需要。有需求，才有位置。

3. 辅助性原则

大学生职业生涯规划行动方案设计是一种自我管理的理念，是一套辅助自我职业发展管理的方法。要使职业生涯规划设计活动富有成效，就必须发挥个人的主体作用，按照职业生涯规划设计的步骤与方法去行动、去实践。职业生涯规划设计仅仅是一种外因，是一种辅助性的方法，大学生必须通过个人努力学习与实践，才能把职业生涯意识和就业意识、职业发展规划管理与就业观念及职业素质转化为个人的内在品质。大学生职业生涯规划设计实际上是在职业生涯规划方法与理念的引导帮助下，促进自我认识、自我教育、自我提高的过程。

4. 发展性原则

发展性原则是指大学生个体在设计职业生涯规划行动方案时，不仅仅局限于个体当前的发展，而且要考虑到个体未来的职业发展空间，职业生涯设计要有超前性和预测性。大学生在职业生涯规划设计时，要将实现现实的自我与发展的自我（或称"未来的自我"）相结合，将实现今天的发展与明天的发展相结合，为个人的可持续发展奠定坚实的基础。在大学生规划中，仅仅只从自身实际出发，完成大学阶段基本的学习任务或发展任务是不够的，还必须拓宽视野，放眼未来，着力于社会对高素质、高层次人才的需要和适应多种岗位群工作需要的多种能力、多种素质的发展，以时代和社会的基本要求为前提，既要立足校园，又要超越校园，实现大学生规划与未来职业生涯规划相衔接。

5. 实践性原则

实践性原则是指大学生规划行动方案不能仅仅是规划，停留在口头上或纸面上，而是要用于指导实践，努力实践，成为大学生活实践的蓝本。马克思曾经说过，一步实际行动比一打纲领更重要。大学生规划实际上就是大学生生活行动的纲领，如果束之高阁，不付诸实际的行动，将毫无作用。因此，大学生不仅要很好地规划好大学生活，还要努力实践该规划，做到真正的知行统一，规划与行动相一致。

二、制定行动计划的方法

行动计划分为短期计划、中期计划和长期计划。长期计划一般是职业规划和设计中要达到的最高点或是一个相对较长时间（一般为5～10年）要达到的计划；中期计划和短期计划是指在实施长期计划的过程中必须经历的阶段计划，从时间上来讲，中期计划一般为3～5年，具有一定的战略规划价值；短期计划又有日、周、月、年计划之分，应该清晰明确、切实可行。

制定职业生涯规划行动计划，通常遵循以下步骤方法：

1. 行动计划思考准备

个人发展计划必备的要素是什么？

我的职业目标是什么？

怎样才能实现职业目标呢?

【拓展阅读】

烧开一壶水的智慧

一位青年满怀烦恼地去找一位智者。他大学毕业后,曾豪情万丈地为自己树立了许多目标,可是几年下来,依然一事无成。

他找到智者时,智者正在河边小屋里读书。智者微笑着听完青年的倾诉,对他说:"来,你先帮我烧壶开水!"

青年看见墙角放着一把极大的水壶,旁边一个小火灶,可是没发现柴火,于是便出去找。

他在外面拾了一些枯枝回来,装满一壶水,放在灶台上,在灶内放了一些柴便烧了起来,可是由于壶太大,那些柴烧尽了,水也没开。于是他跑出去继续找柴,回来的时候那壶水已经凉得差不多了。这回他学聪明了,没有急于点火,而是再次出去找了些柴,由于柴准备充足,水不一会就烧开了。

智者忽然问他:"如果没有足够的柴,你该怎样把水烧开?"

青年想了一会,摇了摇头。

智者说:"如果那样,就把水壶里的水倒掉一些!"

青年若有所思地点了点头。

智者接着说:"你一开始踌躇满志,树立了太多的目标,就像这个大水壶装了太多水一样,而你又没有足够的柴,所以不能把水烧开。要想把水烧开,你或者倒出一些水,或者先去准备柴!"

青年恍然大悟。

只有删繁就简,从最近的目标开始,才会一步步走向成功。万事挂怀,只会半途而废。另外,我们只有不断地捡拾"柴",才能使人生不断加温,最终让生命沸腾起来。

2. 制定行动计划书

完整的行动计划书应包含:题目、职业方向与总体目标、社会环境分析、学校分析、自身条件及潜力测评、角色及建议、目标分解、成功标准、差距、缩小差距的方案。

3. 实施行动计划

实际行动。

做好记录。

分析行动结果。

利用一切资源和机会。

4. 反思改进

发生了什么事?

为什么会发生?

结果如何?

现在怎么办？

该如何改进？

【拓展阅读】

只顾变化而无规划，发展只能随波逐流

很多行业的发展速度非常快，且竞争异常激烈，每个人都希望能应对各种状况。越是发展快速、变化万千的行业，越需要尽早规划。

1. 把握趋势做规划，胜过随波逐流

不懂预测未来的随波逐流，才真正是在浪费发展的时间和精力，更糟的是会错过好机会。市场不断变化，产品时刻推陈出新，那么其中所呈现出的趋势是可预测的，而你需要做的就是，在一个方向上累积足够多的信息、知识和技能，对未来的趋势做出配套的发展规划，让自己的发展先行一步，而随波逐流只会让自己在面对机会时措手不及。

2. 前进的方向来自清晰的职业目标

因为有先前的经验和积累，才会对自己的未来发展有进一步的想法，有了目标才能有前进的方向，这样才知道该往哪里推进你的事业。面对瞬息万变的变化，你只有提前通过规划、制定具体的目标，才能在风浪中掌握住自己的航向，找到属于你的"新大陆"。

3. 大方向不变，灵活调整阶段目标

明确了终极职业目标，大的发展方向不变，你要做的就是根据每个发展阶段的不同需求、不同实际状况，对阶段性目标进行微调，增加或减少阶段性任务。但这并不会影响你的发展，如果调整得当，或许还能让你的发展加速。有明确目标的发展微调，才能算是灵活的随机应变，处变不惊。

没有预见、没有规划、没有目标的"随机应变"都是效率极低的随波逐流，难以从中获得真正的成长。以不变应万变的智慧就是让你未雨绸缪地做好职业规划，沉下心在一个专业领域坚持走下去，保持时刻准备着的状态，无论迎面而来的是机会还是困难，你都能胸有成竹地应对。

三、职涯规划方案的内容

制定职业生涯规划方案是对个人职业发展道路进行选择和设计的过程，规划的内容和结果应该在规划过程中及规划后形成文字性的方案，以便理顺规划的思路，提供操作指引，随时评估与修正。一份完整有效的职业生涯规划文案，应该包括以下八项内容：

（一）标题

包括姓名、规划年限、年龄跨度、起止时间。规划年限不分长短，可以是半年、三年、五年，甚至是二十年，视个人的具体情况而定。建议大学生规划年限为三至五年。

（二）目标确定

确立职业方向、阶段目标和总体目标。职业方向即从业方向，是对职业的选择；阶段目标是职业规划中每个时间段的目标；总体目标即当前可预见到的最长远目标，也是在特定规划中的终极目标。在确定总体目标时，如果能适当地看得远些，定得高点，则有助于最大限度地激发规划者的潜能。

（三）个人分析结果

包括对自己目前的状况分析和对自己将来的基本展望，同时也包括对自己职业生涯有一定影响的角色的建议。

（四）社会环境分析结果

主要是指对政治、经济、文化、法律和职业环境等社会外部环境的分析。

（五）组织（企业）分析结果

主要是对职业、行业与用人单位的分析，包括对用人单位制度、背景、文化、产品或服务、发展领域等的分析。

（六）行动实施方案

分析制定、实现目标的主要影响因素，通过目标分解的方法，找出自身观念、知识、能力、心理素质等方面与实现目标要求之间的差距，然后制定具体方案逐步缩小差距，以实现各阶段目标。

（七）职涯规划的评估

1. 职涯规划评估的内容

（1）职业生涯目标评估（是否需要重新选择职业？）。

假如一直无法找到我们所希望的学习机会和工作，那么可以根据现实情况重新选择职业生涯目标；如果一直无法适应或胜任我们设计的职业生涯目标，在学习、工作中得不到应有的发展，导致我们长期压抑、不愉快，或职业给家庭造成极多的不便，家人反对所从事的职业，则需要修正和调整职业生涯规划。

（2）职业生涯路径评估（是否需要调整发展方向？）。

当出现更适合自身发展和职业生涯发展的机会或选择，而原定发展方向缺少发展前景的时候，可以尝试调整发展方向。

（3）实施策略评估（是否需要改变行动策略？）。

如果在向目标努力的过程中，没有收到实际的成效，则可考虑改变行动策略。

（4）其他因素评估（身体、家庭、经济状况，以及机遇、意外情况的及时评估）。

如果家庭需要更多的照顾，可将更多的精力放在家庭，甚至暂时放下工作。如果自身条件不允许，可放低对自己职业的要求或对生涯做出调整。

2. 评估注意事项

评估可以参照各类短期、中期、长期预定目标和实际结果比照而行。一般来说，任何形式的评估都可以归结为自我素质和行为对现实环境的适应性判断，分析自己现状，特别是针对变化的环境，找出偏差所在，并做出修正。

（1）抓住最重要的内容。在职业生涯的某一阶段，总有一个最重要的目标，其他目标都是指向这个核心的，我们完全可以通过优先排序，重点评估那些可能达到这个核心目标的主要策略执行的效果。

（2）分离出最新的需求。针对变化了的内外环境，要善于发掘最新的趋势和影响。对于新的变化和需求，分析怎样的策略才是最有效且最有新意的。

（3）找到突破方向。有时候，在某一点上取得突破性的进展，将使整个局面发生意想不到的改变。想一想，先前职业生涯规划中的策略方案，哪一条对于目标的达成应该有突破性的影响？达到了吗？为什么没达到？如何寻求新的突破？

（4）关注弱点。管理学中有个著名的木桶理论，即一只沿口不齐的木桶，其容量的大小不取决于最长的那块木板，而取决于最短的那块木板。在评估过程中，当然要肯定自己的长处与取得的成绩。但更重要的是切合变化的环境，发现自己的素质与策略的短板，然后想办法修正，或者把这块短板换掉，或者接补增长，唯有如此，你的职业生涯这只桶才能有更大的容量。一般来说，你的短板可能存在于下列方面：观念差距；知识差距；能力差距；心理素质差距。

3. 评估的方法

（1）反思法。对职业生涯规划实践的回顾，职业生涯规划中计划的学习时间达到了没有？学习上有什么收获？还有哪些问题？方法上有何体会？

（2）调查法。个人生涯规划在每一个近期目标实现后，对下一步的主（客）环境、条件做些调查、分析，看看条件是否变化，哪些变好，哪些变坏，总体如何，要心中有数，然后根据变化了的情况，恰如其分地修改下一步拟订的计划。

（3）对比法。在制定职业生涯规划时应多比、多思、多学，吸取别人科学的方法。对别人职业生涯规划的分析，往往有助于对自己职业生涯规划进行修改。

（4）求教法。把自己的职业生涯规划、追求公告于知己学友。自我反思通常十分困难，但别人能从旁观者角度清楚地看到你的弱点。虚心、主动地征求别人对自己计划的看法及修改意见，往往会受益匪浅。

（八）职涯规划的修正

根据评估的结果，往往需要对职涯规划进行目标和策略的修订。修订的内容包括：职业的重新选择、职业生涯路线的选择、阶段目标的修正、实施措施与行动计划的变更等。在这期间要做到谨慎判断，果断行动。谨慎判断就是无论变化多大，都要在理清来龙去脉后再做判断；果断行动就是要在判断后立即采取行动，重新修订自己的生涯设计，从而保证职业生涯的顺利发展，最终实现人生的职业理想。

通过修正，要达到下列目的：

1. 对自己的强项充满自信（我知道我的强项是什么）。

2. 对自己的发展机会有清楚的了解（我知道自己什么地方还有待改进）。

3. 找出关键的有待改进之处。

4. 为这些有待改进之处制定详细的行动改变计划。

5. 实施你的行动计划，确保你能取得显著的进步和成就。

课堂体验

绘制自己的生命花朵

生命之花，又叫作"平衡轮"，是一个生涯教练工具。这个工具可帮你：（1）看到生活的全貌；（2）发现自己真正想做的事情；（3）澄清目标并开始行动；（4）合理安排计划与分配时间精力。

现在，开始绘制自己的生命之花吧！

第一步：画一个空白的花

在空白处，先画上一个圈（尽可能的大），然后是一个交叉的 XY 轴，再加两条斜线。画面变成了 8 个等分的花瓣。一个空白的生命之花就出现了。可参考下图。

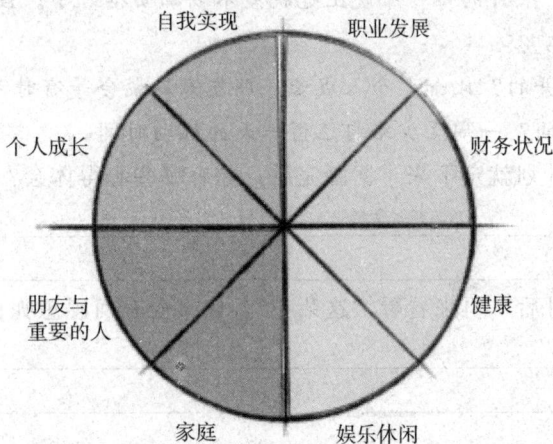

第二步：依次填上对自己生命平衡与幸福最重要的 8 项内容

标准版本的生命之花的内容顺时针排序为：

职业发展——你的职业发展方面。

财务状况——你的财务方面。

健康——身体、心理健康方面。

娱乐休闲——这个，不用说了吧。

家庭 —— 如果有自己的家庭，指自己的。未组建家庭的，代表原生家庭。

朋友与重要他人——不是亲人，却是不可失去的人。

个人成长——知识、能力、眼界、心灵的成长，都是个人成长。

自我实现——也许与工作无关，但是发挥你的天赋，实现你价值的事！

仔细看看，你会发现这个平衡轮内有玄机：上半部分主要是向外的，目标型的；下半部分更多是向内的，关系型的。有些人的生命之花上半边很好，下半边不行，头重脚轻，这种迟早会失衡。而脚重头轻的人，则容易长成土豆，过于保守和安逸。

第三步：在每个花瓣里填写最重要的三件事

不要多，在每一个圆弧边画一个小点，代表一个事项。一个维度就填写最重要的三件事情。你可以尝试填写更多，但是永远不要超过五项！

第四步：填入完成这些事项的时间计划

时间计划要注意：（以一个月来分配）

1. 优先安排比较硬性的事项。一般来说，职业和财务的时间都是硬性安排。

2. 然后安排健康时间和家庭时间。健康时间，因为你的身体需要持续的有规律的时间，所以最好提前安排。家庭时间，因为家人的时间相对固定，也可提前分配。这些时间不需要太长。

3. 然后是个人成长与自我实现的时间。这部分时间其实是整个罗盘的启动机，很重要，很考验智慧。

4. 娱乐休闲与重要他人放在最后。

按照这个原则，一个月的每一个晚上也就差不多都安排好了。最后整体看看：

1. 有没有前后冲突？

2. 有没有可以合并的？比如，个人成长、朋友家庭聚会等有时可以整合。

3. 有没有机动时间？一周至少给自己留一天的机动时间。

这样，一个月的计划就定下来了。画完后，你有哪些心得体会？

_____

_____

按此计划，一个月后，再来看看"这朵花"，你又会有何感想呢！

_____

_____

生涯智慧

一、职涯明智选择的方法

（一）把精力集中在最重要的选择上

我们知道，拥有选择的机会对主观幸福感非常重要，但是选择本身也有劣势，选择越多，这些劣势也就越明显。拥有选择的优点是显而易见的，但缺点却以微妙的方式逐渐积累。也就是说，并非某个特定的选择出了问题，而是所有选择共同导致了最后的结果。

放弃选择的机会并不容易。要做到这一点，关键是要意识到，大多数时候对我们最重要的，是某个决定导致的主观感受而非客观结果。要应对过量选择带来的问题，必须首先明确究竟哪些选择对生活来说是最重要的。

（二）成为选择者，而不是捡拾者

选择者是这样一种人：他们知道何谓重要的决定，知道何种情况下不应该做出选择，知道何时应该寻找新的选项，也知道如何选择更能凸显自己的不凡之处。能为自己和他人创造选择机会的正是选择者。不过面对海量选择时，我们通常会被迫成为捡拾者，只能被动地从已有选项里挑选。做选择者固然好，但要想多点自主选择，少点被动捡拾，我们就得学会在选择时自发地运用固有的习惯、习俗传统以及社会规范。

选择者有时间修正目标，捡拾者则没余地做出调整；选择者有时间避免从众，捡拾者则只能随波逐流。做出明智的决定需要消耗时间专注思考，只有选择者才能做到。

（三）做一个满足者，而不是最大化者

在选择过量的社会里，最大化者会受更多的苦。最大化者畅游不切实际的期望，他们害怕后悔，不愿失去机会，害怕跟别人比较。当选择的结果不尽如人意时，最大化者将会非常失望。

学会接受"够好"的选择，既可以减轻负担，又能增加满足感。尽管在客观上，满足者可能不如最大化者做得那么好，但是如果"最好的"可望而不可即，最后还是只能选择"够好的"，满足者就会比最大化者感到好受很多。

就算再苛求的人也不至于在生活的各个方面都做一个最大化者，人们至少有那么几个方面会比较容易感到满足。关键是要学会拥有知足常乐的心态，享受这个过程，让它渗透到生活中的点点滴滴，而不是让其任意发展。一旦成为一个懂得满足的有心人，和别人的各种比较就不再重要了，后悔也减少了。这样一来，即便身处这个复杂且选择过剩的社会，内心也会更平静。

然而，要成为一个满足者，你需要慎重地反思自己的目标和雄心，这是你做选择时能够设定"够好"的标准。要知道什么是"够好"，需要了解自己，知道自己在乎的究竟是什么。

（四）别太在意机会成本

做决定之前，想想别的选项并没有错，如果无视这些"机会成本"，可能会高估最佳选项的优点。可另一方面，我们对机会成本考虑得越多，就会越不满意最终的选择，所以反倒是不要多想那些已经被否决的选项为好。

光是想想那些被淘汰的选项的优点，就会削弱对最终选项的满意度，鉴于此，有人建议我们干脆把机会成本通通忘掉。可是如果不跟别的选项比较，我们就无法知道自己所选的选项到底有多好。比如，所谓的"好投资"，就是相比其他投资，这项投资的回报率更高。由于缺少绝对标准，适当考虑机会成本也是必需的。但也要谨记"过犹不及"。在这方面，次级决定可以帮上一些忙。当我们决定不去做某些决定时，就不需要考虑什么机会成本。

（五）做不可逆的选择

当我们可以对某个选择反悔时，满足感就会降低，要是某个选择是不可更改的，我们

就会采用多种心理机制，对自己的选择感到好受一点。如果某个决定是可逆的，这些心理机制就没什么效果了。

做重大决策最能体现不可逆选择的威力。寻找终身伴侣跟到商场购物不同，两者不能相提并论。面对更具吸引力的选择，收获幸福和安宁的唯一途径就是对自己说："我已经选择了自己的终身伴侣，就算那个谁长得再好看，也与我无关。"一旦做了不可逆的选择，你就可以把更多的精力放在改善已有的关系上，而不是进行无谓的猜疑。

（六）培养感恩之心

我们对事物的评价很容易受比较的影响，比较的对象甚至可以是虚构的。同一种体验可以好坏并存，而我们是否对其满意，取决于我们关注的是哪一面。如果总是想象有更好的替代品，我们的选择就会显得很糟糕，而当我们想到有比它更差的选项时，我们的选择就会显得很不错。

下意识地用感恩之心看待我们的选择或体验，减少对消极方面的失落感，就能让心情变得更好。感恩之心并不是自然自发产生的。感恩也需要训练，如果你给自己的目标过于笼统，就不会真的去做。

（七）告诉自己不后悔

无论是感到自己可能后悔还是真的追悔莫及，后悔带来的刺骨之痛都会影响人们的选择。虽然后悔在很多的时候都有其合理性和启发性，但当它强烈地影响了我们的选择时，就该想方设法减少它。生活是如此复杂，任何一个我们以为能改变一切的决定，其实都渺小无比。

（八）为适应做好心理准备

我们会适应任何有规律可循之物。生活艰难时，适应能使我们免受困难的冲击。生活不错时，适应就会让我们踏上"享乐跑步机"，消耗我们从积极体验中获得满足的能力。我们没有办法阻止适应的发生，我们能做的就是对不同阶段的体验做出符合实际的期望。

学会在愉悦感减弱后依然感到满足，当适应发生时才不会感到失望。我们也可以采用满足者的策略，通过减少做决定所花的时间和精力，来减少适应带来的失望。

（九）控制过高的期望

我们对体验的评价大多受到期望的影响，若想增加选择的满足感，最简单的方法就是不要对它们期望太高。然而说比做容易得多，尤其是在这个鼓励高期望的世界，到处都是选择，以至于让人以为总能找到完美选项。

（十）学会避免社会比较

我们通过与他人比较来评价自己。虽然社会比较能提供有用的信息，但也常常减少我们的满足感。所以少一点比较，我们的满足就会多一点。学会接受"够好"，就足以降低我们对他人在做什么的关注。用绝对的标准来衡量问题时，人们对结果的感觉会没那么好。不采用绝对标准，是避免社会比较的好办法。所以你应该关注让你快乐，以及让你的生活有意义的事物。

（十一）把选择的限制看成解放而非束缚

随着我们面对的选择越来越多，选择的自由最终会变成选择的暴政。常规的选择过程花费太多的时间和精力，使每一天都变成煎熬。在这种情况下，我们应该学会把选项的限制看成是解放而不是束缚。社会为选择提供规则、标准和规范，而个人经验则形成习惯。遵循规则使我们得以避免一次又一次地做出费劲的决定，帮我们省时省力，把时间花在那些尚无规矩可循的选择上。

短期来看，初级决定也就是关于生活中什么时候需要深思熟虑，什么时候可以走捷径的决定，为生活增添了一丝复杂性。但长期来看，很多日常的麻烦将因此而消失，我们会发现自己有更多的时间和精力，去思考那些保留下来但还没有做出选择的问题。

综上所述，我们：

想过得更好，就应该在选择的自由上自愿接受一些限制，而不是完全拒绝束缚；

想过得更好，就应该追求"足够好"，而不是"最好"；

想过得更好，就该降低对选择结果的期望；

想过得更好，做决定时就不应该给自己留退路；

想过得更好，就应该少关注身边的人在做什么。

二、职业生涯成功的标准

职业生涯成功被界定为个人在工作经历中，逐渐积累和获得的积极的心理感受，以及与工作相关的成就，并将其分成客观职业生涯成功和主观职业生涯成功。客观职业生涯成功是指个体在职业生涯中获得的，公正的第三方可观察、可衡量、可证实的成果。主观职业生涯成功是指个体从他（她）认为重要的维度，对自己职业生涯内心的理解和评估。

（一）什么样的工作最能带来幸福感

薪酬福利、良好的工作场所等外在的奖赏确实有用，但对人的激励作用是有限的。财务困难确实可能成为生活中的一大压力源，但是收入达到满足基本生活需要（衣食住行）的水平之后，对幸福感的作用就微乎其微了。获得诺贝尔经济学奖的心理学家丹尼尔·卡尼曼（Daniel Kahneman）2010 年发表的研究表明，美国人的家庭年收入达到 50 000 美元之后，收入的增加不能带来更多的幸福感，达到 75 000 美元之后就对工作满意度的影响很小。

激情和金钱都不是影响工作满意度的决定因素，那么什么样的工作能带给人最大的满足感？研究表明，最具满足感的工作有三大特点：（1）大部分是专业工作；（2）都跟关怀、教育、保护他人有关；（3）具有一定创造性。系统的数据分析表明，具有满足感的工作具有以下特征：

1. 投入有活力，令人兴奋

研究表明，投入度是工作满意度的重要来源。所谓工作投入度，是指工作深深地吸引你，能抓住你的注意力，给你带来"心流"。所谓"心流状态"，就是做事情得心应手，如同庖丁解牛一般酣畅淋漓，你的技能和注意力与手上工作的要求和挑战达到了完美平衡。这种状态意味着你对如何完成工作具有控制权，而且拥有清晰的工作目标和结果定义，通过持续不断地获得反馈校准你的表现。

2. 对他人有价值，心理平和

助人是生活满意度的重要促进因素；给予比索取带来更多的满足感，这一原理特别适合工作领域。最具满足感的工作大多具有利他性质，而且跟超越个体自我的更高领域具有某种联系。

3. 擅长并有价值，自我成就

如果工作力不从心，苦苦挣扎，你很难对工作感到满足。在工作中得心应手这件事本身就能给你带来价值感，而且还能够让你获得其他提高满意度的条件，例如你的技能可以让你获得更加灵活而自主的工作安排，参与更有挑战性和意义感的项目，获得你所敬重的人的关注和赞许。当然，这并不是说你只能做自己擅长的事情，而是应该做你有潜力不断提升、改善技能的事情，这样对工作满意度的提高有利。

4. 跟他人建立有意义的连接，人际和谐

跟谁一起工作与工作内容同样重要，你的同事可能成为压力源，也可能成为帮手。同事不必成为朋友，但当你遇到问题的时候，你可以向同事求助并得到积极的回应。社会支持是促进工作满意度的重要因素。

5. 没大烦恼，满足需求，经济无忧

工作中没有大的值得吐槽的地方对于工作满意度来说也很重要，例如：通勤时间漫长而痛苦、工作时间长而且不固定、感觉得不到认可（不管是薪酬还是赞扬）、感觉自己不安全（不管是身体还是工作稳定性方面），这些负面特质对工作满意度具有很大的杀伤性。

工作满意度是非常个性化的判断，难以量化。心理学家给出的理想工作标准仅供参考，帮助我们审视自己的职业选择。

（二）职业成功的标准

客观的职业成功指标包括总体报酬、晋升次数和其他能表示个人成就的外部标志；主观的职业成功被认为是个人感觉对工作和职业发展的满意程度。职业成功的标准是人们对职业成果意义的认识和评价，它取决于人们自身的需要和愿望。既然人的需求是多种多样的，那么人对职业成功的评价就必然是多元化的。当我们越是关注职业成功的主观标准时，多元化的特点就越明显。

一般而言，职业成功的标准有以下几种：

财富标准：认为通过工作可以获得更多经济回报，财富是现代人成功标志之一；

晋升标准：晋升到组织等级体系高层或者在专业上达到更高等级；

安全标准：渴望长时间的稳定工作，以获得职业上的安全；

自主标准：在工作中自主、自由，对职业和工作有最大限度的控制权；

创新标准：有创新创造性，可做出别人没有做出的事情；

平衡标准：在工作、人际关系和自我发展三者之间，保持有意义的平衡；

贡献标准：对社会、组织和家庭能有所贡献和价值；

影响力标准：在组织中、行业内和社会上有影响力，能改变、影响他人；

健康标准：在繁重工作的压力下，依然可保持身心健康。

以上几种职业成功的标准不是完全独立，而是相互排斥。在每一个人的心目中，职业成功的标准是一个有层次的结构，与其内在的需求体系相对应。

职业成功标准的多元性还体现在个体职业成功标准的阶段性上。在职业生涯发展的不同阶段，人们所面临的任务不同，其追求也不一样，标准也会有变化。在职业生涯的早期，养家糊口、成家立业都需要财力和物力，人们可能更注重财富标准；到了中期，人们可能会更关注职业发展的机会、家庭工作平衡和自我价值的实现；而到了晚期，临近退休，人们可能更强调安全、有保障。当我们思考职业成功标准时，一定不能忽略这种复杂性。

课外实践

反思你的职业生涯决策

通过回答以下 6 个问题，反思你的职业生涯决策的质量如何。

1. 你是否使用了一系列的职业决策方法来找出多种可能的职业选择？

_____

_____

2. 你是否已经仔细探索并研究了你的最终职业选择，包括它们所体现出的价值观以及所要求的技能？

_____

_____

3. 你是否对选择的职业目标的前景的正面和负面后果都进行了仔细的衡量？

_____

_____

4. 你是否广泛收集了最新的信息来进一步评价和衡量自己的职业选择？

_____

_____

5. 你是否实事求是地对职业选择时他人（老师、家长、专家等）的意见做了综合分析，特别是那些反对或不支持的意见和信息？

_____

_____

6. 你是否已做出详细的计划来实现自己的首要职业选择？当第一选择风险太大或不可实现时，是否还有第二选择来代替它？

_____

_____

_____

本章要点导图

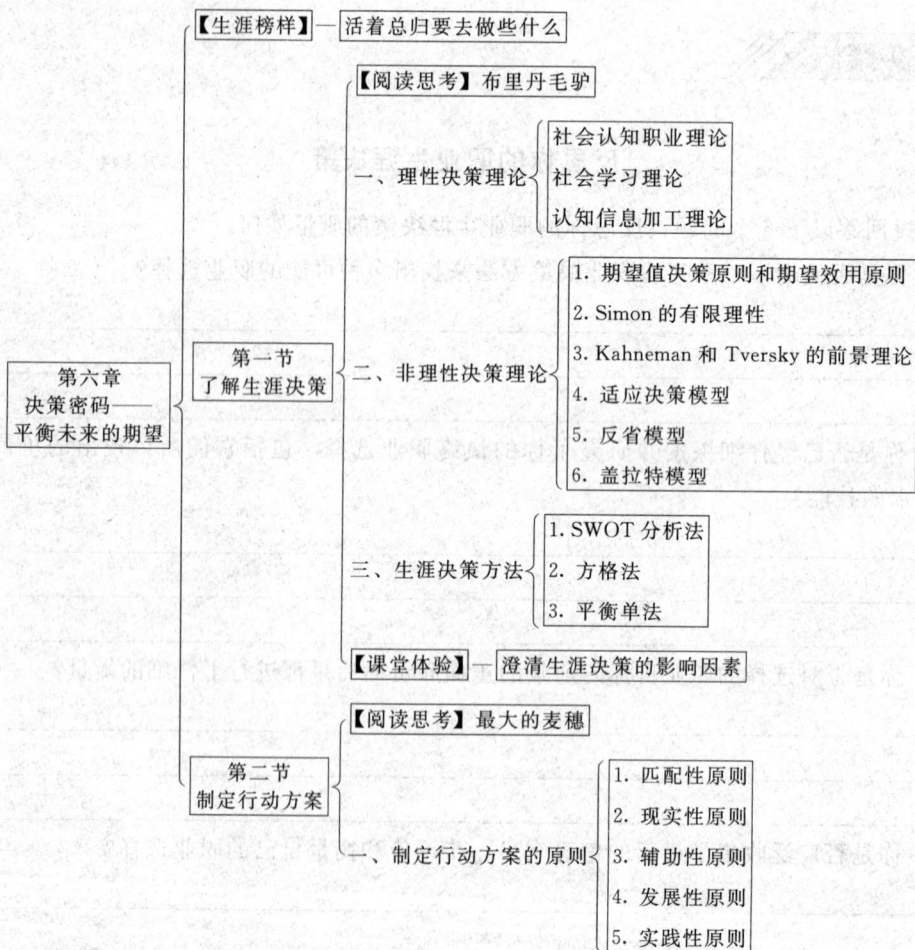

```
                                【生涯榜样】——活着总归要去做些什么

                                【阅读思考】布里丹毛驴

                                                        社会认知职业理论
                                一、理性决策理论 <        社会学习理论
                                                        认知信息加工理论

                                                        1. 期望值决策原则和期望效用原则
                                                        2. Simon 的有限理性
                第一节                                   3. Kahneman 和 Tversky 的前景理论
第六章          了解生涯决策       二、非理性决策理论 <     4. 适应决策模型
决策密码——                                               5. 反省模型
平衡未来的期望                                            6. 盖拉特模型

                                                        1. SWOT 分析法
                                三、生涯决策方法 <        2. 方格法
                                                        3. 平衡单法

                                【课堂体验】——澄清生涯决策的影响因素

                                【阅读思考】最大的麦穗

                                                        1. 匹配性原则
                第二节                                   2. 现实性原则
                制定行动方案       一、制定行动方案的原则 < 3. 辅助性原则
                                                        4. 发展性原则
                                                        5. 实践性原则
```

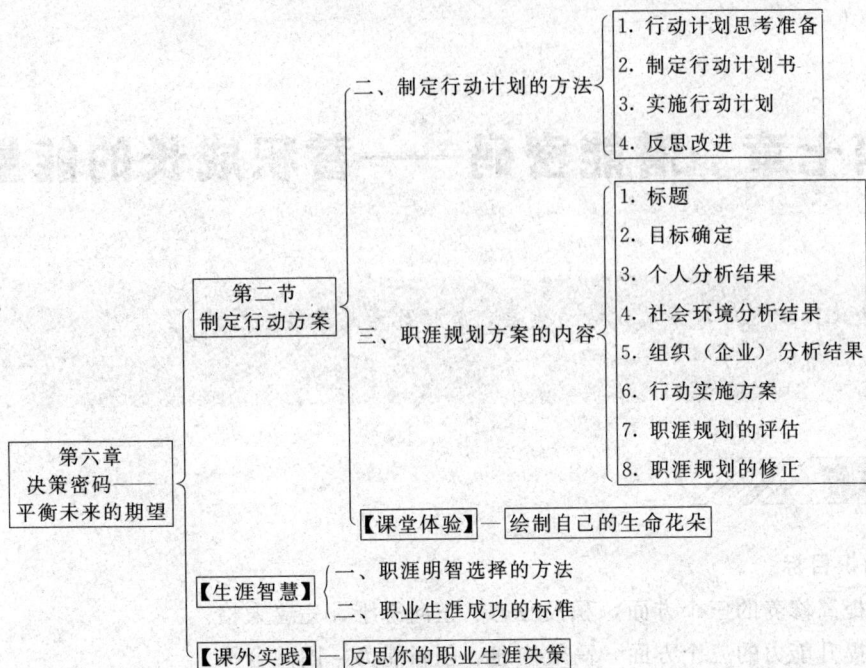

第七章 潜能密码——蓄积成长的能量

> 智力比知识重要，素质比智力重要，觉悟比素质重要。
>
> ——张瑞敏

学习目标

1. 知识目标

了解提高修养的三个方面，积极心态、正向思维、完善人格。

了解提升能力的三个方面，高效沟通、创新能力、团队合作。

2. 技能目标

掌握高效沟通、提升创新能力和团队合作能力的方法和途径。

3. 态度目标

认识到提升个人成长的重要性。

生涯榜样

成功需要 200% 的勤奋努力

"回旋加速器打开原子核看到的新现象，不比野外拿地质锤打破岩石看到的多。"中科院院士朱日祥的这句话让中国石油大学李海鹏毅然决然地转专业，选择了地球物理学。而他也交出了 6 门课程满分、10 门课程 99 分，连续 3 年专业第一的答卷。

由于课程设置不一样，李海鹏需要把地球物理专业没修过的课都上一遍。他每天坚持早上 6 点起床，放弃了所有的节假日休息时间，用一年时间补修完地物专业两年总计 31 门课程，几乎每一门课程都是专业最高分。

因为时间冲突，有些课程他不能全部去上课，李海鹏只有通过网络课程自学，逐渐掌握进而学精。一个学期修完了四大物理学的三门——光学、电磁学和热学，这也一度让他感到非常吃力。"在高强度、短时间的物理学习中，慢慢地感到不同物理学分支相通的地方，对我来说，收益颇深。"

随着对地球物理学学习的深入，李海鹏明白，只有扎实的数学功底，才能使自己在学术领域上实现真正意义上的突破。他开始不断夯实自己的数学基础，参加各类高等数学竞赛、数学建模竞赛等科技竞赛。为了争取更多的时间，他在学校度过了 6 个寒暑假，大一自学高年级课程偏微分方程、复变函数，大二自学小波变换、泛函分析等研究生课程。

辛勤的付出换来了回报，山东省赛一等奖、全国数学竞赛一等奖、2018 年美国数学建模比赛一等奖，李海鹏实现了数学竞赛的大满贯。

在前期打下坚实的学术基础上，李海鹏在海底起伏地表地震波数值模拟方面做出了创新工作，以第三和第四作者身份在国内著名地球物理学期刊《Applied Geophysics》上发表了两篇 SCI 论文，还担任了德国地球和行星科学期刊《Acta Geophysica》的审稿人。

如今，李海鹏已进入中国科学技术大学深造，他希望进一步探索地球深部，用尖端技术做大科学问题，偷听地球的"悄悄话"。

（引自中青在线：http：//edu.cyol.com/content/2019－09/17/content_18159656.htm.）

第一节 提高修养

阅读思考

哈佛大学的老鼠实验

哈佛大学心理学教授罗森塔尔曾经做过一个教育效应的实验：他把一群小白鼠分成两组并告诉学生实验者，用来进行迷津实验的老鼠来自不同的种系：聪明鼠和笨拙鼠。把聪明鼠交给学生实验者时，告诉他，这一群小白鼠属于特别聪明的一类，要好好训练；把笨拙鼠交给另一个实验者时则告诉他，这是智力很普通的一类。两个实验员分别对这两群老鼠实行训练。一段时间后，他们对小白鼠进行测试。测试的方法，是让小白鼠穿行迷宫。对于老鼠来说，走出去，就有食物吃。但是，走出去的过程中，它必须经常碰壁，只有聪明的，具有一定记忆力和智力的小白鼠才可能走出去。实验结果发现，A 组小白鼠比 B 组小白鼠聪明得多，几乎都很快走出去了。实验结果得出了聪明鼠比笨拙鼠犯的错误更少的结论，而且这种差异具有统计显著性。对学生实验者测试老鼠时的行为进行观察，并没发现欺骗或做了其他使结果歪曲的事情。

针对这个结果，罗森塔尔教授指出，他对两群老鼠的分组是随机的；他根本不知道哪个小白鼠更加聪明，他只是把小白鼠任意分成两组，把其中一组说成聪明的，给了 A 组实验员，而把另一组说成普通的，给了 B 组实验员。

（引自：百度文库，《聪明老鼠和笨老鼠》，有删减）

思考：

1. 你是如何理解罗森塔尔效应的？
2. 举例说明心理暗示对我们的行为的影响与作用。

一、积极心态

1. 积极心态的内涵

心理学相信在每一个人的内心深处都存在两股抗争的力量：一股力量是消极的，它代表着压抑、侵犯、恐惧、生气、悲伤、悔恨、贪婪、自卑、怨恨、高傲、妄自尊大、自私和说谎等；另一股力量是积极的，它代表喜悦、快乐、福乐、和平、爱、希望、负责任、宁静、谦逊、仁慈、宽容、友谊、同情心、慷慨、真理、忠贞和幸福等。这两股力量谁都可能战胜谁，关键是看个体自身到底是给哪一股力量不断注入新的能量，在给哪一股力量创造适宜的生存心理环境。

积极心态就是面对工作、问题、困难、挫折、挑战和责任，从正面去想，从积极的一面去想，从可能成功的一面去想，积极采取行动，努力去做。积极心态要求你在一时一事中学会积极的思维，积极思维是一种思维模式，也就是可能性思维、积极思维、肯定性思维，它使我们在面临恶劣的情形时仍能寻求最好的、最有利的结果。事实证明，当你往好的一面看时，你便有可能获得成功。积极思维是一种深思熟虑的过程，也是一种主观的选择。也就是说，在看待事物时，应考虑生活中既有好的一面，也有坏的一面，但强调好的方面，就会产生良好的愿望与结果。

积极心态是一种对任何人、任何情况或任何环境所保持的正确、诚恳而且具有建设性，同时也不违背人类权利的思想、行为或反应。积极心态允许你扩展你的希望，并克服所有消极心态。它给你实现自己欲望的精神力量、热情和信心，积极心态是当你面对任何挑战时应该具备的"我能……而且我会……"的心态。积极心态是迈向成功不可或缺的要素，积极心态是成功理论中最重要的一项原则，你可将这一原则运用到你所做的任何工作上。

2. 塑造积极心态的方法

拿破仑·希尔在《成功之路》中，关于心态的意义说过这样一段话："人与人之间只有很小的差异，但是这种很小的差异却造成了巨大的差异！很小的差异就是所具备的心态是积极的还是消极的，巨大的差异就是成功和失败。成功是由那些抱有积极心态的人所取得的，并由那些以积极的心态努力不懈的人所保持。"塑造积极心态，有以下方法：

（1）消除脑海中的消极因素，寻找挫折的积极面。

切断与自己过去失败经验的所有关系，消除脑海中和积极心态背道而驰的所有不良因素。打倒你的不是挫折，而是你面对挫折时所抱的心态，训练自己在每一次不如意中，都能发现和挫折等值的积极面。务必使自己养成精益求精的习惯，同学们应该记住：懒散的心态，很快就会变成消极心态。

参考别人的例子，提醒自己"任何不利情况都是可以克服的"。虽然爱迪生只接受过三个月的正规教育，但他却是最伟大的发明家。虽然海伦·凯勒失去了视觉和说话能力，但她却鼓舞了数万人。

（2）找寻并追寻目标，以强烈欲望驱动行动。

找出自己一生中最希望得到的东西，并立即着手去得到它，借着帮助他人得到同样好处的方法，去追寻自己的目标，如此一来，同学们便可将多付出一点点的原则，应用到实际行动之中。

分清楚愿望（Wishing）、希望（Hoping）、欲望（Desiring）以及强烈欲望（A Burning Desire）与达到目标之间的差别，其中只有强烈的欲望会给你驱动力，而且只有积极心态才能供给产生驱动力所需的燃料。

（3）控制并激励自己，锻炼自己的思想。

自怜是独立精神的毁灭者，要相信自己才是唯一可以随时依靠的人。把一生当中所发生的所有事件，都看作激励自己上进而发生的事件。随着时间的积累，即使是最悲伤的经验，也会为你带来最多的财产。放弃想要控制别人的念头，在这个念头摧毁你之前先摧毁它，把你的精力转而用来控制自己。把全部思想用来做自己想做的事，而不要留半点思维空间给那些胡思乱想的念头。

彻底地"盘点"一次自己的财产，你会发现你所拥有的最有价值的财产就是健全的思想，有了它你就可以自己决定自己的命运。锻炼自己的思想，使它能够引导命运朝着你希望的方向发展。随时随地都应表现出真实的自己，没有人会相信骗子。相信无穷智慧的存在，它会使我们产生为掌握思想和引导思想而奋斗所需的所有力量。

（4）自己多付出，仅索取合理的回报。

付出你的爱。爱是生理和心理疾病的最佳药物，爱会改变并且调节体内的化学元素，以使它们有助于你表现出积极心态，爱也会扩展你的包容力。接受爱的最好方法就是付出你的爱，以相同或更多的价值回报给你好处的人。"报酬增加律"最后还会给你带来好处，而且可能会带来所有你应得到的东西的能力。当你付出之后，必然会等到收获等价或更高价值的机会。

当找不到解决问题的答案时，不妨帮助他人解决问题，并从中找寻自己所需要的答案。在帮助他人解决问题的同时，你也正在洞察解决自己问题的方法。培养每天说或做一些使他人感到舒服的话或事，同学们可以利用电话、明信片，或一些简单的善意动作达到此目的。例如，给他人一本励志的书，就是为他带一些可使他的生命充满奇迹的东西。

感谢已拥有的生活来调整自己的思想，以使它为你带来想要的东西。向每天的生活索取合理的回报，而不要光等着回报跑到你的手中，你会因为得到许多所希望的东西而感到惊讶——虽然你可能一直都没有察觉到。

（5）多包容和接受，开放、开阔自己的胸怀。

和自己曾经以不合理态度冒犯过的人联络，并向他致上最诚挚的歉意。这项任务愈困难，你就愈能在完成道歉时，摆脱掉内心的消极心态。对于善意的批评应采取接受的态度，而不应采取消极的反应，接受他人如何看待你，做一番反省，并找出应该改善的地方。别害怕批评，你应勇敢地面对它。

增加自己的耐性，并以开阔的心胸包容所有事物，同时也应与不同种族和不同信仰的人多接触，学习接受他人，而不要一味地要求他人照着你的意思行事。

（6）改掉自己的坏习惯，保持健康状态。

改掉你的坏习惯，连续一个月每天禁绝一项恶习，并在一周结束时反省一下成果。如果你需要顾问或帮助，切勿让自尊心使你却步。比如，避免任何具有负面意义的说话形态，尤其应根除吹毛求疵、闲言闲语或中伤他人名誉的行为，这些行为会使你的思想朝向消极面发展。

多锻炼和运动，以保持自己的健康状态。生理上的疾病很容易造成心理的失调，身体应和思想一样保持活动，以维持积极的行动。

当学会上文所要求的良好习惯，并且调整好自己的思想之后，同学们的心态便会随时处于积极状态。

【拓展阅读】

哪里是一无所有，你只是眼里没有自己

我们每个人都有与生俱来的使命和责任，就是寻找自己，寻找那个最优秀的自己，寻找那个最美丽的自己，寻找那个可能光彩夺目的自己。

我们永远不知道完全释放能量的我们可以有多强大，我们永远不知道尽情绽放才华的我们可以有多美好。

我们的天赋、特长、兴趣、爱好，更多的还在青春躯体里沉睡和等待唤醒。

我们周围有很多人很幸运，他们的天赋被老师、家长、学校挖掘开发了。

我们没有，但这并不让人沮丧，自己开发自己同样一路惊喜。

所以，虽然我在学习上一无是处，依然不妨碍我慢慢试探生命的可能。

所以我会坚持读书，只是为了让自己懂得更多，内心世界更大。

所以我会坚持练字，只是为了看看我有没有成为书法家的可能。

所以我会坚持写诗，只是为了看看自己有没有成为诗人的天分。

所以我会读故事写故事，只是想看看自己有没有做编剧的才华。

所以我会听相声看段子，只是为了向别人学习让自己变得有意思。

所以我会去新东方，只是为了看看高手如林的讲台有没有我的位置。

所以我会去世界杯，只是为了看看给英格兰女足做翻译会不会成功。

所以我会考公务员，只是看看自己有没有做行政的能力，以及运气。

所以我会开公众号，只是为了看看凭借我的热情和坚持能影响到多少人。

……

我只想找到自己在这些方面的天赋和特长。

非常可惜，我没找到。

这些能力，我都没有。

我没有在上面任何一个领域成为行家里手天下第一。

也无法靠上面任何一项技能做到扬名立万安身立命。

然而，我也没有沮丧。

毕竟，我至少证明了十几种我可能并不适合的职业方向。

这就是我人生的意义啊，我在探索自己的可能与不可能。

所以，人生哪里有什么弯路，弯路不是也有风景吗？

而且你不走，你怎么知道是弯路，你怎么懂得下一次巧妙躲开？

然而，这并不是重点。

重点是我依然找到了自己。

我现在读书比大部分人要多。

我现在书法比大部分人要好。

我现在写诗比大部分人要好。

我现在讲故事比大部分人要好。

我现在说相声比大部分人要好。

……

然而，这也并不是重点。

我所有的付出并不是为了比大部分人好，更不是为了通过比较而快乐。

我只是想在经营自己和寻找天赋的路途上，用心行走，百折不回。

我只是想让自己的人生在无法改变的长度上，能有更多丰满的体验。

所以，接下来，我还会去尝试更多，体验更多，感受更多。

人生没有白做的功。

人生没有白费的力。

既然，你一直在努力；

相信，时间终会回报你。

青春最美好的部分是什么？

是拥有无数可能。

如果做不了别人，那就好好做自己。

不妨，让我们一起努力。

遇见，未来最美的自己。

二、正向思维

正向思维使我们的大脑处于开放状态，处于积极的激活的状态，使我们的情绪处于兴奋、激情状态。这种状态正是大脑指令的表达，并能调动身体各个系统和各个器官有效地、良好地朝指令方向动作，于是，能力、创造力和潜力被挖掘出来。负向思维恰好相反，它否定自我、轻视自我，并放弃开发自我的努力。

在恶劣的环境，正向思维的优势就更加显现出来。正向思维的人首先从内心培养坚强的意志，不断地分析自己的长处，不断地强化自己的信念，然后去奋斗和努力。正向思维的人能在追求成功的道路上更多地获得他人的支持，因为他们对他人采取和对自己一样的态度：肯定自我、肯定他人、接受自己、接受他人、热爱自己、也热爱他人，将自己的力量扩大到群体力量上，他们当然更容易能够成功。

思维方式的建立，是一个长期的调整、强化、反复的过程，这种过程并非脱离实践的修身养性，而是在追求成功的过程中反复实践和成功循环。不断强化这种思维方式，即正向思维—导向成功—强化正向思维—进一步成功。

一个拥有健康的正向思维能力的人，能抵御生活中各种负向的影响。那种怨天尤人、悲风苦雨、灰心丧气、无能为力、无所作为的情绪，很难进入他们的头脑。即使有些低落，也会及时调整，尽快清除。正向思维的人总处在激情、激活的状态，灵感、思想火花、绝妙的观点和宏伟的策略，都会迸发而出，自觉地、一次又一次地反复调整和控制自己，长此以往，一种良好的思维方式就会变成自己的意识活动。

【拓展阅读】

人品第一，能力第二

• 有眼界才有境界，有实力才有魅力，有思路才有出路，有作为才有地位。政从正来，智从知来，财从才来，位从为来！

• 观念比能力重要，策划比实施重要，行动比承诺重要，选择比努力重要，感知比告知重要，创造比证明重要，尊重生命比别人看法重要！

• 方向比速度重要，智慧比吃苦重要，学习比学历重要，机遇比关系重要，要什么比做什么重要！

• 智力比知识重要，素质比智力重要，觉悟比素质重要。方向大于方法，动力大于能力，做人大于做事！

• 拥有远见比拥有资产重要，拥有能力比拥有知识重要，拥有人才比拥有机器重要，拥有健康比拥有金钱重要！

• 信念改变思维，思维改变心态，心态改变行动，行动改变习惯，习惯改变性格，性格改变命运。

• 命运不是放弃，而是努力。命运不是运气，而是选择。命运不是等待，而是把握。命运不是名词，而是动词。

• 决定今天的不是今天，而是昨天对人生的态度；决定明天的不是明天，而是今天对事业的作为。我们的今天由过去决定，我们的明天由今天决定！

• 不是井里没有水，而是挖得不够深；不是成功来得慢，而是放弃速度快。得到一件东西需要勇气，放弃一样东西则需要智慧！

• 播下一个行动，收获一种习惯；播下一种习惯，收获一种性格；播下一种性格，收获一种命运。思想会变成语言，语言会变成行动，行动会变成习惯，习惯会变成性格。

• 你来自何处并不重要，重要的是你要去往何方，人生最重要的不是所站的位置，而是所去的方向。人只要不失去方向，就永远不会失去自己！

• 这个世界唯一不变的真理就是变化，任何优势都是暂时的。当你在占有这个优势时，必须争取主动，再占据下一个优势，这需要前瞻的决断力，需要的是智慧！

　　• 你能够成为什么？唯一限制就是你头脑里的框框，你的外部世界永远反映你的内心世界，要想改善外部世界，必须努力改变内心世界！

　　• 没有比脚更长的路，没有比人更高的山，没有做不到的事，只有想不到的人。阻挡你前进的不是高山大海，而往往是自己鞋底一粒小小的沙！

　　• 要想事情改变，首先自己改变，只有自己改变，才可改变世界。人最大的敌人不是别人，而是自己，只有战胜自己，才能战胜困难！

三、完善人格

　　人格是指人的性格、气质、能力等特征的总和，也指个人的道德品质和个人能作为权利、义务的主体的资格。而人格魅力则指一个人在性格、气质、能力、道德品质等方面具有的很能吸引人的力量。在今天的社会里一个人能受到别人的欢迎、容纳，他实际上就具备了一定的人格。良好的人格特征包括妥善的为人处事方式、广泛的兴趣爱好、幽默的性格等因素。

　　大学生完善的人格指的是人格构成诸要素气质、能力、性格和理想、信念、人生观等方面的均衡发展。大学生的人格养成要体现在良好的道德素质，综合的文化素质，和谐的人际关系，健康的心理状态，彬彬有礼、温文尔雅的礼仪形象上。同时，还要体现在学会感恩父母，学会承担自己在学校在家庭的责任和义务，学会感受为他人服务的快乐，学会在乎每一个人，学会尊重每一个人。

【拓展阅读】

做到这些，你就站在了人生的最高处

当你能够，

忘记你的过去，

看重你的现在，

乐观你的未来时，

你就站在了生活的最高处。

当你明白，

成功不会显赫你，

失败不会击垮你，

平淡不会淹没你时，

你就站在了生命的最高处。

当你修炼到，

足以包容所有生活之不快，

专注于自身的责任而不是利益时，

你就站在了精神的最高处。

当你，

以宽恕之心向后看，

以希望之心向前看，

以同情之心向下看，

以感激之心向上看时，

你就站在了灵魂的最高处。

课堂体验

打造个人品牌

1. 个人品牌＝我是谁＋我的愿景

我是谁：_____

我的愿景：_____

2. 个人品牌＝市场卖点

个人市场卖点：_____

3. 个人品牌＝特色定位

用八个字说出你的特色：_____

4. 个人品牌＝形象包装

你最吸引人的形象或符号设计是：_____

5. 个人品牌的媒体渠道

你的个人网站构想（微博或 QQ）：_____

你的个人光盘构想（宣传页或手册）：_____

6. 自我公关与推广

关于你的新闻报道设计：_____

关于你的光辉故事设计：_____

关于你的社会交往规划：_____

第二节　提升能力

阅读思考

大国工匠李万君

焊工是最平凡的工匠。被誉为"没有翅膀的飞机"的高铁，却离不开他们非凡的双手。

在全国优秀共产党员、中车长春轨道客车股份有限公司焊工李万君看来，工匠精神有两种。一种是创新发明开拓，攻克非凡的难题；另一种是始终如一日，把平凡的工作做到极致。

每一天，工作了29年、已获得"中华技能大奖"的李万君，都在手握焊枪、踏踏实实地做着这两件事。

1987年初入职场，李万君披挂着厚重的帆布工作服，扣着封闭的焊帽，和工友们在电焊车间水箱工段的烟熏火燎中淬炼意志。

焊枪喷射着2300℃的烈焰，瞬间将钢铁融化。炎热的盛夏，车间里火星四溅，烟雾弥漫；声音刺耳，味道呛鼻。一年后，一起入厂的28个小伙伴有25个离职。李万君留了下来。焊工是非常苦非常累的工作，但是李万君热爱它，钻研它。

厂里的尖端活、关键活都找他，他的作用越来越大。有一年，工厂水管冻裂了，水哗哗地流，生产无法进行。可带压焊接一焊就噗噗冒气儿，经验丰富的老师傅也没了主意。李万君仔细观察，反复琢磨，在裂口处焊上了一个带螺纹的管座，让气体从中排出，难题迎刃而解。

多年的勤学苦练下来，李万君把焊枪使得出神入化。两根直径仅有3.2毫米的不锈钢焊条，可以被分毫不差地对焊在一起，并且不留一丝痕迹；20米外，只要听到焊接声，李万君就能判断出电流电压的大小、焊缝的宽窄、焊接质量如何。

技艺越来越高的他自然走上了攻克技术难题之路。2007年，作为全国铁路第六次大提速的主力车型，时速250千米的动车组在长客公司试制生产。列车转向架横梁与侧梁间的接触环口，是承载整车约50吨重量的关键受力点，按常规焊法焊接段数多，接头易出缺陷，质量无法保证，成为阻碍生产的拦路虎。

"能否一枪把这个环口焊下来呢？"李万君提出这个想法，来自阿尔斯通的法国专家认为不可能。经过一个月的反复钻研摸索，李万君总结出"构架环口焊接七步操作法"，一枪焊完整个环口。这连最先进的焊接机械手也无法完成的操作，让倨傲的法国专家对中国工人竖起了大拇指。

随着我国高铁产业不断升级，技术难题也越来越高精尖。"既要保证生产任务，又要攻克难题，党员自然要加班加点带头干。"2017年，李万君又带领团队攻克了美国纽约地铁列车转向架焊接难题，通过32道焊接把4厘米厚的钢板严丝合缝地焊在一起，用超探、射线技术检测也看不到任何缺陷。

2011年以来，李万君带头完成国家发明专利21项，革新70多项，重大技术创新10多项，取得五小成果150多项，获奖104项。而在短短6年时间里，中国高铁也完成了时速250千米、350千米、380千米的"三级跳"。大国工匠正助力"中国梦"提速。

思考：

1. 李万君的故事带给你哪些启发？

2. 面对日新月异的技术发展和激烈的职场竞争，需要具备哪些职业素质和能力？

一、高效沟通

（一）沟通的内涵

沟通的定义：信息凭借一定的符号载体，在个体或群体间进行传递，并获取理解的过程。沟通的内涵是信息的传递和理解。

沟通是一个过程，沟通的完整过程如图 7-1 所示。

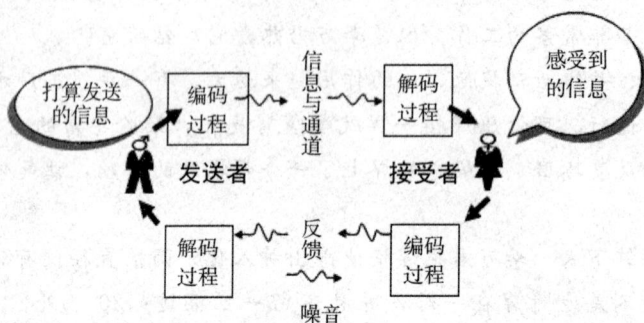

图 7-1　沟通的过程

从沟通的过程可以看出：人与人之间的沟通，不是简单的信息传递，而是通过信息载体，使沟通双方获得一致的信息和感受。信息在沟通传递过程中，不能完全为对方所理解和把握的，而是受信息接收方的主观因素影响而减少。沟通过程中的信息递减规律，称为"沟通漏斗"，如图 7-2 所示。

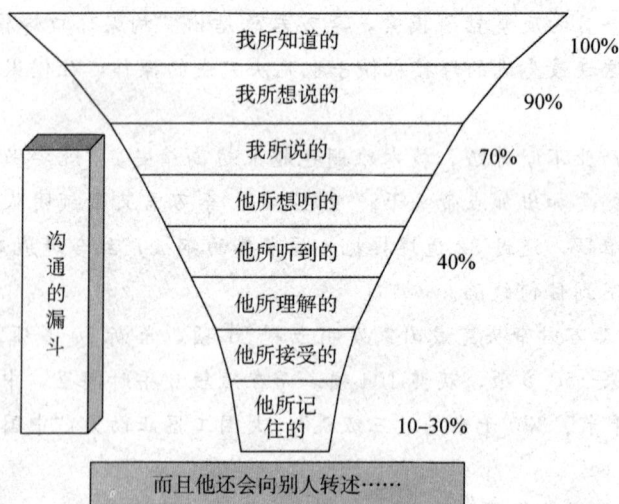

图 7-2　沟通信息的递减规律

沟通漏斗不但形象的阐明了沟通信息减少的影响因素，也有助于理解不可能要求信息接收方对信息接收完全和曲解。因此，要想提高沟通效率，改善沟通效果，除了要提高自我表达能力外，还要重点了解对方及其沟通特点，这是努力的方向。

关于沟通，还有一个著名的"7、38、55 法则"：一个人决定要不要接受另外一个人所说的话，有 7％来自对方所说的内容（是否易懂），有 38％来自对方说话的声音和语调（是否好听），有 55％来自对方的外形和肢体语言（是否顺眼）。也就是说，有效沟通中信息的理解与判断的依据，有 7％是说话的内容，有 38％是说话的语调，有 55％是外形与肢体语言。因此，有效沟通离不开听、看、问、说四个方面。在沟通时，应尽量提高内容、声音、肢体动作的一致性，以增强沟通效果。

（二）沟通的原则

1. 目的性

有明确的沟通目标，重视沟通的准备和计划，注意时机、策略和细节，通过简洁而灵活的方式，达到你沟通的预期目标。

2. 及时性

信息具有时效性，信息只有得到及时反馈才有价值。在沟通时，不论是向下传达信息，还是向上提供信息，或者与横向部门沟通信息，都应遵循及时原则。遵循这一原则可以使自己容易得到各方的理解和支持，同时可以迅速了解他人的思想和态度。在实际工作中，沟通常因信息传递不及时或接受者重视不够等原因而使沟通效果大打折扣。

3. 准确性

所传递的信息必须全面完整、准确无误，所用的语言和方式能为对方所理解，不被受众断章取义或误解。

（三）沟通的种类

根据信息载体的不同，沟通可以分为言语沟通和非言语沟通。言语沟通建立在语言文字基础上，又可分为口头信息沟通和书面信息沟通两种形式。

1. 口头信息沟通

绝大部分的信息是通过口头传递的。口头信息沟通方式十分灵活多样，它既可以是两人间的娓娓深谈，也可以是群体中的雄辩舌战；既可以是正式的磋商，也可以是非正式的聊天。

优点：信息可在最短时间内被传送，并在最短时间内得到对方回复。如果接收者对信息有疑问，迅速的反馈可使发送者及时检查其中不够明确的地方并进行改正。

缺点：信息在传送者一段段接力式传送过程中，存在着巨大的信息失真可能性。每个人都以自己的偏好增删信息，再以自己的方式诠释信息。当信息经过长途跋涉到达终点时，其内容可能会与最初的含义存在着较大的偏差。

2. 书面信息沟通

书面沟通就是要先确定想要表达的主要意思，然后用合适的方式将它表达出来。不管使用何种书面沟通方式，重要的是保证表达能够被理解。

优点：能够有形展示、长期保存，可以作为法律依据，对于复杂或长期的沟通来说，这尤为重要；同时，由于要把想表达的内容写出来，可以促使人们对信息更加认真地思考，因此，书面沟通较口头沟通显得更加周密，条理清晰。

缺点：相对于口头沟通而言，书面沟通耗费时间较长，不能即时提供信息反馈，无法确保所发出的信息能够被接收到。

3. 非语言沟通

非语言沟通是指通过某些媒介而不是讲话或文字来传递信息。非语言沟通的内涵十分丰富，包括副语言沟通、身体语言沟通和物体的操纵信息沟通等多种形式。

（1）副语言沟通。

一句话的真正含义，很多时候不仅取决于其表面意思，而且取决于它的弦外之音。因而，副语言分为口语中的副语言和书面语中的副语言：口语中的副语言是通过非语言的声音，如重音、声调的变化、哭、笑、停顿来实现的；书面语中的副语言是通过字体变换、标点符号的特殊运用以及印刷艺术的运用来实现的，例如，某几个字加着重号或用黑体强调。

（2）身体语言沟通。

身体语言沟通是指用形体语言（目光、表情、手势、动作）、空间距离、衣着打扮等形式来传递或表达沟通信息。

（3）物体的操纵信息沟通。

除了运用身体语言之外，人们也能通过物体的运用、环境的布置等手段进行非语言的沟通。

（四）沟通的技能

只有将语言沟通和非语言沟通的技巧有机地结合起来，并在实际沟通中最大化地加以运用，才能切实提高沟通能力。

1. 注意运用语言的艺术

语言艺术运用得好，就能吸引和抓住对方，调动彼此倾谈的激情、兴趣。相反，如果不注意语言艺术，往往在无意间就出口伤人，产生或激化矛盾。掌握人际沟通的语言艺术的方法有：

第一，称呼得体。称呼反映出人们之间心理关系的程度。恰当得体的称呼，能使人获得一种心理满足，使对方感到亲切，交往便有了良好的心理气氛；称呼不得体，往往会引起对方的不快甚至反感，使交往受阻或中断。所以，在交往过程中，要根据对方的年龄、身份、职业等具体情况及交往的场合、双方关系的亲疏远近来决定对对方的称呼。对长辈的称呼要尊敬，对同辈的称呼要亲切、友好，对关系密切的人可直呼其名，对不熟悉的要用敬辞。

第二，说话注意礼貌。正确运用语言，表达清楚、生动、准确、有感染力、逻辑性强，少用俚语和方言，切忌滥用辞藻，含含糊糊；语音、语调、语速要恰当，要根据谈话的内容和场合，采取相应的语音、语调和语速；讲笑话要注意对象、场合、分寸，以免笑话讲得不得体，伤害他人的自尊心或者造成尴尬的局面。

第三，适度地称赞对方。每个人都希望别人赞美自己的优点。如果我们能够发掘对方的优点，并进行赞美，对方会很愿意与我们多沟通。但是赞美要适度，要真诚，要有具体的内容，绝不能曲意逢迎、盲目奉承。

第四，避免争论。年轻人喜欢争论，但争论往往是在互不服输、面红耳赤、不愉快甚至演化成直接的人身攻击或在严重的敌意中结束。这对人际关系的有害影响是显而易见的。因此，同学们要尽量避免争论，而要通过讨论、协商的途径解决分歧。最终要以"求同存异"的方式，既表明必要的原则性，又不伤害彼此友谊，不强加于人，相互有保留的余地。

2. 非语言沟通技巧

非语言沟通技巧是指除了语言沟通之外的各种人际沟通方式，它包括形体语言（如目光、表情、手势、动作等）、空间距离、衣着打扮等，因此又被称为"身体语言沟通"。

非语言沟通在日常活动的沟通中占有重要的位置。沟通中，语言沟通仅仅占 7%，高达 93% 的沟通是非语言的。其中 55% 是通过面部表情、形体姿态和手势传递的，38% 是通过音调传递的。正如爱默生所说，人的眼睛和舌头所说的话一样多，不需要字典，却能够从眼睛语言中了解整个世界，这是它的好处。

第一，眼睛是心灵的窗户，眼睛一样会说话。面部表情是内心情绪的外在表现，它们均能表达人的态度和情感。如眉飞色舞表示内心高兴，怒目圆睁表示愤怒等。在人际交往中根据谈话的内容和场合，正确运用非语言艺术，巧妙地表达自己的思想感情，有时能起到"此时无声胜有声"的作用。但非语言艺术要运用得恰到好处，不可过于频繁和夸张，以免给人矫揉造作之感。

第二，学会有效的聆听。倾听是维持人际关系的有效法宝，几乎所有的人都喜欢"听他讲话"的人。在沟通时，作为听者要少讲多听，不要打断对方的谈话，最好不要插话，要等别人讲完之后再发表自己的见解；要尽量表现出聆听的兴趣和恰如其分的肯定和称赞。听别人讲话时，要正视对方，切忌小动作，以免对方认为你不耐烦；力求在对方的角色上设身处地地考虑问题，对对方表示关心、理解和同情；不要轻易地与对方争论或妄加评论。

第三，选择正确的距离。人际交往的空间距离不是固定不变的，具有一定的伸缩性，这依赖于具体情境，如交谈双方的关系、社会地位、文化背景、性格特征、心境等。不同国家、不同民族，文化背景不同，交往距离也不同。这种差距是由对"自我"的理解不同造成的。社会地位不同，交往的自我空间距离也有差异。了解交往中人们所需的自我空间及适当的交往距离，就能有意识地选择与人交往的最佳距离。而且，通过空间距离的信息，还可以很好地了解一个人的实际的社会地位、性格，以及人们之间的相互关系，更好地进行人际交往。

3. 沟通能力的培养

真正有效的信息沟通，并非一日之功。下列技巧有助于提高沟通能力，解决信息沟通中的难题，使沟通更富有成效。

（1）期望。

要想消除彼此期望值之间的差异，一种途径是订立协议。另一种途径是向对方清楚说明你的期望。这种做法既可以让对方了解你的期望，又能根据对方的需要对自己的期望做有效、合理的调整，预先消除可能遇到的伤害和失望。

如果在交流中出现失误，让你失望或受到伤害，请不要放在心上。不妨问一下自己，想不想背上这包袱？自己能从中得到什么？一旦尽心尽力地澄清了交流中出现的失误，就要为自己付出的努力骄傲，该过去的就让它过去。

（2）聆听。

人与人之间的交流充满变数，既复杂又具有挑战性。设身处地是成功交流的一个关键因素。

聆听，但不要受他人情绪的感染。他人有难处时，应设身处地地理解他人，但不能为这种情感左右。必须为自己留一份精力去做自己的事。记住，不要做一块海绵，不论好坏什么都吸收。

（3）反馈。

一般来说，反馈是事实和情感因素的结合。交流中的实质信息和关系信息很容易给人带来误解，从而招致不满。因此，在提供反馈意见时，应强调客观公正，不要妄作评判或横加指责。听取别人的反馈时，则要抓住其中对自己有价值的东西，不要计较对方的身份和交流的方式，做到言者无罪，闻者足戒。

（4）诚实。

诚实是人与人沟通时最基本、最重要的品质，虽然有时实话实说很伤人。但忠言逆耳，诚实的品质最终能帮助人们建立稳固长久的关系。因此，诚实非常重要。如果在与人的交往中有什么困扰，尽量直接说出来，以免小事化大，到头来更难处理。

（5）制怒。

对方怒气冲冲时，如何使其冷静？在此提供几个小方法：让对方的怒气发泄出来；表示体谅对方的感受；询问是否需要帮助等。一般情况下，最恰当的解决方法是，找出对方发怒的原因，从源头上去解决。

（6）果断决策。

如果你疲惫不堪、心中有烦恼或忙得无法分身，要坦然地说出来。另外找一个时间，使自己处于最佳状态时再来处理事务。

如果优柔寡断、迟疑不决，可采用以下步骤补救：回顾所有事实；反复过滤各种可行性方案；选择最佳方式，哪怕这意味着你要多受点委屈；一旦决策，立即行动。

【拓展阅读】

沟通无力时，你要学会赞美对方

改变别人的想法经常是不可能的任务。多数情况下劝人不成反惹祸，原本对立观点之间的鸿沟愈加扩大，双方甚至可能恶语相向。行为科学研究显示，争论中引用的事实和证据越多，多数人越会想争辩，和解的可能性也就越小。

一种名为"肯定效应"的策略，可能是唯一能将顽固观点软化，以及创造灵活讨论空间的方法。

在对某事形成观点后，我们很难毫无感情、不注重意义地理性分析，因为通常所持的观点就代表着我们的身份、信仰和阶层。如果有人提出批评或是质疑你的信仰，潜意识层面会觉得他们在挑战你的身份，大脑会自动准备好迎击对手、攻击其自尊。

达特茅斯学院的布兰登·奈汉和埃克塞特大学的杰森·瑞弗勒是两位长期研究该效应的学者。他们发现，如果称赞别人，人们在改变观点方面会更容易接受。在最新实验中，奈汉和瑞弗勒再次发现："在'肯定效应'下，人们遇到存在争议的观点时，处理不一致的信息会更容易。另外，获得肯定后拒绝承认事实的冲动会减弱，如若不然他们会将事实视为威胁。"

德鲁·韦斯滕（Drew Westen）领导的科学家团队专门研究人们面对负面反馈时的大脑反应，他们发现大脑中心与情绪、冲突、道德判断、奖励和愉悦相关的部位异常活跃，而与理性思考联系最密切的部位几乎没反应。

所以在对立沟通中，你首先要肯定对方（说些好话，至少得准备好好说话），然后就事论事不掺杂对个人身份的考虑，进行有效沟通。

二、创新能力

（一）创新能力概述

1. 创新的内涵

创新是指以现有的思维模式提出有别于常规或常人思路的见解为导向，利用现有的知识和物质，在特定的环境中，本着理想化需要或为满足社会需求，而改进或创造新的事物、方法、元素、路径、环境，并能获得一定有益效果的行为。"创新"有三层含义，一是抛开旧的、创造新的；二是在现有的基础上改进更新；三是指创造性、新意。国际社会认同的特指"创新"的英文是"Innovation"，有别于"创造"（英文为 Creation）和"发明"（英文为 Invention）。

创新是人类在社会实践中扬弃旧事物、旧思想、旧方法，把新设想、新技术、新成果成功付诸实施，并获得更高效益的运作过程。换句话说，创新就是人们能动地进行创造，并最终获得更高效益的一个综合过程。也可以说，构成创新的基本要素就是：人、创新成果、实施过程和更高效益。

2. 创新能力的特征

创新能力是个体运用已有的基础知识和可以利用的材料，并掌握相关学科的前沿知识，产生某种新颖、独特有社会价值或个人价值的思想、观点、方法和产品的能力。

创新能力由创新意识、创新思维、创新技能三大要素构成。创新能力的特征如下：

（1）综合独特性：我们观察创新人物能力的构成时，会发现没有一个是单一的，都是几种能力的综合，这种综合是独特的，具有鲜明的个性色彩。

（2）结构优化性：创新人物能力在构成上，呈现出明显的结构优化特征，而这种结构是一种深层或深度的有机结合，能发挥出意想不到的创新功能。

（二）提高创新思维能力

1. 冲破消极的思维定式

思维一旦进入死角，其智力就在常人之下。

思维定式又称"习惯性思维"，是指人们按习惯的、比较固定的思路去考虑问题、分析问题。它是一种按常规处理问题的思维方式。这种方式可以省去许多摸索、试探的步骤，缩短思考时间，提高效率。在日常生活中，思维定式可以帮助我们解决每天碰到的90%以上的问题。

思维定式是创新思维的基础，它有其积极意义。然而，如果太过依赖这种思维习惯，它就变成了消极的思维定式了。消极的思维定式不利于创新思考，不利于创造，它阻碍了思维开放性和灵活性，造成思维的僵化和呆板。这使得人们不能灵活运用知识，创新思维的发展受到阻碍。

消极的思维定式是创新思维的障碍。消极的思维定式主要表现有：习惯型、权威型、从众型、书本型、自我中心型、直线型等。要具备创新思维，必须打破这些消极的思维定式，还自己一个创新型大脑。

①习惯型思维定式，也称"经验型思维定式"，它是指人们不自觉地用某种习惯了的思维方式去思考已经变化的问题。长此以往，它会削弱大脑的想象力，导致人们思维的教条和僵化，影响人们的创新思维，对创新思维的形成产生负面影响。

因此，要辩证地认识知识经验对创新思维的双重作用，注意弱化习惯性思维定式的影响。对现有知识经验批判地继承，在借鉴中有所突破、有所创新，使现有的知识经验都能在创新活动中发挥正面的作用。

②权威型消极思维定式，是指人们对权威人士的言行的一种不自觉的认同和盲从。

迷信权威，带来的是无知与懒惰；怀疑、质疑权威，则表现出一个人的勇气；战胜权威，才能证明一个人的知识与智慧。只有这样，我们才有可能站在巨人的肩膀上创造辉煌的未来。

③从众型消极思维定式，指人们不假思索地盲从众人的认知与行为。

从众心理与行为最大的特征是人云亦云，没有独立思考的品格。当一个人陷入盲从他人的心理状态，必然与创新绝缘。大学生应该摆脱从众的盲目色彩，用独立的思想和明晰的脚印积极主动地做事情，这样，你将拥有一个真正属于自己的人生。

④书本型消极思维定式，指人对书本知识的完全认同与盲从。

书本知识对人类所起的积极作用确实是巨大的。但书本知识也和任何事物一样有弱点，即滞后性。知识也会过时，知识只有不断更新才能成为有效行动的信息，才能推动事业的进步和发展。

⑤自我中心型消极思维定式，指人想问题、做事情完全从自己利益与好恶出发，主观

武断地不顾他人的存在和感受。

以自我为中心对一个人、一个家庭、一个组织、一个民族，甚至一个国家是有危害的，它是文化创新、体制创新的最大障碍。

⑥直线型消极思维定式，指人面对复杂和多变的事物，仍用简单的非此即彼或者按顺序排列的方式去思考问题。

在现实生活中，直线型思考问题是屡见不鲜的。比如，把类似的例题拿来照搬，死记硬背现成的答案。直线思维的习惯是不善于从侧面、反面或迂回地去思考问题。

⑦麻木型思维定式，就是不敏感，思维欠活跃。注意力不集中，总是兴奋不起来。

⑧偏执型思维定式，它的表现多样化，有的颇为自信，有的是钻牛角尖，明知这条道路行不通，非要往前闯；有的是喜欢唱对台戏，人家往东，他偏往西等。

2. 掌握科学的思维方法

掌握科学的思维方法有助于提高我们的创新思维能力。

①发散思维。从某一点出发向四面八方想开去，寻找事物的多种构成因素、多种可能性、事物发展的多种原因（条件）和多种结果，从而找到解决问题的多种设想、办法和方案。发散思维是一种开放型思维，是创新思维的核心。

该方法思考问题全面周到，有利于决策的正确与准确，避免或减少失误；有利于在各种方案中选优；头脑中有尽可能多的可能性，有利于避免"上当"，有利于捕捉"战机"。

②聚合思维。在发散思维的基础上，围绕一个目标，将各种因素进行分析、重组，从而构成一个新事物或形成一种新模式、新方案的思维方法叫聚合思维，也叫收敛思维。

③逆向思维。丰田总经理丰田章一郎说："我这个人如果说取得一点成绩的话，是因为什么问题我都爱倒过来思考。"所谓"倒过来思考"就是逆向思维，也叫反向思维，是将人们通常思考问题的方向和路径反过来思考的方法。

逆向思维的具体方法：（1）从一事物想到与之相反的事物（性质）；（2）从事物某一作用想到另一作用；（3）从甲事物对乙事物的作用，想到乙事物对甲事物的作用；（4）从某一做法想到与之相反的另一做法；（5）将事物的关系颠倒过来思考（正负、主次、好坏、因果等）。

④横向思维法。横向思维法是通过借鉴、联想、类比、充分地利用其他领域中的知识、信息、方法、材料等，和自己头脑中的问题或课题联系起来，从而提出创造性的设想和方案。

这种方法的特点是：（1）不是过多地考虑事物的确定性，而是考虑它的多种多样的可能性；（2）关心的不是怎样在旧观点上修修补补，而是注意如何提出新观点；（3）不是一味追求正确性，而是着重追求它的丰富性；（4）不拒绝各种机会，尽可能地去创造和利用机会。

⑤纵向思维法。与横向思维相对应的纵向思维法是一种直线前进的传统思维方法。一步接一步地设想、推理，思考每一个环节，并沿着最大可能性的路线前进，直到创造完成。这种思维方法能使你思考有序，能顺利地完成某些课题。纵向思维属于传统思维。

"纵向思维是在挖深同一个洞，横向思维是尝试在别处挖洞"。

⑥分合思维法。分合思维法是将思考对象的有关部分，从思想上将他们分离或合并，试图找到一种新事物的思维方法。比如，沙发＋床＝沙发床、衣服＋裤子＝连衣裙……分合思维法包括分离思维和合并思维。

⑦转换思维。转换思维也称为变通思维，是转换视角、转换问题、转换思路、转换方式来思考，以获得创意的思维方法。我们所熟知的《曹冲称象》的故事就是转换思维的典型。

⑧想象和联想。想象力和联想力是创造性思维的两大支柱。联想是指思考者在头脑中从一定思维对象出发，根据事物间某种联系想到他事物。联想可分为相似联想、对比联想、接近联想、连锁联想、飞跃联想。

3. 经常参加社会实践

人获得知识的最有效办法不是听别人讲，实际去做可以更有效地接收信息，更有利于创造性的培养。经常参加社会实践，在实践中感知，在实践中创造。实践没有止境，理论创新也没有止境。

4. 交流合作

通过交流信息才能产生创新的思想火花。你有一个思想，我有一个思想，我们交换一下思想，彼此都有两个思想。而在思想碰撞过程中，要是碰出新的思想火花，就会有更多思想。

此外，创新固然需要有创新的个体的行为，但是现在创新需要合作。要会协调沟通，发挥团队优势、群体优势，使创新思维和创造力升华，在合作中升华。在团队中去寻找方法。

（三）训练创新能力

创新能力的训练，主要通过发现问题、构思创意和解决问题三个维度进行能力提升。

1. 发现问题的能力

爱因斯坦说：提出一个问题往往比解决一个问题更重要，解决一个问题也许仅是一个数学或实验上的技能而已，而提出新的问题、新的可能性，从新的角度去看旧的问题，却需要创造性的想象力，并标志着科学的真正进步。发现问题是解决问题的前提。只有发现问题和认真分析问题的关键所在之后，才能很好地解决问题。"提出一个问题比解决一个问题更重要。"问题不仅是创新活动的开端，而且是创新活动的主线。提出问题是找到方向，解决问题仅仅是沿着方向前行，如果提出的问题不好、不对，解决也是徒劳。创新人才很重要的能力是会充分发挥自己的智慧，去努力发现问题。

没有问题，就没有创新。以问题为导向，首先就要发现和了解存在的问题，而这通常以意见或建议的形式表现出来，其中所包含的怀疑和创新精神，尤为可贵。

发现问题主要有三种基本方法：

（1）突破常规而发现问题。

事物中除了存在一般规律性，还有特殊性。这种特殊性发展到极点，就成为例外。面对例外，不受一般规律性约束，紧抓例外不放，甚至还要主动去发现例外和创造例外，这就会暴露出许多问题。

（2）通过主动改变情景而发现问题。

变换情景，就是指变换环境条件。客观的环境条件是经常变化的。主动变换情景，是指客观环境条件还没有变或没有大变，就要主动去思考：一旦环境条件变化了，将会导致什么结果？在思考问题时，可大胆假设：当某一种情况发生后，其发展趋势会是怎样？

（3）通过主动变换思考角度而发现问题。

有些问题，站在原来的角度上不是问题，或者没有问题，而站在新的角度上来看，则可以发现问题并解决问题。角度之一是现有的东西可否由别的东西代替；角度之二是调换排序，例如，通过改变不同企业的作息时间来缓解交通；角度之三是向相反方向思考问题：倒过来会怎么样？角度之四是从综合与聚拢的角度考虑问题：组合起来怎么样？例如，衣柜等组合在一起变成组合家具。

问题的出现预示着一个新的发展契机，从问题走向创新是解决问题和矛盾的一种思路。从问题到创新一般要注意四个问题：

（1）了解并把握创新的方向。

方向决定着开始，也决定了结果。首先，对未来的发展趋势和创新的发展趋势有所了解，然后在此基础上发现新的需求，明确创新的目的以及创新成果的效率和要求，这个过程决定着创新的方向。

（2）选择并解决新问题。

问题的选择非常重要，结合自身优势挑选一个或若干个与"创新方向"一致，并可能解决的问题才是有意义的，因为一个人的优势往往决定创新的实现。善于发现问题的同时，找到解决问题的办法与方案，是问题走向创新的关键。解决问题本身就是一个创新的过程。

（3）使用新视角，善用新思路。

发现问题并创造性地解决问题需要改变视角。一方面，考虑问题时，需要改变视角，从更深层次来发现问题和解决问题。另一方面，发现问题和解决问题需要群体新思路。

（4）选择好方法。

创新的目标是持续改进，不断提高，较好地解决新问题，或者用新而好的方法解决旧问题，绝不是标新立异。当找到新问题，使用新视角、新思路分析问题之后，必然会产生很多的新方法。有利于创新的好方法应具备以下特征：

- 在所有方法中能够最大限度地解决当前问题的主要矛盾。
- 能够平衡各方面的冲突，使利益最大化。
- 安全可靠、容易操作。
- 对于解决当前主要矛盾，此方法比其他方法更趋向于一劳永逸。

选择一个合理而科学的方法去解决新问题，或者老问题的新矛盾就是一种创新。创新的结果带来的是更高的效率、更高的质量和更大的收益。创新之路就沿着"选择方向→发现新问题→分析新问题→解决新问题"的道路不断循环。

2. 构思创意的能力

设计思考也称为设计思维。IDEO 设计公司总裁 Tim Brown 曾在《哈佛商业评论》定义："设计思考是以人为本的设计精神与方法，考虑人的需求、行为，也考量科技或商业的可行性。"

设计思考是一个创意与设计的方法论，为各种问题寻求创新解决方案，并创造更多的可能性。设计思考作为一套解决问题的方法，可以让同学们从不同的角度去看这个世界，用过去不知道的方法来思考问题。

设计思考也是一种结构完整的思维模式、任何行业，任何组织的任何领域都可采用，而且可以产生许多有意义与建设性产品或服务的创新设计模式。今天的设计思考已发展成一个可以学习的创新设计模式，它倚靠的不是设计师个人的创意，而是要透过不同专业的人，以不同的角度，共同产生创意，然后设计出一个创新的产品或服务。

设计思考不同于分析式思考，它是一种遐想、构思、执行的过程，遐想本质生活化，构思过程专业化，执行成果普遍化。其中，思考过程包含洞见、观察、同理心三大要素，以及可行性、存续性、需求性三大准则。

提高设计创意能力，要注意以下两个方面：

（1）记忆梳理。

产生一个好的创意可能只是一瞬间，为了让设计更好地延伸下去，要从以下几方面着手：

①记录。

"好记性不如烂笔头。"灵感的闪现只是一瞬间的事情，用笔及时地记录下来是非常有必要的。产生一个想法后，通常会接着思考这个想法是否合理，从而形成一系列的逻辑类推，如果没有记录便很难回到事物的起点，更无法记录中间的交叉点和闪光点。

②观察。

生活中到处都存在着没有被仔细观察的世界，要养成用心去观察的习惯，发现设计中的不足、问题，以及需要改进的地方。

③感受。

一个好的创意，需要给使用者眼的感受和触觉的感受，触摸、观察、体验、去体会使用者的感受，才能领略创意的真正价值。

④设计。

一个好的创意必须是可以设计的。通过用心设计，把创意表达出来才是有用的创意。

（2）脑的训练。

同学们可以通过一系列的培训来提高创意能力。培训包括脑的训练、心的训练和手的训练三个环节。关于脑的训练，主要是右脑开发。

右脑是人的"本能脑和潜意识脑"，主要功能有：

· 图像化机能（企划力、创造力、想象力）；

· 与宇宙共振共鸣机能（第六念力、透视力、直觉力、灵感梦境等）；

· 超高速自动演算机能（心算、数学）；

· 超高速大量记忆（速读、记忆力）。

想有更好的创造力，就要控制右脑尽量产生有利于创作的活力，让身体在良性的状态下运转，适时的放松，产生对创造有帮助的脑电波，兴趣化工作，不要疲劳化工作。合理的转化压力，把压力化为动力，从而转化为更强的创造力。

3. 解决问题的能力

发现问题后，要解决问题，首先要进行问题分析。

问题分析是按解决问题的过程，寻找出问题所在，并确定问题发生原因的系统方法。根据解决问题的程序，问题分析的一般步骤是：

（1）定义并描述问题。

首先，同学们要搞清问题的实质，准确、完整、真实地表达问题。描述问题时要注意：一是确定问题的影响范围和程度；二是要确定问题发生的频次；三是要确定问题的主体，即发生的主体是什么，要描述这些主体的详细信息。

其次，弄清楚为什么要解决这个问题。

最后，解决这个问题的意义何在？是必须解决还是无关紧要，是需要马上解决还是不太着急。

（2）收集整理信息。

收集、整理关于要解决问题的历史资料、类似情况和现状。例如，从现有的资料中能够看到当前问题的数据情况或者一段时间的趋势。

（3）查找问题根源，验证根因。

在查找问题根源方面，常用的方法为鱼骨图和 5-WHY 等工具。在寻找问题根本原因时，必须进行多次的原因逐层深入剖析，这样才能找到真正的根源，否则只能找到问题的浅层次原因。要避免分析问题时找到的并不是原因，而只是现象。

（4）选取分析方法。

分析问题所涉及的主要维度，为后面提取数据需求做准备。然后，选取问题分析的方法、模型与工具。

（5）数据整理与分析。

根据问题分析的内容以及问题分析的方法，提出问题分析所需的数据需求。对于问题分析反馈回来的数据，进行加工整理，以便更能反映所要分析的问题。最后，根据问题分析的数据结果，得出一些问题分析的初步结论。这里需要注意问题分析的方法以及维度，结果的展示方式等。

只有具备以下七种关键问题的解决能力，才能成功解决问题。这七种关键能力是：

（1）目标关注能力。

一个能够解决问题的人，首先是能够迅速确定解决问题的目标，并能够集中精力关注目标的人。人们在做任何事情的时候，要首先想到做这件事的目标究竟是什么，想不明白就不要做。

（2）计划管理能力。

一个人的工作效率首先来自出色的计划管理能力。计划就像梯子上的横挡，既是立足之地，也是前进的目标。计划阶段就是起步阶段，是成功的真正关键阶段。

（3）观察预见能力。

良好的观察预见力让人们能够寻找到很好的问题解决办法，可以预防一些即将发生或者未来可能发生的对于问题解决有阻碍的事情。

（4）系统思考能力。

面对任何问题，都要善于从整体上进行考虑，而不仅仅就事论事。只有这样，才能根本上全面解决问题。

（5）深度沟通能力。

大量问题没有解决彻底，是沟通不彻底带来的。具备强大的沟通能力是解决问题的前提。

（6）适应矛盾的能力。

问题的解决过程中有大量相互矛盾的事情，很难找到十分绝对的问题，更是很少存在唯一的最佳答案。如果总是用"非此即彼"的思维方式，问题往往难以解决，甚至可能把问题引向死胡同。因此要善于适应矛盾，避免绝对化地看问题，拥有开阔的思维，不固守成功经验，既能这样又能那样，追求解决问题方案的开放性，不钻牛角尖。

（7）执行到位能力。

执行到位能力就是将事情做到位的能力，这是解决问题的基本能力。如果不能执行到位，很多问题仍然会是问题，甚至成为更加严重的问题。

具备这七种能力，是成功解决问题的前提和基础。同学们在平时的学习、工作过程中，应该努力地去培养这些能力。

【拓展阅读】

美国著名的创造学家奥斯本并非天才人物，他从美国汉密尔顿大学毕业后，在《水牛城市报》任职，成为一名报社记者。但是，他21岁时失业了，又到一家报社应聘。主考人问他："你从事写作已有多少年？"他回答说："只有三个月，但是请你看一看我的文章吧！"主考人看完后对他说："从你写的文章来看，你既无写作经验，又缺乏写作技巧，文句也不通顺，但是内容富有创新性，录用你试一试吧。"奥斯本因此备受鼓舞，由此领悟到"创新性"的可贵。

工作后，他开始了"每日一创"活动。积极主动地开发自己潜在的创新力，并尽力在工作中发挥出来。后来，这位在报社工作的小职员，不仅成为一名大企业家，而且还成为当代创造学的奠基人。

三、团队合作

(一) 团队合作概述

所谓团队精神，是指组织成员对组织感到满意与认同，自觉地以组织的利益和目标为重，在各自的工作中尽职尽责，自愿并主动与其他成员积极协作、共同努力奋斗的意愿和作风。

团队精神的实质是组织成员与组织共同的价值观。团队精神表明了组织成员的一种态度，一种对真善美、对个人和组织之间以及组织成员之间的关系、对组织目标、利益与发展、对待团队事务与工作等的根本态度，这种态度与组织的要求相一致。因此，其实质就是组织与个人在长期的活动中形成的共同的价值观，是组织成员对客观事物意义总的看法和观点。这是一种持久的、稳固的、积极的群体心理，是综合群体成员的意向、信仰、情感、意志和品质后形成的一种新的特殊的情感。

团队精神的核心是团结协作、优势互补。团队精神强调的不仅仅是一般意义上的合作与齐心协力，因为这最多带来"1＋1＝2"的效果，要发挥团队的优势，其核心在于团队成员在工作上加强沟通，利用个性和能力差异，在团结协作中实现优势互补，发挥积极协同效应，带来"1＋1＞2"的绩效。

(二) 培养团队精神

1. 参加校园活动及社会实践，增强团队意识和合作能力

校园文化活动、社团活动和大学生社会实践是同学们的"第二课堂"，对提高综合素质起到重要的作用。比如球类比赛、群体性文艺活动、辩论赛、暑期社会实践等，这些活动的胜出者往往是分工明确、组织协调性较强、善于协作的团队。

2. 提高表达与沟通能力，培养主动做事和敬业的品格

表达与沟通能力是非常重要的，不论你做出了多么优秀的工作，不会表达，不能让更多的人去理解和分享，那就几乎等于白做。行胜于言，主要是强调应该多做少说。但现代社会是个开放的社会，好想法、好建议要尽快让别人了解、让上级采纳，为团队做贡献。因此，同学们要抓住一切机会锻炼表达能力，积极表达自己对各种事物的看法和意见，并掌握与人交流和沟通的艺术。

3. 培养宽容的品质和全局意识，增强团队精神

团队中的每个成员各有长处和不足，关键是成员之间以怎样的态度去看待彼此，能够在平常之中发现对方的美，而不是挑毛病。培养自己求同存异的素质，对培养团队精神尤其重要。这需要同学们在日常的学习生活中，培养良好的与人相处的心态，并在日常生活中运用。

团队精神不反对个性张扬，但个性必须与团队的行动一致，要有整体意识、全局观念，考虑团队的需要。团队成员要互相帮助，互相照顾，互相配合，为集体的目标而共同

努力。

（三）提高团队合作能力

个人与团体的关系就如小溪与大海的关系，只有把无数个人的力量凝聚在一起时，才能确立海一样的目标、敞开海一样的胸怀、迸发出海一样的力量。因此，个人的发展离不开团队的发展，个人的追求只有与团队的追求紧密结合起来，并树立与团队风雨同舟的信念，才能和团队一起得到真正的发展。那么，该如何加强与他人的合作，提高团队合作能力呢？

1. 尊重，无论新人或旧人

尊重没有高低之分、地位之差和资历之别，尊重只是团队成员在交往时的一种平等的态度。平等待人，有礼有节，既尊重他人，又尽量保持自我个性，这是团队合作的能力之一——尊重的最高境界。团队是由不同的人组成，每一个团队成员首先是一个追求自我发展和实现的个体，然后才是一个从事工作、有着职业分工的职业人。虽然团队中的每一个人都有着在一定的生长环境、教育环境、工作环境中逐渐形成的与他人不同的自身价值观，但他们每一个人也同样都有渴望被尊重的要求，都有一种被尊重的需要，而不论其资历深浅、能力强弱。

尊重，意味着尊重他人的个性和人格，尊重他人的兴趣和爱好，尊重他人的感觉和需求，尊重他人的态度和意见，尊重他人的权利和义务，尊重他人的成就和发展。尊重，还意味着不要求别人做不愿意做或没有做到过的事情。只有团队中的每一个成员都尊重彼此的意见和观点，尊重彼此的技术和能力，尊重彼此对团队的全部贡献，这个团队才会得到最大的发展，而这个团队中的成员也才会赢得最大的成功。尊重能为一个团队营造出和谐融洽的气氛，使团队资源形成最大程度的共享。

2. 学会欣赏，懂得欣赏

欣赏就是主动去寻找团队成员的积极品质，尤其是你的"敌人"，然后，向他学习这些品质，并努力克服和改正自身的缺点和消极特质，这是培养团队合作能力的第一步。"三人行，必有我师"，每一个人的身上都会有闪光点，都值得我们去挖掘并学习。要想成功地融入团队之中，善于发现每个工作伙伴的优点是第一步。适度的谦虚并不会让你失去自信，只会让你正视自己的短处，看到他人的长处，从而赢得众人的喜爱。每个人都可能会觉得自己在某个方面比其他人强，但你更应该将自己的注意力放在他人的强项上，因为团队中的任何一位成员都可能是某个领域的专家。因此，你必须保持足够的谦虚，这种压力会促使你在团队中不断进步，并真正看清自己的肤浅、缺憾和无知。

总之，团队的效率在于每个成员配合的默契，而这种默契来自团队成员的互相欣赏和熟悉——欣赏长处、熟悉短处，最主要的是扬长避短。

3. 宽容，让心胸更宽广

美国人崇尚团队精神，而宽容正是他们最为推崇的一种合作基础，因为他们清楚这是一种真正的以退为进的团队策略。雨果曾经说过："世界上最宽阔的是海洋，比海洋更宽阔的是天空，而比天空更宽阔的则是人的心灵。"这句话无论何时何地都是适用的，即使是在角逐竞技的职场之上，宽容仍是能让你尽快融入团队之中的捷径。宽容是团队合作中最好的润滑剂，它能消除分歧和战争，使团队成员能够互敬互重、彼此包容、和谐相处，从而安心工作，体会到合作的快乐。

宽容，并不代表软弱，在团队合作中它体现出的是一种坚强的精神，它是一种以退为进的团队战术，为的是整个团队的大发展，以及为个人奠定有利的提升基础。首先，团队成员要有较强的相容度，即要求其能够宽厚容忍、心胸宽广、忍耐力强；其次，要注意将心比心，即应尽量站在别人的立场上，衡量别人的意见、建议和感受，反思自己的态度和方法。

4. 信任，成功协作的基石

团队是一个相互协作的群体，它需要团队成员之间建立相互信任的关系。信任是合作的基石，没有信任，就没有合作。信任是一种激励，更是一种力量。团队成员在承受压力和困惑时，要相互信赖，就像荡离了秋千的空中飞人一样，他必须知道在绳的另一端有人在抓着他。团队成员在面临危机与挑战时，也要相互信任，就像合作猎捕猛兽的猎人一样，必须不存私心，共同行动。否则，到最后，这个团队以及团队的成员只会一事无成、毫无建树。

高效团队的一个重要特征，就是团队成员之间相互信任。也就是说，团队成员彼此相信各自的品格、个性、特点和工作能力。这种信任可以在团队内部创造高度互信的互动能量，这种信任将使团队成员乐于付出，相信团队的目标并为之付出自己的责任与激情。

5. 沟通，高效沟通

一个人身在团队之中，良好的沟通是一种必备的能力。对于团队，成员间的沟通能力是保持团队有效沟通和旺盛生命力的必要条件；作为个体，要想在团队中获得成功，沟通是最基本的要求。沟通是团队成员获得职位、有效管理、工作成功、事业有成的必备技能之一。

持续的沟通，是使团队成员能够更好地发扬团队精神的最重要的能力。团队成员唯有从自身做起，秉持对话精神，有方法、有层次地发表意见并探讨问题，汇集经验和知识，才能凝聚团队共识，激发自身和团队的力量。

6. 负责，自信地面对一切

负责，即敢于担当，对自己负责，更意味着对团队负责、对团队成员负责，并将这种负责精神落实到每一个工作的细节之中。团队在运作过程中，难免出现失误，若是每次出现错误都互相推卸责任，那么这个团队就没有存在的价值。并且一个对团队工作不负责任的人，往往是一个缺乏自信的人，也是一个无法体会快乐真谛的人。要知道，当你将责任推给他人时，实际上也是将自己的快乐和信息转移给了他人。任何有利于团队荣誉和利益的事情，与每一个团队成员都是息息相关的，所有的人都拥有不可推卸的责任。

7. 诚信，不容置疑

古人说，"人无信则不立"。说的是为人处世若不诚实，不讲信用，就不能在社会上立足和建功立业。一个个体，如果不讲诚信，那么他在团队之中也将无法立足，最终会被淘汰出局。诚信，是做人的基本准则，也是作为一名团队成员所应具备的基本价值理念——它是高于一切的。没有合格的诚信精神，就不可能塑造出一个良好的个人形象，也就无法得到上司和团队伙伴的信赖，也就失去了与人竞争的资本。唯有诚信，才是让你在竞争中得到多助之力的重要条件。团队精神应该建立在团队成员之间相互信任的基础上。而只有当你做到了"言必信，行必果"时，才能真正赢得同事的广泛信赖，同时也为自己事业的兴盛发达注入活力。

8. 热心，帮助身边每一块"短木板"

职场之内，人们一致认定的竞争法则是：强者有强者的游戏规则，弱者有弱者的生存法则。作为一个团队成员必须记住，只有一个完全发挥作用的团队，才是一个最具竞争力的团队；而只有身处一个最具竞争力的团队之中，个体的价值才能得到最大程度的体现。当你是团队中的那块"短木板"时，应该虚心接受"长木板"的帮助，尽一切努力提高自己的能力，不要让自己拖整个团队的后腿；当你是团队中的那块"长木板"时，你不能只顾自己前进的脚步，而忽略了"短木板"的存在，否则你收获的终将是与"短木板"一样的成就。当我们身处于一个团队中时，只有想方设法让"短木板"达到"长木板"的高度，或者让所有的"板子"维持足够高的相等高度，才能完全发挥团队作用。

9. 个性，坚持自己的特质

团队精神不是集体主义，不是泯灭个性、扼杀独立思考。一个好的团队，应该鼓励和正确引导员工个人能力的最大限度发挥。团队成员个人能力的最大限度发挥，其实是个人英雄主义的最好体现。个人英雄主义在工作中往往表现为个性的彰显，更包含有创造性的工作，以及勇于面对压力和敢于承担责任的勇气。团队不仅是人的集合，更是能量的结合与爆发。作为团队成员，不要因为身处团队之中就抹杀了自己的个性特质。团队制度的建立是为了更好地发挥成员的才能，只要你不逾矩，就完全可以随心所欲地开展你的工作。

10. 团队利益，至高无上

皮之不存，毛将焉附。个人的聪明才智只有与团队的共同目标一致时，其价值才能得到最大化的体现。团队精神不反对个性张扬，但个性必须与团队的行动一致，要有整体意识、全局观念，要考虑到整个团队的需要，并不遗余力地为整个团队的目标而共同努力。只有当团队成员自觉考虑到团队的整体利益时，才会在遇到让人不知所措的难题时，以让团队利益达到最大化为根本，义无反顾地去做，自然不会因为工作中跟相关部门的摩擦而耿耿于怀，也不会为同事之间意见的分歧而斤斤计较，更不会因为公司对自己的一时错待而怨恨于心。对上司和公司的决定保持高度的认同感，这也是全局意识的一种体现。因为上司或公司高层正是一支团队的指挥中枢，每位下属或员工都必须听命于他们，与他们精诚合作，这个团队才能保持旺盛而持久的战斗力，企业才能发展壮大。在团队之中，一个人与整个团队相比是渺小的，太过于计较个人得失的人，永远不会真正融入团队之中，而拥有极强全局意识的人，最终会是一个最大的受益者。

【拓展阅读】

我们要做怎样的大学生

（一）

前段时间，现上海新三体企业发展有限公司董事长唐勇在离任新希望集团副总裁时的一封公开信走红网络，其中一段是这么说的：

"'风物长宜放眼量'。如果从时间的维度上来看，个体的生命长度只是人类历史长河中的一瞬。我渴望开启一段新的征程，重新上路，就是从心出发，跟随初心，追寻梦想！"

（二）

我们要坚守人性的本真，做一名"有骨"的大学生。

每一位步入大学校园的人可能都曾被长辈忠告：进入大学就如同进入社会，长点心眼，小心被骗。也许在大学里，虚情假意容易，真心实意要难；油嘴滑舌容易，平实质朴要难；耳濡目染容易，洁身自好要难。

但是，当面对大学生活带来的种种狡猾、世故、浮躁、委屈甚至气愤时，当我们走进这个过于物性的世界的时候，遇到低俗、平庸和无耻时，请保持内心的本真，要在生理上产生一种深深的厌恶感。"人之初，性本善，性相近，习相远"，善良、正直、纯真、高尚，是我们每个人与生俱来的风骨。

做一个好人不难，难的是始终在纷繁复杂的时代里激浊扬清，守望心灵深处的那片净土，做一辈子好人。

（三）

我们要坚守治学的本真，做一名"有血"的大学生。

每个职业都有融入人血脉的元素，对于学生而言，这种元素就是学习。因此，无论本科、硕士抑或博士，虽然侧重点不同，但终究殊途同归，我们注定与学术为友，与读书为伴。

诚然，在治学求知的道路上，我们会感受到独上高楼的孤寂，会品尝到为伊憔悴的痛楚，会体会到抽刀断水的迷茫，但是，只要我们始终坚守着那份"衣带渐宽终不悔"的初心，始终秉持着那份"咬定青山不放松"的坚韧，始终投身着那份"莫向光阴惰寸功"的奋斗，就一定会见到"守得云开见月明"的光景，就一定会嗅到"梅花香自苦寒来"的芬芳，就一定会实现"欲上青天揽明月"的壮志。

（四）

我们要坚守成长的本真，做一名"有肉"的大学生。

结束了高考这场硝烟弥漫的战争步入大学校园，意味着我们每个人都顺利驶上了成长的"快车道"。大学时期，是我们在生理、心理、智商、情商、世界观、人生观、价值观等各个方面加速成长并最终成形的关键时期，因此，能否在大学这条"快车道"上安全平稳的行使，决定着日后我们能否最终抵达人生巅峰，而为我们健康成长保驾护航的要义，就是要事事讲规律、时时懂规则、处处守规矩。

我们要把握成长的规律，既不好高骛远也不故步自封；我们要懂得做事的规则，既不随心所欲也不墨守成规；我们要坚守做人的规矩，既不无法无天也不畏手畏脚。

成长路上追逐梦想的脚步，容不得半点马虎，每一步都要坚定而从容，每一步都要笃实而厚重。

（五）

我们要坚守青春的本真，做一名"有型"的大学生。

"生活不止眼前的苟且，还有诗和远方的田野"，许巍阅尽沧桑的声调混着晓松看破红尘的词曲唱出了无数年轻人的心声，青春应该充满着徜徉的诗意和梦幻的远方。

在大学，青春是活力的化身，学分绩4.9的"学霸"也可以当"十大歌星"，半年收到9所名校录取通知书的"名校收割机"也有属于自己的校园唯美爱情故事。

在大学，青春是奉献的化身，青奥会"小青柠"用微笑书写着属于中国的"最美名片"，研究生支教团用汗水浇灌着未来世界的"最强大脑"。

在大学，青春是创造的化身，这里有坐拥千万元风投的创业"小达人"，也有在科研领域取得世界级研究成果的"中国大学生自强之星标兵"……

在大学，每一名同学都将拥有属于自己的广阔舞台，去张扬年轻的个性，去释放活力的青春！

（六）

只是追求卓越的道路从不会一帆风顺，既欲求收获，就必问耕耘。

思想上的天马行空总有些纸上谈兵的不切实际，态度上的随波逐流总有些消极避世的懒散怠慢，学术上的投机取巧总有些冠冕堂皇的弄虚作假，生活上的矫揉造作总有些逢场作戏的假意虚情。

作为当代大学生，我们要保持善良纯真的心灵，在这个纷繁复杂的世界里众人皆醉我独醒，不忘初心方始终。我们要拥有独立思考的头脑，始终牢记"我们只生产知识，而不做知识的搬运工"。我们要练就勤劳灵巧的双手，将"纸上得来终觉浅，绝知此事要躬行"内化于心、外化于行。我们要迈开丈量世界的步伐，在"青春须早为，岂能长少年"中心系天下怀无限未来。

从今天起，让我们共同开启新的征程，坚守本真，追求卓越，不忘初心，继续前进！

课堂体验

解手链

形式：10人一组为最佳

时间：20分钟

活动目的：体会在解决团队问题方面都有什么步骤，聆听在沟通中的重要性，以及团队的合作精神。

操作程序：

1. 教师让每组站成一个向心圈。

2. 教师说：先举起你的右手，握住对面那个人的手；再举起你的左手，握住另外一个人的手；现在你们面对一个错综复杂的问题，在不松开的情况下，想办法把这张乱网解开。

3. 教师告诉大家一定可以解开，但答案会有两种。一种是一个大圈，另外一种是两个套着的环。

4. 如果过程中实在解不开，教师可允许学员决定相邻两只手断开一次，但再次进行时必须马上封闭。

有关讨论：

(1) 你刚开始的感觉怎样，是否思路很混乱？

(2) 当解开了一点以后，你的想法是否发生了变化？

(3) 最后问题得到了解决，你是不是很开心？

(4) 在这个过程中，你学到了什么？

生涯智慧

一、决定职涯成功的关键因素

1. 决心

决心是最重要的积极心态，是决心，而不是环境在决定我们的命运。

2. 企图心

企图心，即对达成自己预期目标的成功意愿。要想成功，仅仅希望是不够的。

3. 主动

被动就是将命运交给别人安排，消极等待机遇降临，一旦机遇不来就没办法。凡事都应主动，被动不会有任何收获。

4. 热情

没有人愿意跟一个整天都提不起精神的人打交道，没有哪一个领导愿意去提拔一个毫无热情的下属。

5. 爱心

内心深处的爱是你一切行动的源泉。不愿奉献的人，缺乏爱心的人，就不太可能得到别人的支持；失去别人的支持，离失败就不会太远。

6. 学习

信息时代的竞争，已经发展为学习力的竞争。信息更新周期已经大大缩短，危机每天都伴随我们左右。

7. 自信

什么叫信心？信心就是眼睛尚未看见就相信，其最终的回报就是你真正看见了。

建立自信的基本方法有三种：一是不断地取得成功；二是不断地想象成功；三是将自己在一个领域取得成功的“卓越圈”运用心理技术，移植到你需要信心的新领域中。

8. 自律

人人崇尚自由，然而，自由的前提是自律。成功需要很强的自律能力。要成就大业，必须立足于当前，脚踏实地，从一点一滴做起，我们要培养和提高自律的能力，养成良好的习惯。

9. 顽强

在追求成功的过程中，一定会遇到许多艰难、困苦、挫折与失败。你不打败它们，它们就会打败你。成功有三部曲：第一，敏锐的目光；第二，果敢的行动；第三，持续的毅力。用敏锐的目光去发现机遇，用果敢的行动去抓住机遇，用持续的毅力把机遇变成真正的成功。持续的毅力就是你顽强的意志力。

10. 坚持

假使成功只有一个秘诀的话，请问是什么？那应该是坚持！

二、人生意义与人生的境界

何谓"意义"？意义发生于自觉及了解；任何事物，如果我们对它能够了解，便有意义，否则便无意义；了解越多，越有意义，了解得少，便没有多大的意义。何谓"自觉"？我们知道自己在做一种事情，便是自觉。人类与禽兽所不同的地方，就是人类能够了解，能够自觉，而禽兽则否。譬如喝水吧，我们知道自己在喝水，并且知道喝水是怎么一回事；可是兽类喝水的时候，它却不知道自己在喝水，而且不明白喝水是什么一回事，兽类的喝水，常常是出于一种冲动。

假如我们能够了解人生，人生便有意义，倘使我们不能了解人生，人生便无意义。每个人对于人生的了解多不相同，因此，人生的境界，便有分别。境界的不同，是由于认识的互异；就如旅行游山一样，地质学家与诗人虽同往游山，可是地质学家的观感和诗人的观感，却大不相同。

人生的境界，大体上可分为四类：（1）自然境界——最低级的，这一类人了解的程度最少，大半是"顺才"或"顺习"；（2）功利境界——较高级的，需要进一层的了解；（3）道德境界——更高级的，需要更高深的理解；（4）天地境界——最高的境界，需要最彻底的了解。

中国的所谓"圣贤"，应该有一个分别，"贤"是指道德境界的人，"圣"是指天地境界的人。至于一般的芸芸众生，不是属于自然境界，便是属于功利境界。要达到自然境界或功利境界非常容易，要想进入道德境界或天地境界却需要努力，只有努力，才能了解。

《中庸》有两句话："可以赞天地之化育，则可以与天地参矣。"所谓"赞天地之化育"并不是帮助天地刮风或下雨，"化育"是什么？能够在天地间生长的都是化育。能够了解这一点，则我们的生活行动都可以说是"赞天地之化育"，如果不明白这一点，那么我们的生活行动只能说是"为天地所化育"。所谓的圣人，他能够了解天地的化育，所以始能顶天立地，与天地参。草木无知（不懂化育的原理），所以草木只能为天地所化育。由此看来，做圣人可以说很容易，亦可以说很难。圣人固然可以干出特别的事来，但并不是干出特别的事，就能成为圣人。所谓"迷则为凡，悟则为圣"，就是指做圣人的容易，人人可为圣贤，其原因亦在于此。

总而言之，所谓人生的意义，全凭我们对于人生的了解。

课外实践

制作你的个人修养名片

说明：

根据对自己的了解或拟定个人看重的修养内涵，画几张能代表自己品德修养的名片，其内容和形式不限！

_____

_____

_____

利用你手中的名片，去寻找与自己比较相像的同学，交换名片，沟通个人对品德修养内涵的理解。

本章要点导图

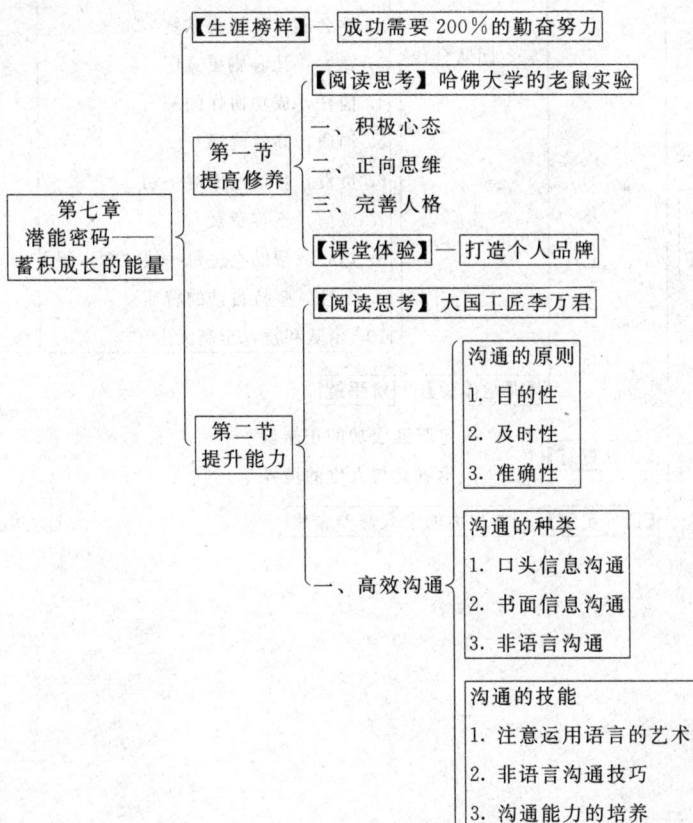

```
                          【生涯榜样】— 成功需要200%的勤奋努力
                          【阅读思考】哈佛大学的老鼠实验
                  第一节    一、积极心态
                  提高修养  二、正向思维
第七章                     三、完善人格
潜能密码——                 【课堂体验】— 打造个人品牌
蓄积成长的能量
                          【阅读思考】大国工匠李万君
                  第二节
                  提升能力
                                          沟通的原则
                                          1. 目的性
                                          2. 及时性
                                          3. 准确性

                                          沟通的种类
                                          1. 口头信息沟通
                          一、高效沟通     2. 书面信息沟通
                                          3. 非语言沟通

                                          沟通的技能
                                          1. 注意运用语言的艺术
                                          2. 非语言沟通技巧
                                          3. 沟通能力的培养
```

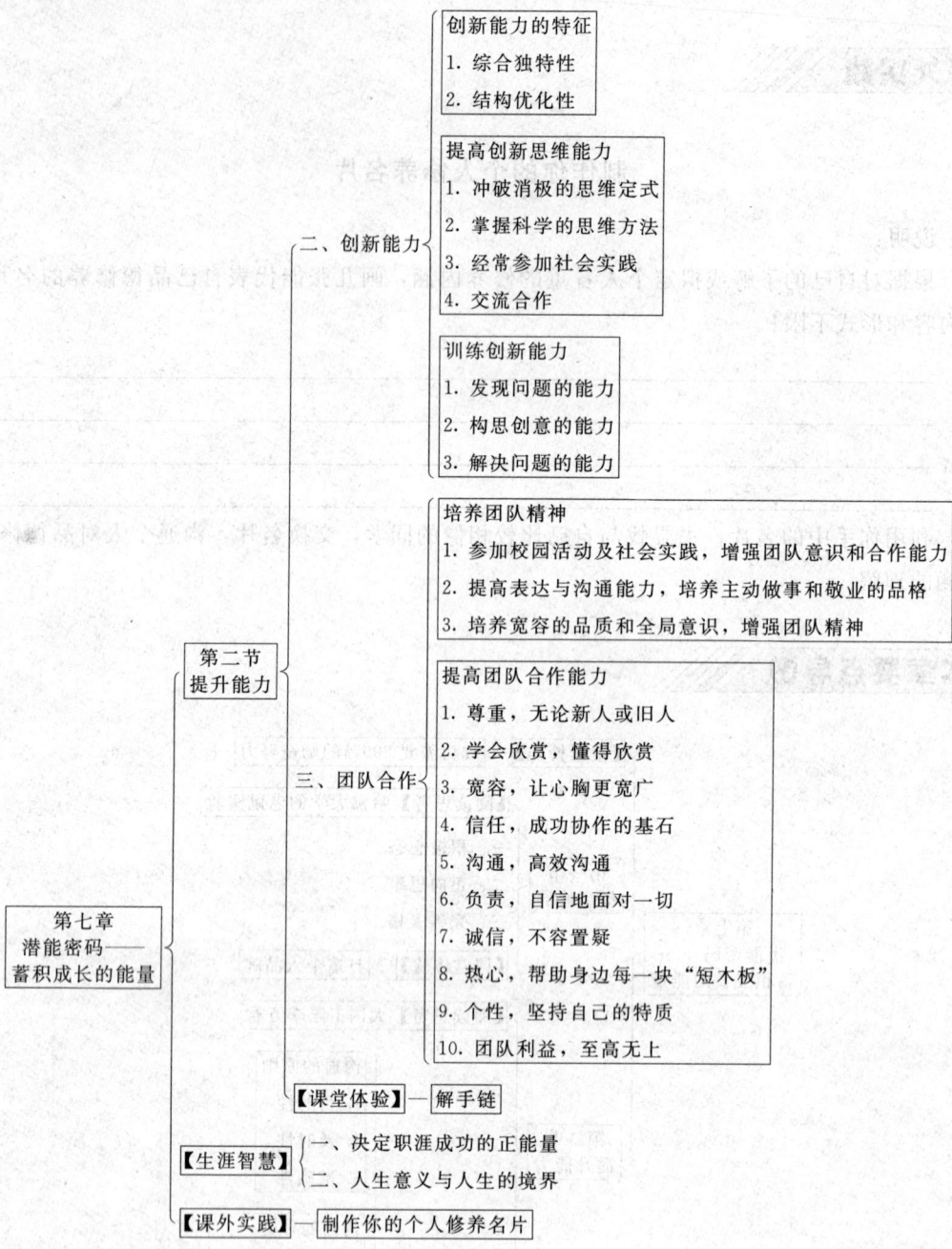

创新能力的特征

1. 综合独特性

2. 结构优化性

提高创新思维能力

1. 冲破消极的思维定式

2. 掌握科学的思维方法

3. 经常参加社会实践

4. 交流合作

二、创新能力

训练创新能力

1. 发现问题的能力

2. 构思创意的能力

3. 解决问题的能力

培养团队精神

1. 参加校园活动及社会实践，增强团队意识和合作能力

2. 提高表达与沟通能力，培养主动做事和敬业的品格

3. 培养宽容的品质和全局意识，增强团队精神

第二节
提升能力

提高团队合作能力

1. 尊重，无论新人或旧人

2. 学会欣赏，懂得欣赏

3. 宽容，让心胸更宽广

三、团队合作

4. 信任，成功协作的基石

5. 沟通，高效沟通

6. 负责，自信地面对一切

第七章
潜能密码——
蓄积成长的能量

7. 诚信，不容置疑

8. 热心，帮助身边每一块"短木板"

9. 个性，坚持自己的特质

10. 团队利益，至高无上

【课堂体验】— 解手链

【生涯智慧】 ┌ 一、决定职涯成功的正能量
             └ 二、人生意义与人生的境界

【课外实践】— 制作你的个人修养名片

第八章　行动密码——创造未来的努力

> 古之立大事者，不惟有超世之才，亦必有坚忍不拔之志。
>
> ——苏轼
>
> 不闻不若闻之，闻之不若见之，见之不若知之，知之不若行之。
>
> ——荀况（战国）

学习目标

1. 知识目标

了解生涯体验的内涵和意义。

了解克朗伯兹的偶发事件理论。

2. 技能目标

了解不同的生涯体验形式，能够通过社团活动、志愿活动、兼职实践等形式体验生涯。

能够利用精益创业的思维方法不断试错，迭代学习，实现个人的快速成长。

3. 态度目标

认识到生涯体验与生涯发展的重要性。

生涯榜样

自己创造幸运

屈小英，中共党员，某高校副教授，从教 30 余年。

在学生眼中，她不仅是授课育人的老师，更是无微不至的"母亲"；在公婆、邻居眼中，她不仅是守本分的好媳妇，更是尽孝道的亲女儿；在父母眼中，她不仅是孝敬的好女儿，更是整个家的脊梁骨；在女儿眼里，她不仅是无微不至的好妈妈，更是以身作则的榜样。

屈小英工作尽心尽责，科研成果也收获颇丰。她曾于 2006 年 6 月、2008 年 8 月、2008 年 8 月，由科学技术文献出版社先后出版了她编著的《食品分析》《工科无机化学实验》《化妆品与洗涤剂产品的分析检测》。

她尊敬公婆、孝敬父母、姑姐和睦。在婆婆生病住院期间，她也是忙前忙后十分尽心。同病房的人都对婆婆说："您女儿可真孝顺！"婆婆笑着说："这哪是我女儿啊，这是我的儿媳妇！"就是因为屈小英总是怀着感恩、包容的心，她的家庭生活才如此美满，从未因家庭琐事发生不快。

10多年前，屈小英父亲因病去世时，母亲也脑梗中风而偏瘫，生活不能自理。屈小英将母亲接到自己的家，悉心照拂。当时，正值女儿上高中即将高考，自己也是干事业的好时期。她想尽各种办法协调各方面事务，为了更好地照顾老母亲，她先后请过十几个保姆协助自己。她每天要为母亲安排穿衣、梳洗、做适合老人吃的饭菜，还要经常带母亲去医院看病、扎针。

她的女儿从小到大学习成绩都十分优秀。在别人看来，保持这样好的成绩是父母催出来的，孩子成绩不好时，家长还会责骂和催促。但在屈老师家里，从来都是女儿自己着急，找妈妈说这次考试考得不好十分伤心，但屈老师总是宽慰她说，没关系，以后注意就行。这样培养出来的女儿，心地善良，热心助人，在大学期间共义务献血四次。

与人相处时，屈老师的热心快肠、直爽大方给她带来了众多好评。在学校，她对待同事特别真心，乐于帮助、关心同事；在小区，她热心快肠，邻里关系好；在社区，她经常参加一些户外活动，跳跳广场舞，在与邻里交流感情的同时，也让身心健康愉悦。

她说："我很幸运，赶上了好时代，上了好大学，有了好工作，有好父母，有好相处的婆婆，有心地善良的姑姐，有愿与我患难与共的丈夫，有让我引以为傲的女儿……总之，我是一个幸运的人。"可是大家知道，命是失败者的借口，运是成功者的谦辞。屈小英的幸运不仅是因为她命中多贵人，更是因为她永远保持一颗乐观积极的心。

（引自：http：//news.wust.edu.cn/2016/0512/c72a32292/page.htm，有删改.）

第一节　生涯体验

阅读思考

白龙马与小毛驴

话说白龙马就要和唐僧去西天取经了，临行前他去和他的好友小毛驴告别。白龙马："驴兄，我明天就要和'唐唐'去西天取经了，以后你可要照顾好自己，等我回来哟。"小毛驴："什么？什么？你说什么？你说你要去西天取经。不是吧！我听说去西天，有十万八千里那么远，哪一天才能走到呀？我还听说，在去西天的路上有许许多多的妖魔鬼怪，好凶好凶的！可别经没取到，把小命给丢了。我看你呀，还是听我一句劝，别去了，像我这样每天推推磨，多好呀！风吹不到、雨淋不着的，主人每天都会把草料准备好，根本不用我操心温饱问题。悠然自得的多好呀！"白龙马："不！无论怎样我都一定要去西天取经，因为那是我的理想。我走了，保重！"小毛驴摇摇头："哎，不听老人言，吃亏在眼前。你一定会后悔的。"

就这样，白龙马和唐僧一起上路了。历经万水千山，经历风风雨雨，十年后白龙马取得真经，修成正果。回到家乡，受到所有人的尊敬和爱戴，被奉为英雄，成为所有人崇拜和追随的对象。白龙马来到磨坊，看到老友小毛驴，依然是拉着那个磨盘在原地打转，只是脚步比十年前沉重了许多。小毛驴看到神采奕奕的老友白龙马，真是美慕无比："马兄，你好伟大哟，我好崇拜你呀，十年前我就知道你一定会成功的！快给我讲讲你的取西经的故事。一定很辛苦吧！"白龙马："其实也不是太辛苦的，我每天走的路和你走的路也差不多。只不过我是一直朝着西天走，而你是一直在原地打转转而已。我相信在这十年里，你也一定围着这磨盘走了十万八千里，但却始终没有走出这个磨坊。"小毛驴有些沮丧，又问："一定遇上妖魔鬼怪了吧？"白龙马："是呀，不但遇上了妖魔鬼怪，我还学会了如何战胜妖魔鬼怪。这一路走下来我还见识了许多人间美景，见过沙漠的苍茫，见过大海的壮阔，见过高山的巍峨，见过江河的汹涌……"

思考：

1. 读完这个故事，你有何感想？

2. 十年下来，小毛驴所走的路加起来绝不比白龙马少，所付出的辛苦也不比白龙马少，但白龙马成功了，小毛驴则没有，为什么？

一、生涯体验的内涵

生涯体验是一种生涯历程，它在生活世界的展开构成了生涯个体独特的生活，生活是生涯寻求其意义的活动。每一个体不仅自身是一个整体，而且还存在于一个更大的世界中，它通过自己的生涯活动与世界发生关系。

生涯体验活动的最终目的在于，通过体验活动加深对生命的感悟，了解自己的职业目标，了解社会，掌握必要的生存技能，增强承受挫折的能力，增强适应能力，树立自信心，练就职业技能，培养自我职业意识和责任心，提升合作与协调能力、沟通与公关能力，锤炼良好的心理素质等，进一步认识、感悟生涯的意义和价值，学会关心自我、关心他人、关心社会，从而树立积极的人生观、职业观和人生规划的意识，深入思考自己未来的职业生涯道路。

人生无时不在选择，每个人都必定要在不同的时期做出不同的选择，在三岔路口、未走之路，如何决策，如何选择，如何实现？通过生涯体验活动，让每位同学在体验中感受人生，体验人生不同阶段的抉择。生涯体验过后，每位同学都有各自的收获，人生前行的脚步将更加坚定。

【拓展阅读】

体验学习

体验学习是一种以学习者为中心的、从体验和反思中获得进步的学习方式。体验学习是学习者将自己的身心投入与外部世界或内部世界的交往中，生成情感与意义的一种个性化学习方式。具体来说，体验学习有以下一些基本特点：

（1）体验学习是一种主体性学习。

体验意味着主体的觉醒、心灵的唤醒。凡体验者都有主体意识，那种缺少主体意识的体验是一种"虚假的体验"。体验使知识进入生命领域，真正的体验学习是学习者将客观知识"活化""生命化"，或者是将客观知识在个体身上"复活"，使其成为个人经验的有机成分，成为"我的知识"。因此，体验学习意味着学生亲自参与知识的建构，亲历过程并在过程中体验知识和情感。

（2）体验学习是一种交往性学习。

凡人都是交往者，体验发生在交互作用、相互交流的过程之中。体验学习实际上是一种交往性学习。如人与自然的交往、人与社会（包括人与人）的交往、人与自我的交往（如孤独的心灵体验、内心世界的独白与对话）等，总体上表现为物质性交往与精神性交往的统一。

（3）体验学习是一种过程性学习。

过程是通往结果的大道，结果是过程的自然到达。学习的旨趣不是先在于结果，而是先在于过程之中。我们去过黄山，强调的是"结果"，我们经历、感受了"黄山"，强调的是"过程"。后者的意义常常大于前者。体验学习是在游泳中学习游泳，在学习中学会学习，是一种强调过程的学习方式。

（4）体验学习是一种个性化学习。

美国著名学者维纳·艾莉指出："我个人的知识体系中包含大量的对自己来说独一无二的体验和回忆。这些体验过滤了我所知道的和理解的，而形成独特的风格。""我们可以把自己的个人知识看成一张认识的'网'，许多想法、感觉、概念、思想和信仰都在这里交织在一起。"由此可以说，体验学习实际上是主体根据自己的"理论框架"进行的一种个性化学习方式。它的基本假设是：学生对知识的理解过程并不是一个"教师传授—学生聆听"的传递活动，学生获取知识的真实状况是学生在研究、思索、想象中感悟知识，形成个人化的理解。

（5）体验学习是一种反思性学习。

体验需要反思，反思产生问题、探究、创造。古希腊哲学家认为，思维起源于惊奇和怀疑。惊奇是创造之母，怀疑是创造之父。杜威将反思视为怀疑和探究的一个连续体。维纳·艾莉指出："提问是知识的种子，真正的知识始于问题。"诗人但丁说："我爱知识，也爱怀疑。"这些论述都为体验学习指明了路向，都说明了体验学习与反思学习的密切关系。

（6）体验学习是一种实践性学习。

体验离不开实践，体验学习意味着在实践中、通过实践而学习。对学生来说，是通过体验教学活动的每一个片段而获得成长；对教师来说，是在教学活动中学习教学，"在游泳中学会游泳"。因此，体验学习也是一种实践性学习方式。

（7）体验学习是一种情境性学习。

体验总是发生在某种特定的情境之中，体验的情境愈独特，愈真实，愈能引发人深刻的体验，乃至高峰体验。杜威在他创立的"五步教学法"中认为，"创设使人感到疑惑、困难的教育情境"，是体验生成的首要环节，而体验是与一个人的直接经验和生活世界分不开的。体验学习与情境有关：要根据学习目标、内容和学生的特点，创设情境开展教学活动，这个情境可以是真实的，也可以是模拟的；并且考虑学习者学习方式的差异而创设不同取向的学习环境，根据活动情况变化而灵活改变这些环境，以满足不同学习者的需要，让他们通过观察、反思、抽象、概括，最后把体验运用到新的情境中解决问题。

（8）体验学习是一种内在学习。

内在学习是人本主义心理学区别于行为主义外在学习的一种学习理论。马斯洛认为，外在学习是单纯依赖强化和条件作用的学习。其着眼点在于灌输而不在于理解，属于一种被动的、机械的、传统的教育模式。在他看来，目前学生浸透着外在学习的态度，并且像黑猩猩对拨弄者的技巧做出反应那样对分数和考试做出反应。"在体验世界中，一切客体都是生命化的，都充满这生命的意蕴和情调。"体验学习反对外在学习，青睐内在学习，它是一种依靠学生内在驱动、充分开发潜能、达到自我实现的学习，是一种自觉的、主动的、创造性的学习方式。

（9）体验学习是一种意义学习。

意义学习是人本主义心理学区别于行为主义机械学习的一种学习理论。它与认知心理学的有意义学习是有所不同的。奥苏伯尔认为，有意义学习是符号所代表的新知识与学习者认知结构中原有的知识，建立非人为的和实质性的联系。它是在对事物理解的基础上，依据事物的内在联系所进行的学习。

二、生涯体验的意义

作为大学教育的生涯体验教育活动，因其目的不同可分为四种类型：一是为提高学生学习效果的理论实践型；二是以提高学生职业意识为重点的职业意识养成型；三是以体验企业活动为主要目的的现场体验型；四是以创业尝试为目的的创业体验型。大多数的高校生涯体验教育活动还停留在现场体验型的层次，但其教育效果已经显而易见。比如，与企业实践相结合的校企合作，以及以网店创业为特征的创业体验，改善和充实了大学职业生涯教育的内容。职业体验启发了学生的职业意识和学习动机；与现实职场的互动，有利于独创性和自主性人才的培养。

职业生涯体验是指适应具体的工作场所和环境中的职业岗位，为学生提供了一个真实而生动的学习环境和接触工作实质内容的机会。通过职业生涯体验，培养学生具备良好的职业态度和现实的职业能力，比起教室教学，现场环境中的学习更为重要和有效。来自现场的切身体验不是空洞说教，而是现场工作者鲜活的经验和真实的情景，不是标准化了的静态环境，而是瞬息万变的动态生活。在变化着的人、事、物中锻炼自身的应变能力，通过感受现场的情景，了解更多的职场信息和职业环境，充分评估各种实际因素对职业生涯的影响，了解社会需要的人才的素质和能力，这对于促进学生的职业化和社会化无疑是十分有效的。

学生参与生涯体验活动后的实效性，也证实了生涯体验活动的价值。一是通过生涯体验活动，获得了对职业世界和职业场所的了解。"我对企业的认识更为可观，而不是轻信外面的宣传，对企业现状的了解成为我今后求职的重要参考"；"对相关职业岗位信息和职业人的所思所想的熟悉和了解，锻炼了人际协调能力和对于各种事物的判断能力"；"通过与顾客打交道，并采取适当的措施，找到合适的方法，感受到员工对顾客的责任性，以及解决问题之后的成就感"。二是获得了解自我和发现自我的机会。"今后认真思考的机会，促使我思考将要从事的工作和今后的人生"；"发现憧憬已久的工作，与原来的想象有很大的不同"；"只凭想象是不行的，生涯体验让我认识了真实的自我"。三是增强了学习自觉性和职业意识。"扩展了视野，感到了自己在专业知识和一般素养方面的不足，进一步明确了今后需努力的学习方向"；"经过职业生涯体验，对自己将来有了较为明确的设想，学习目的性增强了"；"应该在事前更好地学习才对，生涯体验活动激发了我今后的学习兴趣"。

【拓展阅读】

教授与文盲

从前，有一位满脑子都是智慧的教授与一位文盲相邻而居。尽管两人地位悬殊，知识水平、性格有天壤之别，可两人有一个共同目标：尽快富裕起来。

每天，教授跷着二郎腿大谈特谈他的致富经，文盲在旁虔诚地听着，他非常钦佩教授的学识与智慧，并且开始依着教授的致富设想去实现。

若干年后，文盲成了一位百万富翁，而教授还在空谈他的致富理论。

感言：目标再伟大，如果不去落实，永远只能是空想。成功在于意念，更在于行动。制定目标是为了达到目标，目标制定好之后，就要付诸行动去实现它。如果不化目标为行动，那么所制定的目标就成了毫无意义的东西。因此，成功始于心动，成于行动。最后的结果不取决于你想了多少，而取决于你做了多少。

三、生涯体验的形式

（一）社团活动体验

大学生社团无疑是大学校园一道亮丽的风景。迈过 18 岁的门槛，大学生们很快地跨越班级、专业和年级的界限，按照自己的兴趣、特长或需求，自由地组合在一起，建立了各种各样的社团。这些社团可以分为理论学习、学术科技、文学艺术、体育健身、志愿服务、社会政治、同乡会、社会调查等。在社团里，可以认识新朋友，和志同道合的同学交流思想，可以一起读书或打球，可以举办讲座；也可以以社团为单位走出校园，深入社区、企业和公益组织，了解真正的社会现实。在社团里的日子往往是大学期间最难忘的经历：在社团里学到了课堂上学不到的东西，结识了一生都难忘的朋友，也使大学生加深对社会和职业环境的认知。

社团体验作为生涯体验教育的重要组成部分，主要目的是培养广大学生的组织才能、增强创新与参与意识，以及他们的领导力和人际沟通能力。当今大学生所面临的是一个社会变革及市场经济迅猛发展的社会环境，这就要求具备一定的竞争能力，在这样的环境中学会生存、进步和发展，并承担社会赋予的责任。在这个过程当中，组织才能、增强创新与参与意识就显得尤为重要。

社团体验要求学生根据个人的兴趣和爱好，报名参加校内外的社团组织，或自己创办一个社团。如英语俱乐部、舞蹈社、网球俱乐部等，以及一些以保护环境、关心弱势群体为主题的社团。在参加社团的过程当中，要求学生发现问题，并提出可行的解决问题的办法。

【拓展阅读】

社团是宝贵的人生经历

当事人春林说："2007 年 9 月，我参加清野动漫社之后，即担任外联部部长，负责社团对外的一切事物，如与学院老师、社团管理中心、外校兄弟社团的沟通联系，以及与校外商家的赞助洽谈；并协助社长做好内部管理工作。在 2009 年 3 月—2010 年 3 月担任社长期间，社团从系级社团成为苏州大学四星社团，多次举办面向全校的大型活动，如漫画大赛、大型 Cosplay 晚会、校外采风；多次组织社团去其他学校演出，并受到一致好评；本人自己编剧导演的 Cosplay 话剧《仙剑问情长安乱》《反叛的鲁鲁修》均在学校演出后受到好评，并在校园网上受到热议；自己导演、编舞并主演的 Cosplay 舞台剧《长安幻夜》多次在本校和其他学校演出。"

由于对动漫的爱好，春林毕业实习时就进入了动画公司，在动画公司工作一年多之后，产生了自己创业的念头，并且选择了与学校社团活动相关的内容——Cosplay 商演、动漫展、动漫设计和广告。选择这个项目一方面是因为自己的兴趣爱好，另一方面也是因为大学几年的经验积累。春林和他的小伙伴成功举办过多场漫画展，China Joy Cosplay 大赛苏州分赛区比赛，商场的各种动漫 Cosplay 活动，以及动画广告设计等。他本人也作为大学生创业代表多次受到政府各级领导的表扬，创业者和创业项目也受到《苏州日报》、《中国劳动保障报》、苏州电视台等媒体的报道，并且在 2013 年姑苏区创业大赛中荣获二等奖。

参与社团活动是一段宝贵的人生经历，极大地锻炼了他与人交际的能力，培养了良好的团队协作精神。作为社长带好社团，和经营公司非常相似，可以做一个类比：社团≈公司，社长≈总经理，社员≈员工，校领导、社管中心≈政府主管部门，其他社团≈合作公司，赞助商家≈客户。

对于人的一生来说，大学不仅是为将来的职业打基础的阶段，在这个阶段，我们训练思维、学习知识、锻炼交往，让自己变得丰富而立体；同时又是对走上社会之后生活的提前体验和演习。这种提前体验和演习的好坏，以及是否用心，与以后的职业生涯的融入速度及融入程度，有着极大的关联。

对于大学生来说，首先要有体验和演习的自觉性。这种体验和演习不是老师布置的作业，也不是考试的要求，而是我们大学生基于其重要性而给予的发自内心的认同与投入。其次，我们体验和演习要有明确的目的，明确自己想在哪个方面达到怎样的锻炼；我们体验和演习的深入程度，是浅尝辄止，还是尽可能以结果为导向。

那么我们对于这种体验和演习是否要完全联系自己将来的职业生涯选择，比如创业的就体验创业的经历，就业的就体验作为一名就业者的经历？其实不然，我们更加提倡交叉的、全面的体验，只有这种"换位体验"，才能真正地使自己对角色有更深的认知。

（二）志愿活动体验

志愿活动体验是指学生在校外成为一名志愿者或社区的义务工作者，在非营利组织进行服务和体验。例如，福利院、儿童救助站、敬老院、红十字会、聋哑学校、社区等非营利性机构。

学生在体验之前，需要收集相关的信息和资料，准备在非营利性组织进行体验。首先，依据自身情况，选择几个比较感兴趣的机构。之后，从各个渠道（网络、报纸、书籍等）收集这几个机构的相关信息。最后，根据所收集的信息，锁定两三个目标，提供身份或者志愿活动体验的证明材料，与该非营利性组织的负责人进行联系，确定之后，进行志愿体验活动。

建议学生利用暑假的时间进行志愿者服务，一般学生体验的时间为7～15天，完成体验后，也需要完成相应的体验报告。体验要求学生在服务的过程中仔细观察，除了有同情心之外，还需具备同理心，要站在对方的立场考虑，设身处地地去感受和体谅他人。体验还要求学生运用SWOT分析法，根据个人的感受和观察，对所体验的组织进行分析。并鼓励学生运用个人的知识，思考如何使非营利性组织运用已具备的和周边的资源进行营利，增强非营利组织的自身造血生肌功能。

（三）兼职实践活动体验

大学生社会实践是一种以亲身实践方式实现高等教育目标的教育形式，是利用社会资源对学生进行教育、提高其综合素质的必要途径，更是大学生确立和实现自己人生规划的重要方式和有效途径。在校大学生参加社会实践大多是利用业余时间和假期进行一些兼职的工作，主要方式和途径有以下几个方面：

1. 商业活动的校内宣传和推广

大学生是一个庞大的消费群体，高校也日益成为商家争夺的主阵地，校园内经常会有各种各样的商业宣传和推广活动，比如新产品试用体验、派发，海报张贴、礼品赠送、产品直销代理等。这些活动不仅能使在校大学生获得一些全新的体验，而且丰富学生的校园生活。开展这些活动时，必须取得学校相关部门的同意，并遵守相关规定。

2. 利用网络资源的有偿服务

随着新的信息技术的推广，网络已成为一个很好的为我们所用的资源，网上购物、滴滴打车、网上银行、微信平台、QQ聊天等已成为我们生活中耳熟能详的字眼。网络也催生了诸多的生涯体验的机会和平台。市场威客，是凭借自己的创造能力在互联网上帮助别人并获得报酬的人。它可以让我们在家里通过网络完成工作，并获得报酬，无须与雇主见面。如淘宝客、网站宣传、网站编辑和撰稿等，大学生利用自己的专长，依靠网络平台，就能获得有偿服务的职业体验。近年来，有些网络诈骗活动也以此面目出现，大学生必须学会加以辨别。

3. 促销会展服务类

在这样一个消费驱动的时代，顾客导向的观念为各大商家所青睐，于是无论是商场还是小店，都会有各种各样的促销和展销活动。这也为在校大学生创造了实践的契机，如数码产品促销员、口香糖促销员、展会礼仪员等。通过这些切身体验，大学生在与顾客交往中深谙人际沟通的技巧，在服务消费者的过程中体验工作的酸甜苦辣，进而深刻理解敬业精神和服务意识在职业实践中的重要性。

4. 勤工助学

高校设有规范有效的勤工助学制度，通过各种勤工助学活动，可提高同学们的服务意识，锻炼同学们的吃苦耐劳意志，同时使他们珍惜现有的学习机会，增强社会适应能力。如学校各部门的助理、实验室助理、院系的助理等岗位，为在校学生提供了锻炼的机会，在工作中培养了良好的职业习惯，增强了社会工作能力。

（四）实习实训活动体验

实习是为就业打基础的，在正式就业前，学生通过实习工作的锻炼，开始了解职场，了解各类岗位的职责、工作内容等，在此过程中探索个人职业目标和职业定位，即未来的发展方向和个人的定位。实习的过程不仅是接受企业考察的过程，也是大学生和企业相互了解的过程。在实习的过程中，学生能够比较深入地融入企业，接触到未来的同事，感受企业的文化。

在学习了相关的课程和应用理论知识、掌握了具体的业务工作方法（工具）、学会了怎么做之后，让同学们深入实践，模拟具体的生产经营管理活动，甚至直接参与生产经营管理活动，这样，学生在理论的指导下，模拟从事企业的业务活动和管理活动，通过实践丰富"怎么做"的经验和积累"如何做更好"的策略，可以增强业务处理技能和锻炼管理能力。

实训的目的是使同学们的基本技能与专项技能熟练，综合技能应用能力加强，真正做到上手快、业务熟、职业素养高，形成较好的问题解决的业务操作与管理能力。学生在实习实训体验活动过程中，不仅能实际感受到企业总体的运营情况，还能对企业发展、管理模式、企业文化等各方面有一个大体的了解。在参与企业的日常工作中发现问题，培养分析问题和解决问题的能力，为自己将来的职业生涯做好规划，打下坚实的基础。

（五）跨文化活动体验

跨文化体验即通过亲身体验的方式，习得其他民族文化的学习方式。自从 1962 年加拿大传播学者马歇尔·麦克卢汉提出"地球村"的概念以来，世界早已发生了翻天覆地的伟大变化。现代高科技飞速发展，传播通信技术日益改进，特别是互联网技术迅猛发展，带来了全球性的时空紧缩，人们越来越感觉自己真的住进了"地球村"。当然，全球化的影响不只是停留在经济和国际交往上，今天全球化趋势已远远超出经济领域，正在对国际政治、安全、社会、教育和文化等领域产生日益广泛的影响，做一个具有跨文化交往能力的"国际人"已经成为现代年轻人的追求之一。然而，由于不了解对方文化和其他一些心理因素，交际失误甚至冲突事件频繁出现。通过培训提高人们的跨文化交际能力，从而避免此类现象的发生便显得尤为重要。

跨文化体验活动的要求如下：学生根据自己感兴趣并可实施的跨文化交流活动进行初步的筛选，然后根据掌握的相关信息去联络确认活动的可行性，比如可以选择异国访学、交换生项目、跨文化交际活动、跨国企业实习、邀请国外学者讲座、访谈国外人士或组织、观看国外经典名著或电影等。有条件的高校能为在校学生提供的跨文化交流项目通常有：选派交流学生项目、赴海外学习和实习项目、赴境外参加学习、专业实践交流项目。

在跨文化体验中，往往是以原籍国文化为衡量标尺，而去看待他国文化，比如我们常常说中国人去美国体验文化，是指中国人在美国的跨文化体验，很多情况下，这种体验是相对肤浅的、走马观花式的。因此，要想真正地了解目的国文化，还应参加跨文化的交流和实践活动。

（六）创业体验活动

中国大学生生活在一个创业浪潮不断涌来的时代，面对越来越激烈的竞争压力，大学生期望通过各种方式和途径尝试创业，增加进入社会的砝码。各种形式的创业活动不仅能够检验他们的实践能力，找出他们自身与创业所需素质与能力的差距，也能为他们进入社会前提供一个与社会对话的机会和平台。

创业体验的方式可以是大学生乐于接受的创业训练营、创业实验室、创业大赛等组织形式，也可组织创业团队在学校提供的创业基地开展创业活动，其本身可以企业的经营管理模式来运行，可以设立董事会、股东大会、CEO、总经理、财务经理、人事经理等，通过大学生自己的分工协作来推动实训体的管理和发展。通过开设体验活动，让学生模拟实际创业过程，提升学生的创业综合能力，这些活动要求参赛学生围绕一项具有市场前景的产品或服务，经过深入研究和广泛的市场调查，完成一份把产品或服务推向市场的完整而又具体的计划报告。完整的计划报告应该包括企业概述、业务展望、风险因素、投资回报、退出策略、组织管理、财务预测等方面的内容，甚至最终把创业计划变成现实。通过举办创业计划大赛、开设创业体验课等活动，可为学生提供锻炼的机会，积累创业经验；

让学生全面了解创业过程，为开展实际创业工作做好心理准备；让学生明白自己的优劣势，明确自己需要加强的方向；融合创业知识，形成基本创业综合能力。

创业的另一种形式是实战的创业体验。经过模拟的创业体验之后，大学生萌发了创业意识，可以利用业余时间和自身的优势开展创业实战，校园代理和个人网店是典型的大学生创业体验形式。大学生由于经验、能力、资本等方面都存在不足，直接创业存在很大的困难，既不现实，成功率也很低。而校园代理对经验、资金等方面一般没有太高要求，可以利用课余时间代理校园畅销产品，积累市场经验、锻炼创业能力，做校园代理没有成败之分，对于大学生来说多多益善，如果做得较好，还可以积累一定的资金。可见，可通过校园代理为毕业后的创业之路，准备必要的物质条件和精神条件。

课堂体验

工作"影子"扮演

工作"影子"扮演活动是让同学们基于职业生涯规划的目标职业（工作），以角色扮演的形式设计，并展示这些"影子"的工作场景，在活动中加深对该目标职业的认知体验和理解。

该活动以小组为单位，最好让相关职业（工作）的同学进行创意设计，以组成一个特定的工作场景来展示。在展示过程中，其他同学像影子一样跟在不同职业角色的职业模特后面，观察体验一下现实生活而且了解现实社会的生存结构，领略现实社会的各种各样的职业，积累不同工作角色的实践经验。

第二节　生涯管理

阅读思考

洛克菲勒写给儿子的信

亲爱的约翰：

我一直相信，机会是靠行动得来的。再好的构想都有缺陷，即使是很普通的计划，但如果确实执行并且继续发展，都会比半途而废的好计划要好得多，因为前者会贯彻始终，后者却前功尽弃。所以我说，成功没有秘诀，要在人生中取得正面结果，有过人的聪明智慧、特别的才艺当然好，没有也无可厚非，只要肯积极行动，你就会越来越接近成功。

遗憾的是，很多人并没有汲取这个最大的教训，结果将自己沦为了平庸之辈。看看那些庸庸碌碌的普通人，你就会发现，他们都在被动地活着，他们说的远比做得多，甚至只说不做。但他们几乎个个都是找借口的行家，会找各种借口来拖延，直到最后他们证明这件事不应该、没有能力去做或已经来不及了为止。

······

人们用来判断你的能力的真正基础，不是你脑子里装了多少东西，而是你的行动。人们都信任脚踏实地的人，他们都会想：这个人敢说敢做，一定知道怎么做最好。我还没听过有人因为没有打扰别人、没有采取行动或要等别人下令才做事而受到赞扬的。那些在工商界、政府、军队中的领袖，都是很能干又肯干的人、百分之百主动的人。那些站在场外袖手旁观的人永远当不成领导人物。

要有现在就做的习惯，最重要的是要有积极主动的精神，戒除精神散漫的习惯，要决心做个主动的人，要勇于做事，不要等到万事俱备以后才去做，永远没有绝对完美的事。培养行动的习惯，不需要特殊的聪明智慧或专门的技巧，只需要努力耕耘，让好习惯在生活中开花结果即可。

儿子，人生就是一场伟大的战役，为了胜利，你需要行动，再行动，永远行动！这样，你的安全就能得到保障。

爱你的父亲

思考：

1. 读完洛克菲勒给儿子的信，你有何感想？
2. 如何培养积极行动的好习惯？

一、机缘规划

著名职业生涯规划大师克朗伯兹有一本经典著作——《幸运绝非偶然》。书中强调：生涯任务并非一定要做出一个生涯决策，而是要学会采取行动来为自己创造一个更加满意的人生。

克朗伯兹认为，微小差异和机会性因素对个人的生涯发展具有极其重要的作用。也就是说，意外的、偶然的事件有可能引起个人生涯之路的巨大变化。我们通常认为，成功的生涯转换就要先知道我们想做什么，然后利用这一知识指导接下来的行动。而事实上，转变通常都不是这么发生的。应该先开始行动，然后才会有所领悟。以积极乐观的态度，面对及接纳做决策时的不确定以及成功概率的不确定，以直觉、开放的心态面对职业决策。现在就开始行动，增大未来有益的偶然事件发生的可能性，去创造无法预知的生涯机会。

克朗伯兹认为，一直以来的生涯理论都在试图尽可能地降低生涯选择所面临的不确定，尽可能地使所有事合乎情理，但忽视了不可避免的偶发事件的重要性。对此，他有非常不同于其他理论的观点：

①偶发事件无所不在，意外的发生并不意外。

②偶发事件可能成为学习机会，应该对不能做决定的事持开放态度。

③应该善用机缘，拥抱偶然，从中发现机会，甚至规划偶发事件。

④有五大促进机会发生的因素：好奇（不断探索新的学习机会）、坚持（即使遭遇挫折仍继续尝试）、乐观（视新机会为可发生及可得到的）、善于变通（对不同观念和情境保持开放的心态）和敢于冒险（即使无法确定结果，也不会害怕去尝试）。

克朗伯兹还强调，应该协助来访者制造偶发事件，辨认偶发事件，并把偶发事件整合进自己的生涯规划中；发展出积极的学习经验——形成对自我和职业世界的积极信念，了解工作技能提升的方法，提升行动意愿。

2003年埃米尼亚·伊瓦拉在其专著《转行：发现一个未知的自己》中，也极为强调：个体要有先行动再调整的新模式，才能更有效应对当前快速变化的环境。

二、迭代学习

职涯规划的终极目的在于充分地、有效地使用时间，并使我们的人生充满更多的幸福和欢乐。职涯规划可借鉴精益创业的思维方法："制定最小可行性方案，快速实践检验，不断迭代升级"。以这样的思维理念制定职涯规划更接近现实，执行性更强，更有效率和效果，也更容易迈开人生发展的第一步，成功的可能性会更大。

1. 最小可行性方案

将个人职业目标或人生规划，用最简洁的设计展示出来，即创造出个人发展的"原型"，而非完美的、理想的、系统的方案。它的好处是能够直接地被感知和掌控，有助于激发个人行动力，收集外部环境和他人的反馈与意见。通常最小可行性方案有四个特点：体现个人目标愿景、能够演示和实践、方案极简和实践执行无门槛。

2. 实践验证与反馈

通过直接实践或间接调研的方式，从外部环境和他人那里获取针对该方案的反馈。通过实践验证和反馈，了解关键信息，包括：个人对职涯规划的整体感觉、个人需求满足度、理想目标的达成情况、适应未来发展的情况，以及实践效果等。对于实践而言，一切活动都要围绕验证职涯规划的合理性、适应性与可行性进行，职涯规划方案中的所有内容都要有真实的、足够多的信息反馈。

3. 快速迭代

根据实践反馈信息，以最快的速度进行调整，融合到新的职涯规划版本中。速度比质量更重要，为有效应对快速变化的外部环境，不追求一次性满足个人的所有需求，而是通过一次又一次的规划迭代，不断地让自己的职业规划清晰、具体而丰满。

精益导向的人生规划方法，主要有两个要点：试错和学习。即在人生规划过程中，需要在实践中不断地尝试与试错，在实践试错过程中不断地学习和积累。

著名思想家爱默生说过，人生就是一场实验，实验做得越多，成长得就越快。成长过程就是试错的过程，只有在试错的过程中，才能感悟、反思、自省、刻骨铭心，才能修正自己的言行。当然，试错需要成本，成长的过程就是不断减少试错成本的过程，让试错成本控制在自己可以承受的范围内。

如果只有试错而没有学习，那试错只能是对时间和资源的浪费。只有通过学习和反思，试错才能体现出价值，同时，学习的过程也在不断地试错。对于我们而言，要尽快从实践过程中甚至失败的经历中总结经验和教训，学会学习、管理、适应等诸多发展技能。

三、创造幸运

亚力克斯·罗维拉、费尔南多·特里埃斯在其《让幸运来敲门》一书中提到，幸运者有六项共通的特质：相信自己、坚持、从错误中学习、合作、责任感和接受变化的弹性。

幸运者相信自己可以做出"好"的事情，相信自己总是能够有机会碰到"好"的人、好的机会和好的团队，而在他们人生的经历中，也常常出现"一件好事引来另一件好事"的历程。

幸运者都是非常负责任的人。如果出了状况，他们第一个会问的是"我做了什么事情"。他们不会认为自己是受害者。他们不会固执，心胸开阔，并不认为自己可以控制一切，但在最困难的状况下，自己还是可以改变或创造一些环境，即使是很小的改变。弹性很大是他们的特质之一。

有趣的是，幸运者的人生通常都有一个或数个转折，在这些转折中，他们就凸现出来了。比如，他们可能生过一场重病，或者事业上或生活上遇见大的挫折，他们熬过来了，在此过程中其思维方式也开始转变：他们发现自己是可以去改变或转变自己的命运的。每通过一个困难的关卡，幸运者内在的力量都会增强，也反过来让他们常常能化险为夷，甚至变成好机会。

幸运者认为错误（不管是自己的或别人的错误）并不是人生中很大的问题，也不怕犯错，反而认为错误是一种学习的机会。

幸运常常来自一个环境的改变或创造。但要能有环境的改变，首先自己要能够接受"改变是一种机会而不是风险"。

幸运者把人视为一个主体，而不是帮助他们来达到目的的工具。要拥有幸运，需要有意识地督促自己去爱、去尊重自己和别人。

真正的幸运是一种"创造"而非"遇见"的态度！

从幸运到成功，需要随时准备好，等待迎接改变！

【拓展阅读】

试错

心理学家利维森认为："早期选择不能永远决定未来的职业生涯。形成一种成熟的职业观是一个复杂的社会心理过程，贯穿于整个求职期。大多数人的确在 17 至 29 岁做过第一次严肃的选择，然而，这只是对兴趣和价值观的一种初步确定，他们还需要更多的时间和更多的选择过程，重新在许多兴趣中分出真伪，找到合乎其兴趣的职业。"

当然，每个人都必须多次选择才能最终找到适合自己的职业。但是，这并不能成为我们不负责任，随性而为的借口。人生与实验室的试验不同，是不可逆转的，而且每一次选择对未来都会产生不可逆转的影响。虽然"失败是成功之母"，但失败并不必然导向成功。

实验室里的"试错"过程是将所有的可能性全部演示一遍，将错误的排除，最后得出正确的结论。爱迪生发明电灯时说："我并没有失败过一万次，只是发现了一万种行不通的方法。"但是，职业生涯变数太多，不可能一一试验。

另外，如果选择的方向不正确，再多的试错过程都是徒劳的。一个内向的人如果想成为成功的销售员，会有更多失败的磨砺。一个没有天赋的小提琴手可能尝试过无数次错误和失败，还是难以望见成功者的项背。

詹姆斯曾经是"试错"法的崇拜者。从年轻时就开始频繁跳槽，频繁转换职业，一直到年老。"我无法了解自己到底适合做什么工作，只好换来换去，希望能在工作过程中找到自己的兴趣所在。"

他一生中从事过40种职业，在100多家公司工作过，平均一年换两家公司。

"每当受到打击时，我就对自己说，'我的选择也许又错了，我不适合这个行业。我必须调整，否则我会荒废了自己。'于是，又匆匆忙忙地跳到另外一个行业。但是至今，我都无法确定自己适合做什么工作。"当"试错"成为一种心理惯性时，就很难从失败中获得经验了，相反，却会成为一个自我逃避的借口。

尽管职业的发展对个人的知识和经验提出了更高的要求，但是，这并不意味着一定要通过频繁转换职业来获得。"试错"不过是获得职业经验的一种方式，而且必须遵循以下规则，才有意义：

——每次选择都必须指向一个正确的方向，如果南辕北辙，再多的选择都是徒劳无功的。

——"试错"的意义在于，我们永远无法做出最正确的选择，因此必须从错误中获得经验。

——"试错"的过程开始得越早，越容易获得成功。

课堂体验

兼职体验总结与分享

在大学学习期间，有很多与社会接触的机会，你一定有一些兼职、实习、勤工俭学的经历，请将这些"职业初体验"记录下来。

1. 该项工作你是在什么情形下去找的？
2. 该项工作的主要工作内容？
3. 你从事该项工作的主要收获和体会？
4. 经过工作之后，你如何在以后的学习、生活、实践中进行改进？
将打工（实习）证明贴于此

生涯智慧

一、幸运绝非偶然

生命中那些超出计划范围的事件以及突发状况，比起我们精心安排的事情，往往更能影响我们生命中重大的决定。一次偶然的会面，一次失约，一次临时决定的假期旅行，一个替补空缺的工作，一个新发现的个人爱好——这些各种各样的经验都可能影响我们生命的方向和职业的选择。

真实的人生故事，说明幸运绝非偶然；根据这些故事给出的特别的建议，你能够将其应用到自己的生活中去。我们相信每个人都有类似的故事可以跟大家分享，我们期待着你阅读完本书以后能够写出自己的好运气的故事。告诉自己"我今天要做一样不同寻常的事情"，然后去实现它。想想你的行动对其他人的好处，而不只是对你自己的好处。想清楚一点：即使你的行动失败了，总好过什么都不干。尝试给名人发电子邮件，问些能够激起他们兴趣的关于他们工作方面的问题；在宴会上，问些有挑战性的问题，如"要是你中了彩票大奖，你准备干什么"；开始学习一种乐器或魔术等娱乐方式，并达到你可以在晚会中表演的水平。

请牢记，幸运绝非偶然，不用太早决定自己的未来。随着你的成长，经过不断的学习,你周围的世界在不断变化,你人生的目标也会随之发生变化。意外的偶发事件会影响你的职业,请随时保持警惕,做好准备充分利用这些偶发事件。与梦想相比,现实会给你更好的选择。请牢记这一点,随时保持清醒。

人们都会犯错并经历失败,但同时也会给你提供绝佳的学习机会。你可以创造属于自己的偶然的幸运事件,比如,通过志愿提供帮助、加入各种组织、学习各种课程、与朋友以及陌生人聊天、网上冲浪、阅读书报杂志等活动,让自己对别人有帮助。一句话,让你的生活保持活跃,丰富多彩。每次经历都是一次学习的机会,每个新工作都是另一次学习的机会。即使没有工作,你也可以发现一大堆丰富多彩的活动能让自己过得满足,如帮助别人。

二、有志有识有恒

曾国藩认为:"盖士人读书,第一要有志,第二要有识,第三要有恒。有志则不甘为下流;有识则知学问无尽,不敢以一得自足,如河伯之观海,如井蛙之窥天,皆无识者也;有恒则断无不成之事。此三者缺一不可。"曾国藩的"三有"是读书的要诀,也是我们立身处世的准则。

1. 有志

有志则不甘为下流。有志气者,不会让自己长久处于碌碌无为,琐碎度日中。心中有理想,有追求,不甘于平庸。古人有三不朽之说,分别是立功、立言、立德。孔子也曾说过,君子担心自己到死都没有建功立业,垂名宇宙,被世人所遗忘。

有了这份追求不朽的志气,还有什么困难不能克服呢?孔子陈蔡绝粮,依旧弦歌不辍。有志之士,绝不会仰人鼻息,尾随人后,就像孟子说的,等待周文王才兴起奋发图强的人那是凡庸之辈,若是那些豪杰之士,没有周文王在世,一样可以建功立业,有所作为。

2. 有识

"有识"的意思是要有见识,有自己的独立思考的判断能力。一个人,不论做什么事情,最紧要的是有识。如此你才可以看得长远,不被眼前小利所蒙蔽而误了大事。有识,能让自己主动思考判断,将命运牢牢掌握在自己手中。人生很多时候面临着各种抉择,或大或小,但都直接影响关系到人生。见识高远,审视清明,才能把控自己的整个人生。

有了见识,看得多了,了解的多了,就不会对什么都大惊小怪,不会总以为自己看到的就是整个世界的真相,会接纳更多不同的观点,理解不同的境遇。见识广了,就明白山外有山,人外有人,一山更比一山高。不会仅仅满足自己的一孔之见、坐井观天。

3. 有恒

有恒心,则世上无不可成之事。世上半途而废之事,大多为恒心不足,毅力不够。古语有云,"行百里者半九十",告诫我们在一路上都不可懈怠,就算行百里路,已经走到九十里了,眼看就要成功了,这个时候更加应该小心谨慎,持之以恒。所谓"靡不有初,鲜克有终"。开头一般人都能鼓足干劲,昂扬向上,但是少有善始善终者,唯有恒心者可得。

做到有恒，急于求成是大忌。"不积跬步，无以至千里。""千里之行，始于足下。""饭要一口一口地吃，路要一步一步地走。""欲速则不达。""慢工出细活。"这么多老话，说的都是这个理儿！

（引自：http：//mt. sohu. com/20161022/n471002584. shtml，有删改）

课外实践

校外生涯体验活动

请选择一项你认为有意义的体验活动，例如：参加志愿者义工服务，参加社团活动，与家人一起出游，体验拓展活动，探访企业，开淘宝店……请发挥创意，不拘任何形式（文字，照片，作品……）将它做成纪录，然后与同学分享你的收获与成长体会。

本章要点导图

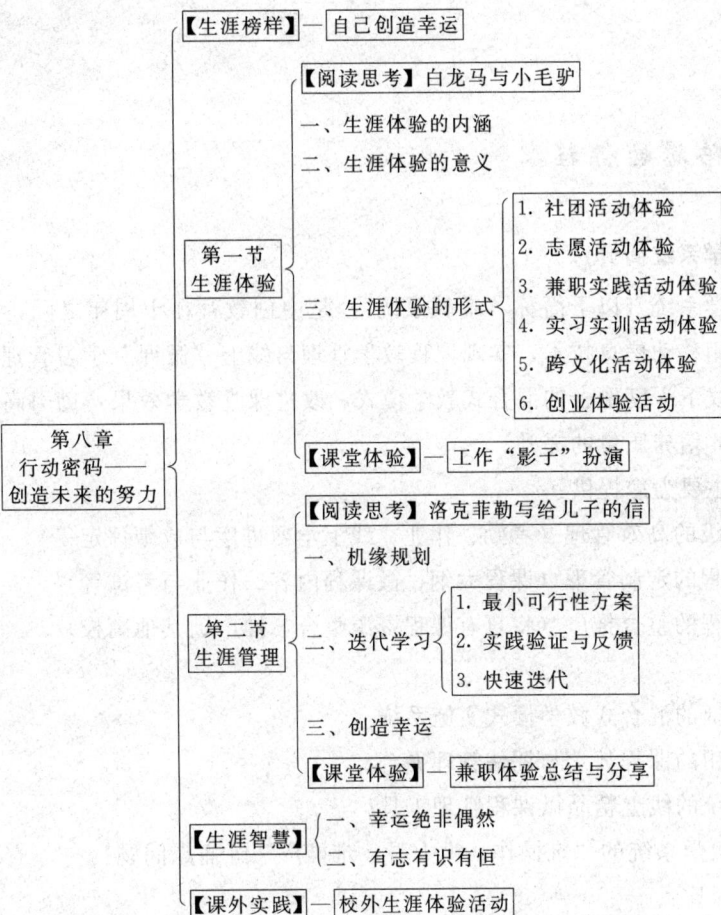

```
                    【生涯榜样】—自己创造幸运

                        【阅读思考】白龙马与小毛驴

                        一、生涯体验的内涵

                        二、生涯体验的意义

                                              1. 社团活动体验

                                              2. 志愿活动体验

                    第一节                     3. 兼职实践活动体验
                    生涯体验     三、生涯体验的形式
                                              4. 实习实训活动体验

                                              5. 跨文化活动体验

                                              6. 创业体验活动

     第八章              【课堂体验】—工作"影子"扮演
     行动密码——
     创造未来的努力        【阅读思考】洛克菲勒写给儿子的信

                        一、机缘规划

                                              1. 最小可行性方案
                    第二节      二、迭代学习    2. 实践验证与反馈
                    生涯管理                   3. 快速迭代

                        三、创造幸运

                        【课堂体验】—兼职体验总结与分享

                    【生涯智慧】  一、幸运绝非偶然
                                二、有志有识有恒

                    【课外实践】—校外生涯体验活动
```

附 录

一、网络端的课程

掌上教与学系统简介：

掌上教与学系统（以下简称"掌教系统"）是中创教育在十周年之际，面向高校全新推出的一套运用移动信息技术，实现课程教学管理与线上"微课"学习管理系统。该系统旨在打造线上线下深度融合的混合式教学模式，改进课堂教学效果，助力高校教学信息化专业水平和人才培养质量的提升。

掌教系统主要为您提供：

1. 教学班级的高效管理（考勤、作业、线上学习进度与成绩评定等）

2. 线上课程的定制管理（课程大纲、微课程内容、作业与考试等）

3. 精品课程的整合推广（将自有课程资源整合，推广到其他高校）

系统特色：

1. 高效便捷的混合式教学模式实施系统

2. 简洁实用的课程教学与评估管理平台

3. 专业系统的线上精品微课程管理工具

解决一般教学系统的"难操作、没人看、难推广"等痛点问题！

同类系统对比：

维度	掌教	其他
课程内容	• **严谨适用**：高度契合课程大纲和教学要求，精心设计课程内容体系，灵活适应教师教学安排与学生学习条件及习惯，避免内容"拿来主义"。 • **形式活泼**：依据学生学习偏好，精心设计微课内容，图文并茂，内容轻松，形式活泼，有效激发其"爱学爱看"，提升课程效果	• 课程内容依托某教师，简单翻录其课堂讲授过程与内容，简单拼凑搬运，缺乏系统规划与课程设计。 • 课程录制视频为主，讲授理论居多，形式死板单一，学生对内容"不感冒"，导致厌学不学，无法实现目标
系统功能	• **上手简便**：无须电脑，无须下载 APP，无须担心手机内存与变慢；无须专门学习操作，只要会用微信，就会使用。	• **复杂难用**：有的需电脑操作或需下载 APP，需要专门学习操作，操作复杂难上手。

维度	掌教	其他
系统功能	• **简洁实用**：轻松实现翻转教学模式、灵活配置课程内容、实时点名查看出勤情况、简单实现作业考试管理、一键导出学生学习详情，简单实用	• **功能庞杂**：功能复杂，系统操作难上手，需系统培训才能掌握，甚至需要专门助教才能搞定，"劳民伤财"
配套服务	• **立体多维**：为教师课程教学提供立体多元的、线上线下的教与学资源体系，包括配套电子教材、教参、课件、教案等，辅以实时的备课教学个性化服务	• **缺乏支持**：只提供线上平台与课程内容，没有解决教师教学备课所需的各种资源与服务，还停留在单一的在线内容提供

配套线上课程介绍：

课程名称	章节内容	包含内容
大学生职涯规划	第一章：生涯密码 第二章：大学密码 第三章：职涯密码 第四章：自我密码 第五章：职业密码 第六章：决策密码 第七章：潜能密码 第八章：行动密码	教学课件（PPT）、系统图文学习资源、视频案例

掌教平台学习流程：

方法一：扫码进"掌上教学平台"

班级邀请卡

恭喜你创建成功

也可以通过输入邀请码加入班级：
310561
请将该页转发给本班级学生，便于学生加入该班级。

1. 微信扫描右面班级二维码，进入注册界面

2. 填写手机号码，点击验证

3. 输入姓名、选择性别，输入邮箱、院系、学号，点击保存，进入班级列表

4. 即可进入课堂内容进行学习

5. 点击右上角"…"，收藏页面，方便下次进入

方法二：扫码并关注中创教育微信公众号

1. 微信扫描下面二维码，关注中创公众号

2. 点击掌教平台，选择学生端

3. 选择"《大学生创就业课程》体验班"（免费）入口，注册后，随时进入学习

二、免费职业测评

为方便同学们了解自己在未来的职业选择方面，究竟看重什么、喜欢什么和适合什么，以便选择适合自己未来发展的专业方向，进而制定合理的学业规划和职业生涯规划，中创教育特开放职业测评系统，为同学们提供：职业锚（价值观）测评、职业倾向（Holland）测评和性格特质（MBTI）测评。

微信扫描下面的二维码即可进入测评系统。

参考文献

［1］高桥，王辉．大学生职业发展与就业指导教学指南［M］．北京：现代教育出版社，2008.

［2］杜汇良，刘宏，薛徽．高校辅导员九项知能教程［M］．北京：高等教育出版社，2009.

［3］罗明辉，姚江林，王燕．大学毕业生就业指南（第二版）［M］．湖北：华中师范大学出版社，2005.

［4］蒋建荣，刘月波．大学生职业发展与就业训练教程［M］．北京：现代教育出版社，2009.

［5］朱坚，陈刚．规划未来——大学生职业生涯设计与就业指导［M］．北京：现代教育出版社，2009.

［6］迟永吉，欣荣．大学生职业生涯规划与发展［M］．北京：高等教育出版社，2009.

［7］王佩国．规划人生构筑未来［M］．北京：高等教育出版社，2009.

［8］史梅．大学生职业生涯规划与职业素质拓展［M］．北京：高等教育出版社，2010.

［9］史梅．大学生就业与创业指导［M］．北京：高等教育出版社，2010.

［10］宋景华，刘立功．大学生职业发展与就业创业指导［M］．北京：现代教育出版社，2009.

［11］贺俊英．大学生创业基础与实训教程［M］．北京：高等教育出版社，2010.

［12］韩宝平，郭贵川．大学生职业生涯发展与规划［M］．北京：现代教育出版社，2012.

［13］付玉华，张静，郭丽虹．大学生职业发展与就业指导［M］．北京：现代教育出版社，2010.

［14］李家华，郑旭红，张志宏．创业有道［M］．北京：高等教育出版社，2012.

［15］浦解明，宋丽贞．大学新生生涯导航［M］．北京：现代教育出版社，2012.

［16］周章斌，黄路明．大学生职业发展与就业指导［M］．北京：现代教育出版社，2011.

［17］张波．大学生职业发展与就业指导［M］．北京：现代教育出版社，2010.

［18］何平．大学生职业生涯规划与就业创业指导［M］．北京：现代教育出版社，2011.

［19］黄林楠．"CQD-ECI"模式——大学生就业指导与创业教育［M］．北京：现代

教育出版社，2011.

[20] 张晖怀．新编大学生就业与创业指导 [M]．北京：高等教育出版社，2011.

[21] 张晖怀．大学生涯与职业发展规划 [M]．北京：现代教育出版社，2012.

[22] 韩国昌．高等职业院校学生职业规划与素质拓展 [M]．北京：现代教育出版社，2011.

[23] 石勇，薛文湃．新编职业规划与就业创业指导 [M]．北京：现代教育出版社，2011.

[24] 张福建．大学生职业生涯发展与规划 [M]．北京：现代教育出版社，2010.

[25] 张福建．大学生就业与创业指导 [M]．北京：现代教育出版社，2010.

[26] 刘彩云．大学生就业创业指导教程 [M]．北京：现代教育出版社，2011.

[27] 林志坚．大学生就业与创业教程 [M]．北京：现代教育出版社，2011.

[28] 张延东．大学生职业生涯规划与设计 [M]．北京：现代教育出版社，2012.

[29] 张延东．大学生就业指导与创业教育 [M]．北京：现代教育出版社，2012.

[30] 伊芃芃，刘萍，白冰．大学生职业生涯规划 [M]．北京：现代教育出版社，2012.

[31] 史梅，宣琳琳，孙晓杰．走向成功：大学生就业与创业指导 [M]．北京：现代教育出版社，2012.

[32] 朱坚强，周静．大学生职业生涯规划 [M]．北京：现代教育出版社，2012.

[33] 朱克勇，夏伯平，李爽．大学生入职前十项修炼 [M]．北京：现代教育出版社，2012.

[34] 黄晞建，夏伯平．大学生职业生涯规划训练教程 [M]．北京：现代教育出版社，2010.

[35] 张宗恩，朱克勇．大学生创业训练教程 [M]．北京：现代教育出版社，2010.

[36] 缪劲翔．成长 diy：大学生职业生涯规划自助手册 [M]．北京：现代教育出版社，2012.

[37] 吴昌政．大学生职业发展与就业创业指导 [M]．北京：现代教育出版社，2012.

[38] 陈伟民．职业生涯规划与管理 [M]．北京：现代教育出版社，2011.